Risiko, also bin ich

Frank Böckelmann

Risiko, also bin ich

Von Lust und Last des selbstbestimmten Lebens

Galiani Berlin

Verlag Kiepenheuer & Witsch, FSC-N001512

1. Auflage 2011

Verlag Galiani Berlin
© 2011, Verlag Kiepenheuer & Witsch GmbH & Co. KG, Köln
Alle Rechte vorbehalten. Kein Teil des Werkes darf in irgendeiner Form
(durch Fotografie, Mikrofilm oder ein anderes Verfahren) ohne
schriftliche Genehmigung des Verlages reproduziert oder unter Verwendung
elektronischer Systeme verarbeitet, vervielfältigt oder verbreitet werden.
Umschlaggestaltung: Manja Hellpap und Lisa Neuhalfen, Berlin
Umschlagmotiv: © Getty Images
Lektorat: Ida Thiemann/Wolfgang Hörner
Gesetzt aus der Minion
Satz: Buch-Werkstatt GmbH, Bad Aibling
Druck und Bindung: GGP Media GmbH, Pößneck
ISBN: 978-3-86971-034-1

Weitere Informationen zu unserem Programm
finden Sie unter www.galiani.de

Inhalt

Inhaltsverzeichnis der Stichworte in
alphabetischer Reihenfolge   7

Inhaltsverzeichnis nach Sachbereichen   11

Vorwort   13

Die Stichworte in alphabetischer Reihenfolge   18

Nachwort   291

Literatur   299

Inhaltsverzeichnis der Stichworte in alphabetischer Reihenfolge

Alkohol   18
Alterssicherung   20
Anti-Aging und Lebensverlängerung   21
Auktionsplattformen   23
Bergsteigen   24
Berufliches Scheitern   25
Bewerbung   27
Bloggen   28
Blutdruckkontrolle   30
Bodybuilding   33
Brustkrebs-Früherkennung   33
Cannabis   36
Check-up (Ganzkörperuntersuchung)   39
Coaching   40
Computerspiele   45
Cyborg   47
Darmkrebs-Früherkennung   49
Demonstrieren   52
Designerdrogen   56
Diät   59
Ehevertrag   60
E-Mails   63
Esoterik   64
Extremsportarten   68
Fahrradfahren   69

Fitnesstraining   71
Fliegen   73
Forschen   74
Fortpflanzungsdesign   83
Früherkennung, genetische   86
Fußball   88
Geldanlage   90
Genmanipulation   93
Glücksstreben   97
Golf   98
Heimvideothek   100
Hobbys   104
Homöopathie   105
Hundehaltung   107
Interkulturelle Kompetenz   108
Internet-Recherche   110
Jobhopping   112
Joggen   113
Karriere   114
Karriereberatung   117
Katzenhaltung   120
Kinderlosigkeit   122
Kindertagesstätten   123
Klatschen   124
Klonen   125
Kokain   127
Kommunikationstraining (Rhetorikschulung)   129
Kreuzfahrt   133
Lotto   135
Lügen   136
Mitarbeiterführung   137
Mobiltelefon   138

Multitasking 142
Mutterschaft 145
Naturheilkunde 147
Nichtstun 149
Parteimitgliedschaft, aktive 150
Partnersuche im Internet 153
Patientenverfügung 156
Pokern 159
Pornografie im Internet 160
Positives Denken 161
Potenzmittel 164
Prominenz 167
Prostatakrebs-Früherkennung 170
Prüfung 173
Psychotherapie 176
Ratgeber, medizinische 186
Rauchen 191
Rechtsstreit 193
Reisen in arabischen Ländern 194
Reisen in Balkanländern 196
Reisen in China 198
Reisen in England 200
Reisen in Frankreich 202
Reisen in Indien 203
Reisen in Italien 205
Reisen in Japan 207
Reisen in Lateinamerika 209
Reisen in Polen 211
Reisen in Russland und der Ukraine 213
Reisen in Schwarzafrika 215
Reisen in der Türkei 217
Reisen in den Vereinigten Staaten 219

Reisen mit Kindern 222
Rucksacktourismus 224
Sammeln 225
Scheidung 226
Schönheitsoperationen 228
Schwangerschaftsabbruch 229
Schwarzarbeit 230
Seitensprung 231
Single-Dasein 233
Skaten 235
Social Networks 237
Sportwetten 239
Sprechen vor Publikum 240
Sterbehilfe 244
Talkshows 246
Telearbeit 248
Tennis 250
Überwachtwerden 252
Unternehmensgründung 257
Urlaubsparadies 258
Vaterschaft 260
Vereinstätigkeit 261
Verhaltenstherapie 265
Versicherungen 270
Vorhersagen 272
Wanderschaft 277
Wechseljahre 278
Wellness 280
Wintersport 281
Wissenschaftsgläubigkeit 282
Zeitmanagement 289

Inhaltsverzeichnis nach Sachbereichen

Alltag/Lebensführung
Bodybuilding	33
Diät	59
Fitnesstraining	71
Glücksstreben	97
Hobbys	104
Hundehaltung	107
Katzenhaltung	120
Klatschen	124
Lotto	135
Lügen	136
Nichtstun	149
Pokern	159
Rechtsstreit	193
Sammeln	225
Schönheitsoperationen	228
Sportwetten	239
Wellness	280

Aufenthalt/Reisen/Urlaub
Reisen in arabischen Ländern	194
Reisen in Balkanländern	196
Reisen in China	198
Reisen in England	200
Reisen in Frankreich	202
Reisen in Indien	203
Reisen in Italien	205
Reisen in Japan	207
Reisen in Lateinamerika	209
Reisen in Polen	211
Reisen in Russland und der Ukraine	213
Reisen in Schwarzafrika	215
Reisen in der Türkei	217
Reisen in den Vereinigten Staaten	219
Fliegen	73
Kreuzfahrt	133
Reisen mit Kindern	222
Rucksacktourismus	224
Urlaubsparadies	258
Wanderschaft	277

Beratung/Training/Therapie
Coaching	40
Interkulturelle Kompetenz	108
Karriereberatung	117
Kommunikationstraining (Rhetorikschulung)	129
Positives Denken	161
Psychotherapie	176
Ratgeber, medizinische	186
Verhaltenstherapie	265

Berufstätigkeit/Absicherung
Alterssicherung	20
Berufliches Scheitern	25
Bewerbung	27
Geldanlage	90
Jobhopping	112
Karriere	114
Mitarbeiterführung	137
Schwarzarbeit	230
Unternehmensgründung	257
Versicherungen	270
Zeitmanagement	289

Familie/Partnerschaft/Sexualität
Ehevertrag	60
Kinderlosigkeit	122
Kindertagesstätten	123
Mutterschaft	145
Partnersuche im Internet	153
Potenzmittel	164
Scheidung	226
Schwangerschaftsabbruch	229
Seitensprung	231
Single-Dasein	233
Vaterschaft	260
Wechseljahre	278

Forschung/Wissen/Prognosen
Esoterik	64
Forschen	74
Prüfung	173
Vorhersagen	272
Wissenschaftsgläubigkeit	282

Gentechnik
Cyborg	47
Fortpflanzungsdesign	83
Früherkennung, genetische	86
Genmanipulation	93
Klonen	125

Internet
Auktionsplattformen	23
Bloggen	28
Computerspiele	45
E-Mails	63
Internet-Recherche	110
Pornografie im Internet	160
Social Networks	237
Telearbeit	248

Medien/Öffentlichkeit/Organisationen
Demonstrieren	52
Heimvideothek	100
Mobiltelefon	138
Multitasking	142
Parteimitgliedschaft, aktive	150
Prominenz	167
Sprechen vor Publikum	240
Talkshows	246
Überwachtwerden	252
Vereinstätigkeit	261

Medizin/Gesundheit
Alkohol	18
Anti-Aging und Lebensverlängerung	21
Blutdruckkontrolle	30
Brustkrebs-Früherkennung	33
Cannabis	36
Check-up (Ganzkörperuntersuchung)	39
Darmkrebs-Früherkennung	49
Designerdrogen	56
Homöopathie	105
Kokain	127
Naturheilkunde	147
Patientenverfügung	156
Prostatakrebs-Früherkennung	170
Rauchen	191
Sterbehilfe	244

Sport
Bergsteigen	24
Extremsportarten	68
Fahrradfahren	69
Fußball	88
Golf	98
Joggen	113
Skaten	235
Tennis	250
Wintersport	281

Vorwort

Was ist das für ein Leben, das zwischen Allmacht und Ohnmacht hin- und herkippt? Ich nenne es die Risikoexistenz. Und dies, obwohl wir nicht hungern und frieren und nur selten um unser Leben bangen müssen wie in früheren Jahrhunderten und die allermeisten von uns komfortabel ausstaffiert sind. Unsere Risiken sind andere: Nach der Entmachtung der richtungweisenden Institutionen (Kirche, Staat, Familie, Stand, Sittengesetz) geraten wir von einer Zerreißprobe in die andere. Wir unterliegen starken ökonomischen Zwängen und können die Entwicklung auf den Märkten kaum jemals beeinflussen, tragen jedoch für fast alles, was uns geschieht, das volle persönliche Risiko. Denn als letzter Entscheidungsträger wird der Einzelne dingfest gemacht, ob er will oder nicht. Symptomatisch dafür ist der Patient, der kurz vor der Operation von allen Risiken des Eingriffs unterrichtet wird und nun die Entscheidung hat, zuzustimmen oder abzulehnen. Aber woran soll sich der Einzelne denn halten? Das alte Rollengefüge in Familie, Beruf und Öffentlichkeit hat sich weitgehend aufgelöst, und ein neues scheint nicht zu entstehen. Vom bürgerlich-proletarischen Fortschrittsglauben ist nur eine ebenso kraftlose wie hartnäckige →**Wissenschaftsgläubigkeit** übrig geblieben. Wir haben die Orientierung verloren und treten notgedrungen die Flucht nach vorn an.

Risiken neuer Art, trivial und aberwitzig zugleich, kennzeichnen heute die Existenz des Einzelnen. Komprimiert zu 120 sinnfälligen Stichworten, werden sie in diesem Handbuch auf den Punkt gebracht. Verblüffenderweise liegt dieser Punkt meist ganz woanders, als die jeweilige Fachdiskussion in Internet und Medien vermuten lässt. Über die Chancen und Risiken der →**Psychothe-**

rapie beispielsweise lässt sich schlecht diskutieren, wenn nicht bedacht wird, dass die Psychotherapie heute *in einer bereits durchpsychologisierten Gesellschaft* ausgeübt wird. (Wir reden über unsere seelischen Defekte wie über allgemeine Missstände, und wir offenbaren uns gern. Wie sollten die Eröffnungen der Therapie so noch befreiende Sprengkraft entwickeln?) Warum ist es letztlich aussichtslos, als Experte von →**Sportwetten** Gewinne erzielen zu wollen? Weil sich solche Gewinne durchaus erzielen lassen, die Gewinnquote jedoch schrumpft, wenn sich die Chancen herumsprechen. Um noch ein weiteres Beispiel zu geben – die Risiken des →**Überwachtwerdens** werden durch konsequenten Selbstschutz eher noch erhöht. Und warum? Weil die gängige Form der Abschirmung die natürlichen Schwächen und Grenzen der Datenschnüffelei ignoriert (anstatt sie auszunützen). In diesem Sinne präsentiert dieses Handbuch die Ergebnisse von 120 Erkundungsgängen – durch Wälder, die man vor lauter Bäumen nicht mehr sieht. Zugleich enthält es Überlegungen darüber, wie die epidemischen, gefräßigen Risiken zu bändigen sind.

Täglicher Aberwitz: Wir konzentrieren unsere Kräfte auf etwas, das nicht mehr planbar ist (→**Karriere**). Wir nehmen die Folgen weltweiter Krisen persönlich (→**Berufliches Scheitern**) und versuchen, aus dem Verschwinden von Spielräumen unsere Lehren zu ziehen (→**Geldanlage**). Wir absolvieren ein →**Kommunikationstraining** und stoßen – immer häufiger – auf Gesprächspartner, die ebenfalls rhetorisch geschult sind. Wir siedeln auf Internetplattformen, kommunizieren dabei aber so, als ginge es um den nichtdigitalen Alltag (→**Social Networks**). Wir werden in →**Computerspiele** gezogen und bleiben zugleich als Körpersäcke vor dem Rechner sitzen. In aussichtsloser Position kämpfen wir um unser Quäntchen an der öffentlichen Aufmerksamkeit (→**Prominenz**). Nachdrücklich hält man uns dazu an, das Leben der Gesundheit zu opfern (→**Check-up**, →**Anti-Aging**, →**Alkohol**, →**Rauchen**) und es außerdem rastlos den Utopien von Erfolg, Sicherheit und Glück anzunähern (→**Fitnesstraining**, →**Wellness**, →**Versicherungen**, →**Glück**). Wir suchen im Allgegenwärtigen nach dem Einzigartigen (→**Partnersuche im Internet**), behaupten, das →**Single-Dasein** aufgeben zu wollen, und verlangen danach, die Unwillkürlichkeit aus- und anknipsen zu können (→**Potenzmittel**). Erst wenn man den Paradoxien des modernen Daseins auf die Spur gekommen ist, eröffnen sich Perspektiven auf mögliche Alternativen. Dieses Buch versteht sich deshalb eher als Echolotung in die Tiefe denn als Ratgeber.

Ich frage im Folgenden nicht nach den Risiken der Geldwertstabilität, des Arbeitsmarkts, der sozialen Sicherheit, der Reaktorsicherheit und des Land- und Weltfriedens, sondern nach dem Wagnis des entbundenen Einzelnen. Dieser erhält zwar tausend Tipps für den Fall von Eifersucht, Mobbing und Scheidung, doch keinen Hinweis darauf, wie er die vielen Risiken seines Daseins aufeinander beziehen und daraus die Kraft zum Wagnis gewinnen soll. Zum Wagnis aber ist er – wie hieß das einst existenzialistisch? – *verurteilt*. Im Trommelfeuer der tausend Expertenmeinungen verschafft nur das folgerichtig eingegangene Risiko Orientierung. Und was für den Einzelnen folgerichtig ist, kann ihm kein anderer sagen.

Ich folge einer Sprachregelung, nach welcher »Gefahr« ein drohendes Unheil durch nicht oder kaum beeinflussbare Gewalten bezeichnet, »Risiko« hingegen ein Wagnis, das wir bewusst und kalkuliert auf uns nehmen. Die Gefahr ficht uns als fremde Macht an; das Risiko akzeptieren wir als Konsequenz eigener oder mitgetragener Entscheidung zwischen Alternativen nach Abwägung der Wahrscheinlichkeit, mit der sie uns an ein bestimmtes Ziel heranzuführen scheint. Gefahren lauern oder rücken näher, Risiken werden abgeschätzt, eingegangen und getragen – und sind bis zu einem gewissen, kalkulierten Grad versicherbar. Sie eröffnen ihren Trägern bestimmte Gewinn- und Verlustchancen.

Für den Einzelnen ist eine Situation riskant, die ihn in einer bestimmten Angelegenheit zu einer Entscheidung mit jeweils schwer absehbaren Folgen nötigt. Oftmals stülpen sich dabei vorherrschende Deutungsalternativen über die Lage – man denke an Starksein und Schwachsein, Aktivität und Passivität, selbstbestimmt und fremdbestimmt. Ästhetisch ausgekostet wird der Entscheidungszwang von der wählerischen Haltung. Folgt man der einschmeichelnden Ratgeberliteratur, scheint die reflektierte Existenz im 21. Jahrhundert aus einer Folge von Wahlakten und der Forderung nach *Vereinbarkeit* zu bestehen. Karriere oder Kinder? Genuss oder Gesundheit? Mehr Zeit zum Ausspannen oder voller Einsatz? Kanarische Inseln oder Karibik?

Das anschwellende Angebot an Programmen, Konsumgütern und Lebensstilen erzwingt eine persönliche Prioritätensetzung. Andernfalls erhöhen alle Informationen die Verwirrung. »Wer die Wahl hat, hat die Qual«, sagten einst die genügsamen Leute, wenn sie sich zwischen ähnlich soliden Angeboten nicht recht entscheiden konnten. Unsere Qual beim Entscheiden rührt meist daher, dass die Vergleichsbasis und die überzeugenden Motive und Zwecke fehlen. Wir sind keine Kaufleute mehr, sondern Spekulanten. Zur Wahl stehen Einsätze, die wiederum Optionen auf andere Einsätze sind.

Auf dem Markt der Möglichkeiten jedoch entscheiden wir gewöhnlich unter Zeitdruck. Es fehlt die Zeit zum sorgfältigen Gewichten der Einflussfaktoren und Risiken. Die Gelegenheiten gedulden sich nicht, und die Rivalen schlafen nicht. So hinterlässt jeder Einsatz das Gefühl glücksspielhaften Leichtsinns.

Hätte man zu Beginn des 20. Jahrhunderts das Licht der Welt erblickt, wären Heirat und Kinderaufzucht als Stationen auf dem Weg zur sozialen Reputation alternativlos gewesen. Heute kreuzt man ein Kästchen im Multiple Choice der sexuellen Präferenzen an, sagen wir, »heterosexuell«, und informiert sich dann, was mit dieser Ausrichtung alles anzufangen ist. Mit geerbtem Geld erwarb man früher meist ein Haus oder Mobiliar oder sonstigen Besitz. Heute wäre dies nur *eine* potenzielle Anlagemöglichkeit unter vielen anderen. Und wenn einem klar geworden ist, was auf dem Spiel steht, wagt man keinen Schritt mehr ohne Expertenhilfe. Aber gerade darin besteht das Hauptrisiko der Risikoexistenz.

Überall werden lebensfüllende Erfolgs-, Gesundheits- und Sicherheitsprogramme gehandelt. Sie werden zum Lebensersatz, wenn sie uns nicht sagen, wann das Streben nach Erfolg, Gesundheit und Sicherheit anderen Unternehmungen zu weichen hat. Wann die Grenzen meiner Ichlings-Wirtschaft erreicht sind. Oder ob ich diese Grenzen nicht schon längst überschritten habe. Die Vorsichtigen, die jährlich Durchgecheckten und die umsichtig Beratenen erleben es heute, dass ihre Sicherheiten heimtückische Sorten von Unsicherheiten sind. Warum setze ich unter diesen Umständen meine Karrierechancen nicht ganz bewusst für einen Liebesdienst – im weiteren Sinne des Wortes – aufs Spiel? Dies wäre gerade nicht Tollkühnheit, sondern Ausdruck von Gelassenheit. Ahnungsvoll breche ich auf, um unterwegs meine Richtung zu finden. Der Unschlüssige weiß nicht, was ihm geschieht, der Wagemutige lässt sich von der Reaktion der anderen auf seinen Vorstoß überraschen. Risiko, also bin ich.*

---

* »Ich riskiere, also bin ich«, schreibt Norbert Bolz in seinem »Blindflug mit Zuschauer« (München 2004) auf S. 30. Ich stieß auf diesen Satz, nachdem der Titel des vorliegenden Handbuchs schon festgelegt worden war. Nicht auszuschließen, aber eher unwahrscheinlich, dass ich ihn anderswo gelesen und in meinem Schlagwort-Arsenal gespeichert hatte. Jedenfalls preise ich die entdeckte Verwandtschaft.

Die Stichworte in alphabetischer Reihenfolge

Alkohol

Wir Trinker des frühen 21. Jahrhunderts leben durchschnittlich dreißig Jahre länger als die Trinker von 1900, haben aber am Trinken – und vielleicht auch am Leben insgesamt – weniger Freude als diese. Von →**medizinischen Ratgebern** über die Schädlichkeit des Alkohols permanent aufgeklärt, verübeln wir uns, was wir doch nicht ganz lassen können. Bekanntlich drohen vom ersten Glas an schwere Strafen: Krebs in Mundhöhle, Speiseröhre und Leber, Verschleiß von Herz und Gefäßen, Magen- und Darmkrankheiten, Selbstüberschätzung, Nervenschäden, Gleichgewichtsstörungen, Kontrollverlust und bei Männern überdies: Bierbauch, Verweiblichung und Libidoschwäche (weswegen der Bierverbrauch in Bayern seit etwa 1990 stetig sinkt). Vom Urbild geselligen Zechens bleibt nur die Vorstellung einer Zufuhr giftiger Flüssigkeiten. Früher feierten wir im Kreise der Lieben, heute wägen wir das Krankheitsrisiko ab (→**Rauchen**).

Wir genießen das Gift nicht einmal, bevor wir an ihm erkranken. Zwar ist der Alkoholkonsum ein bedeutsamer wirtschaftlicher Faktor, wird von lasziven Exotinnen und populären Oberbürgermeistern beworben und beseitigt zuverlässig wie keine andere Freizeitdroge die Schreckstarre von Jugendlichen und die Hemmungen geknechteter Sachbearbeiter. Aber der fade Rausch um des Rausches willen nimmt masochistisch die Krankheitsdrohung beim Wort. Die meisten Touristenpulks im Bierzelt und die einsamen Sauger an Schnapsflaschen könnten sich ebenso gut gleich ein Drogenkonzentrat ins Suchtzentrum injizieren. Sogenannte Kampftrinker vertragen das Leben auch im Rauschzustand schlecht; euphorisch knüppeln sie sich selbst nieder.

Der trübsinnige Suff frevelt außerdem gegen den Geist des Weins, des Biers und der hochprozentigen Wässerchen. Die Alkoholika sind festliche Getränke. Ihre lösenden, hypnotischen und öffnenden Essenzen haben sich jahrtausendelang bewährt, wenn es galt, einen Bund zu besiegeln, die Runde zu entgrenzen und sie gemeinschaftlich innehalten und aufhorchen zu lassen, auf dass etwas Neues, Unerhörtes Zutritt erhalte (→**Vereinstätigkeit**). Von dieser Wirkung zehren die alten Kulte. Aber sie bahnt sich auch heute noch überall dort an, wo der Anlass zum Trinken im ausgewählten Kreis periodisch wiederkehrt, Erinnertes und Fortwirkendes vergegenwärtigt. Das Krankheitsrisiko ist dabei nebensächlich. Es gibt Wichtigeres, als gesund zu sein (→**Diät**).

Wie befreien wir das Schlürfen, Schmecken und Bechern aus der sozialmedizinischen Bevormundung? Auf dem Oktoberfest und in »der größten Tränke der Deutschen«, dem *Ballermann 6* auf Mallorca, beschwören Pauschaltouristen mit Trinkritualen, Sprüchen und Gesängen das ekstatische Kollektiv der Berauschung. Aber die Zufallsmassen werden nach dem Gesetz der optimalen Auslastung abgefertigt, sodass die Versuche im Stundentakt misslingen. Wie also erneuern wir den festlichen Charakter des Trunks (und der Abstinenz)? Gelegenheit zu furchtlosen Gelagen bieten spontane Freudenausbrüche, etwa nach einem Sieg oder der Geburt eines Kindes. Aber sie sind nicht wiederholbar, und Jahrestage werden nicht furchtlos begangen. Traditionen als Anlässe zu jährlich wiederkehrenden Trinkfesten sind mit Ausnahme der Silvesternacht und des Karnevals in Mitteleuropa bereits verblichen. Frühlingsbeginn, Sommersonnenwende oder ganz andere Zäsuren benötigen zu ihrer kollektiven Aufladung historische Erschütterungen: durchaus mögliche, aber nicht planbare.

Alterssicherung

Die Angst vor Armut im Alter ist eine sich selbst begründende Prophezeiung. Sie wächst durch konsequente Vorsorge. In Erwartung schrumpfender staatlicher Renten in einer überalterten Gesellschaft beeilen sich die künftigen Alten, mögliche Versorgungslücken zu schließen: mit Lebensversicherungen, die sie teuer zu stehen kommen, mit Aktien, die ihnen später vielleicht niemand mehr abkauft, mit *Rürup-* und *Riester*-Produkten, denen ein Wert- oder Totalverlust droht, und mit anderen riskanten Sparplänen. Aus der Planungsunsicherheit schlussfolgern Sozialpolitik und Versicherungswirtschaft, man müsse noch früher und noch gründlicher planen. Sein gesamtes Erwerbsleben lang trägt man Sorge für den letzten Lebensabschnitt, rafft sich zu vierzig bis fünfzig Jahren Planwirtschaft auf. Für etwas nicht Absehbares vertagt man die selige Zeitverschwendung. Die Vorsorge frisst die Gegenwart.

Und unser Leben ist kein Bestand, über den wir verfügen können. Das Bild des hohen Alters, dem die Sorge gilt, ändert in vierzig, fünfzig Jahren fortwährend sein Gesicht. Wer weiß dabei, wofür er spart? Schon jetzt, am heutigen Tag, wechseln ständig die Perspektiven auf das Kommende, und dieses ebnet sich zu keiner Lebensbahn. Beim Ortswechseln, Jobwechseln, Rollenwechseln und Pendeln, beim Zwitschern und Simsen (→**Mobiltelefon**) und vor dem Bildschirm reihen sich die möglichen Lebensabschnitte nicht nacheinander auf. Sie treten gleichsam nebeneinander. Man ist alles und alles gleichzeitig. Wie sollte man da erwarten können, einmal nur zufriedener Rentner zu sein? Dies ändert jedoch nichts an der herrschenden Vorstellung, Lebenszeit und Leistungskraft seien beliebig verwendbare Rohstoffe. Die Angst vor der Deckungslücke und der situationsgebundene Eifer sorgen gemeinsam für eine geizige Zeitökonomie (→**Zeitmanagement**).

Ihr geht es darum, im Hier und Jetzt die Effektivität zu steigern, nur vermeintlich darum, die Gefahren einer Zukunft zu bannen, die weniger denn je vorherzusehen ist. Im Vorsorgenetz nimmt der Einzelne ein doppeltes Risiko auf sich. Das Sicherheitsbedürfnis, dem er frönt, zeigt immer neue Lücken auf. Zugleich lähmt es jenen Wagemut, ohne den es keinen Einfallswitz und keine Heiterkeit dies- oder jenseits der 70 gibt. Nur aus der Anerkenntnis beständiger Unsicherheit erwächst die Gefasstheit beim Altern.

Tun wir das Unvermeidliche, zahlen wir in die staatliche Rentenversicherung ein, schon deshalb, um uns nicht immer wieder belehren lassen zu müssen. Ein jeder strebe jene Grundsicherung – nebst Wohnsitz – an, die ihm das Gefühl verschafft, das Nötigste getan zu haben. Grundsicherung heißt: ohne Eifer (→ **Geldanlage**) und ohne den Überlebenswahn, der uns einflüstert, man könne es so weit bringen, dass Leben nicht mehr lebensgefährlich sei. Die Zukunft öffnet sich eher durch Komplizen als durch Kapitalanlagen, eher durch Kinder als durch Kredite.

Anti-Aging und Lebensverlängerung

In den siebziger Jahren spotteten wir über die Frischzellentherapien der Reichen. In den achtziger Jahren hofften wir auf Hormonersatz, die Frauen(-ärzte) auf Gaben von Östrogen und die Männer(-ärzte) auf den Nachschub von Testosteron. In den Neunzigern schluckten wir fleißig Vitamine, Spurenelemente, Blutdruck- und Cholesterinsenker. Und heute? Verbissen treiben wir Fitness-Sport, halten uns an den jeweils neuesten, noch nicht entzauberten Diätplan (→ **Diät**) und verwischen kurzzeitig einige Spuren des Alterns.

Weder die Chemie noch die Gentherapie aber ist imstande, unser zugeteiltes Lebensmaß deutlich zu erweitern (→ **Genmanipulation**). Könnten wir die Alterskrankheiten besiegen, bräche eines Tages der Kreislauf zusammen oder entarteten die Zellen. Gene zur Regelung der Lebensdauer gibt es nicht. Indessen scheint die Frage, ob sich Altern aufhalten lässt, selbst irreführend zu sein. Anti-Aging ist einer der freudlosen Fetischdienste, an die niemand mehr inbrünstig glaubt, die aber das Leben füllen – jenes Leben, das es zu strecken gilt, weil andere Lebenszwecke entfallen sind (→**Check-up**).

Mit Anti-Aging riskieren wir, auf tödliche Weise alterslos zu sein: uns von jedem Alter fernzuhalten (→**Potenzmittel**). Früher war es unschicklich, eine Dame nach ihrem Alter zu fragen. Heute haben die jedem Namen angehängten Altersangaben etwas banal Verächtliches. Ob »34« oder »52« – das Hauptmerkmal der bezifferten Person ist ihre fortgeschrittene Betriebszeit. Und viele behaupten, kraft Anti-Aging über ihre Verfallsdaten erhaben zu sein.

Doch aus der Nähe betrachtet, hat das fastende, joggende, haushaltende Individuum gar nicht genug Zeit, um für Zeit um der Zeit willen zu sorgen. Den strapazierten Überlebenskörper trennt mehr vom Tod als nur der verrinnende Lebensrest. Er liebt, hängt dem Vergangenen nach, ist süchtig, wiederholt und entgleitet sich. Der wachsende Kosten- und Beratungsdruck stößt an eine Grenze. Auch der Gesundheitsbewusste spottet der Gesundheit. Nur so kann er *das Alter,* das hartnäckig angestrebte, als ein Geschenk erfahren (→**Glücksstreben**). Wenn er die sattsam empfohlenen Übungen ausführt – leicht unterernährt oder, neuerdings, leicht übergewichtig zu bleiben, sich auf Trab zu halten, fressenden Ärger zu vermeiden, Freundschaften zu pflegen –, haucht er ihnen Leben ein, indem er sie ritualisiert, mit Geschichten füllt, den möglichen Zeitgewinn nach Lust und Laune vergeudet.

Als Rohstoff eigener Programmierung ist das Leben verzweifelt knapp bemessen (→**Zeitmanagement**). Doch forttreibend, selbstvergessen, hingegeben fließt es über jede Erwartung hinaus. In den Worten von Henri Michaux: »Das Leben, das so rasch ist, wie du es verbrauchst, zerfließt, läuft davon, für den allein lang, der umherzuirren, zu faulenzen versteht. Kurz vor seinem Tod gewahrt der Arbeits-, der Tatmensch – zu spät – die natürliche Länge des

Lebens, jenes Lebens, das auch ihm zu kennen möglich gewesen wäre, hätte er nur das pausenlose Eingreifen zu unterlassen vermocht (Henri Michaux 1982: 14).

Auktionsplattformen

In den Anfängen von *eBay*, so wird erzählt, setzten Bieterglück und Händlerglück oftmals den Preismechanismus außer Kraft. Die Anwartschaft auf den unwahrscheinlichen Zuschlag im virtuellen Auktionsraum gab freilich auch Betrügern eine Chance, Kundenkonten zu manipulieren, Passwörter zu stehlen, falsche Angaben zu machen oder durch Vorkasse abzusahnen. Absicherung bot nur das Hörensagen, die gegenseitige Bewertung von Käufern und Verkäufern.

Mittlerweile wurden die Risiken bei *eBay* in dem Vertrauen ertränkt, das ein professionelles Massengeschäft spendet. Dafür wurde der Flohmarkt vom Großmarkt geschluckt. Die Freiheit der *PowerSeller*, Dumping- und Luxuspreise festzulegen, hat Vorrang gegenüber der Versteigerung, und auch diese ist dank perfekter Terminierung einerseits und automatischer Bietagenten andererseits weitgehend dem Glück enthoben. Die Schnäppchenjäger sind selbst Profis geworden (**→Sportwetten**). Hochpreisige Artikel kaufen sie nicht mehr unbesehen, und günstige Angebote von Markenprodukten unterziehen sie einem Sicherheits-Check. Zugleich entfallen die Gründe, online Gelegenheiten beim Schopf zu packen. Die gleiche Ware wird in Fußgängerzonen und vom Versandhandel oft schon billiger angeboten. Kleine private Händler mit Sonderangeboten wiederum rücken häufig ins Zwielicht, weil sie nicht genug positive Bewertungen vorweisen können. Ähnliche Entwicklungen bahnen sich auf konkurrierenden Auktions-Plattformen wie *hood, Auvito* oder *2-1-deins* an.

Dem Risiko der Frustration entgehen passionierte Händler und Bieter nur dadurch, dass sie zu ihren alten Risiken zurückfinden.

Immer wieder tun sich neue Marktlücken auf (etwa für Ersatzteile von Motorrollern) und steigt Altes, Seltenes und Verschrobenes, für das kein Marktwert zu ermitteln ist, aus der Versenkung (→**Unternehmensgründung**). Immer wieder weckt ein unglaublich billig angesetztes Prunkstück die Hoffnung und den Betrugsverdacht. Davon abgesehen würden weitere Wirtschafts- und Währungskrisen für Auktionsplattformen ungeahnte Perspektiven eröffnen, zumal für eine Internet-Tauschbörse, auf der sich wertvolle Waren und Dienstleistungen gegen andere buchen ließen (→**Schwarzarbeit**).

Bergsteigen

Kletterer, denen es nicht um Gesundheit oder →**Wellness** geht, nennen sich »Höhenbergsteiger«. Den höchsten Punkt erreichen wollen sie aus dem einfachen Grund, weil die Gipfel, Wände und schrundigen Hänge *da* sind. Sie stoßen zu den unbekannten Grenzen des Menschenmöglichen vor. Um diese bei sich zu entdecken und zu überwinden, nehmen sie es mit Schwerkraft und Todesangst auf. Aus einer gesetzlosen und lebensfeindlichen Wildnis, »wo das Umkommen mehr als wahrscheinlich ist« (Reinhold Messner), kehren sie verwandelt, wie nach einer Nahtoderfahrung, ins Leben auf ebener Erde zurück. Sie gehen möglichst ohne Seil und Sicherung und riskieren Zusammenbrüche, Erfrierungen, Eislawinen, Steinschlag und Stürze in den Tod. Konsequentes Risikomanagement betröge sie um den Gewinn, entbunden von Erdenschwere und Existenzangst zu sein – nur zu erringen, wenn der Ausgang offen ist. Mögen die Mächte entscheiden, die dort wohnen, wohin es noch niemand geschafft hat.

Berufsbergsteiger erhöhen gewöhnlich das Risiko mit jeder Expedition. Die meisten von ihnen kehren vom Berg irgendwann nicht mehr zurück. Der Sturz in die Tiefe, sagen Überlebende, sei ein surreales Erlebnis, das heißt wohl, etwas lange Erwartetes, das plötzlich eintrifft. So abwegig scheint der Verdacht nicht zu sein, dass bei manchen Alpinisten ein weiteres, ein schattenhaftes Motiv zum Einsatz in der Senkrechten lockt, ein Risikofaktor, der am Ende jeden Erfahrungsgewinn verspielt (→**Extremsportarten**). In höchster Gefahr putscht die Entschlossenheit zur Selbstüberwindung den Lebenswillen auf, belauert von der Sehnsucht nach Überwindung des angstbesetzten Lebens ein für alle Mal.

Von welchem Wagnis Bergsteiger jeweils angezogen werden, ist nicht bekannt. Aber was wird aus dem Bergsteigen, wenn einmal alle Routen erschlossen und auch Amateuren zugänglich sind? Vermutlich folgt ihm das professionelle Tiefenklettern ins Erdinnere.

Berufliches Scheitern

Als der Gescheiterte zur Erklärung seiner Pleite respektive Kündigung die Folgen der Finanz- und Wirtschaftskrise anführt, die Umstrukturierung des Unternehmens, die abstürzende Auftragslage sowie Missgunst, Mobbing, Machenschaften, da erwidert sein Business-Coach: »Finden Sie nicht, dass dies Ihr ganz persönlicher Misserfolg ist?« Und der Gescheiterte gesteht, er habe noch der Routine vertraut, als er die Katastrophe schon hätte kommen sehen können. Er habe übereilt und verspätet gehandelt. Zu nachgiebig, zu starrsinnig sei er gewesen.

Was uns der Business-Coach, die Psychologin und die Bundesministerin für Arbeit und Soziales sagen wollen, ist, dass Ursachenforschung auf ein falsches Gleis führe. Wir bräuchten einen Mechanismus persönlicher Zurechnung. Wer von der Individualisierung profitiere, habe auch ihre Risiken zu tragen. Nur wenn wir für alles, was uns geschehen ist – Arbeitslosigkeit, Statusverlust, Grämlichkeit –, die volle Verantwortung übernähmen, bekämen wir unser Leben in den Griff. Dann gewännen wir sogar dem Scheitern positive Energien ab (→**Karriereberatung**): Wir überarbeiten unser Selbstbild, das am Zusammenbruch beteiligt war, qualifizieren uns weiter und konstruieren eine erfolgreiche neue Identität.

Diese Heilung durch Hybris ermöglicht vielleicht einen kurzen Neustart auf dem Karriereweg. Aber der Versuch, den Karriereknick, letztlich den gesellschaftlichen Wandel insgesamt, als Folge eigenen Tuns und Lassens zu rekonstruieren, ist ein Kraftakt, der uns überfordert (→**Positives Denken**). Er zwingt nämlich zur Ausblendung der Außenwelt und nagt an der Selbstgewissheit. Denn nur Bestätigungen, die wir nicht selbst veranlasst haben, gewähren Anerkennung. Von der Autosuggestion des beruflichen Erfolgs benötigen wir täglich stärkere Dosen. Sobald wir uns nicht mehr selbst überwältigen können, droht beim geringsten Rückschlag der Zusammenbruch.

Aus der Schmach des beruflichen Scheiterns befreit uns allein der Widerstandsgeist, nicht die Sorge um das aufgesetzte Selbstbild. Damit dieser Geist geweckt wird, muss der Schlag erst einmal hingenommen werden. Herzlichen Dank für die Botschaft! Wir akzeptieren unsere Überflüssigkeit für die Rendite-Wirtschaft. Wir suhlen uns nicht länger im Gefühl, dass uns Unrecht geschehen sei, noch lechzen wir nach der Anerkennung früherer Kollegen. Was nun? Vielleicht beanspruchen wir Finanzierungshilfen für eine →**Unternehmensgründung,** wechseln in niedrigere Positionen, wählen die Kombination Sozialhilfe plus →**Schwarzarbeit** oder leben genügsam von Geerbtem. Nach dem Fiasko wirtschaftlicher Erfolgsmodelle begreifen wir jedenfalls, was die Uhr geschlagen hat, und steigen aus den Kategorien von Sieg und Niederlage aus (Hans Ruoff 2008).

Bewerbung

Was im Leben ab 14 ist *nicht* Bewerbung? Die eigene Leistungsfähigkeit möglichen Interessenten vorteilhaft anbieten zu können, gehört wie das Autofahren und selbstbewusstes Auftreten heute zu den gewöhnlichen Anforderungen. Tausend Ratgeber drängen sich danach, uns hier auf die Sprünge zu helfen, Berufs- und Handelsschulen, Industrie- und Handelskammern, Arbeitsagenturen, Bewerbungscoachs (→**Karriereberatung,** →**Kommunikationstraining**), Berufszentren und Manager-Channels. Den Personalabteilungen flattern fast nur noch Produkte professioneller Bemühung um Fehlervermeidung ins Haus. Unter den Kandidaten mit passendem Alter und Werdegang können die Personalchefs zunächst nur diejenigen aussortieren, die zu träge waren, das wohlfeile Rüstzeug der Selbstdarstellung anzulegen.

Wie hebe ich mich aus der Masse der vollständigen und fehlerfreien Bewerbungen hervor? Nur indem ich etwas riskiere. Aber nicht durch Schaumschlägerei – eine Sedcard, ein glanzvolles Layout der Bewerbungsmappe oder, im Fall einer Internet-Bewerbung, durch Links zu weiteren profilierenden Dokumenten. Dies würde die überlasteten Personalberater unweigerlich gegen mich aufbringen. Es hilft mir auch wenig, wenn ich beim Bewerbungsgespräch mit Kunstgriffen mein Körpersprache-Coaching zur Anwendung bringe und angelernte Begeisterung vom Stapel lasse, etwa durch Bekenntnisse wie: »Ich fühle mich zu Ihrer Firma im Herzen hingezogen!« Man unterschätze nicht die Abgebrühtheit der Rekrutierungs-Experten. Neunzig Prozent der Eindrücke, die wir voneinander gewinnen, lassen sich ohnehin nicht beeinflussen.

Nein, auf der Grundlage korrekter Unterlagen erhöhe ich meine Chancen am besten dadurch, dass ich einen unüberbietbaren Auftritt riskiere, den der Offenheit. Statt des vermutlich gern

Gehörten präsentiere ich das Ergebnis nüchterner Selbstbetrachtung, die Quintessenz des beruflich Erlebten und Angestrebten (wobei ich abstoßende Einzelheiten meinem Gegenüber ersparen darf). So erhöhe ich meine Außenseiterchance – die einzige, die ich habe. Denn Fehlerlosigkeit ist nur die Bedingung der Möglichkeit eines Jobs.

Falls ich darstellerisch talentiert bin, habe ich zur Offenheit eine Alternative: die ausgefeilte Inszenierung einer Führungspersönlichkeit, eines Verkaufsgenies, eines Kontaktwunders, eines eifrigen Neuerers oder aber eines asketischen Pflichtmenschen. Durch Hoch- oder Tiefstapelei betrüge ich den Arbeitgeber nicht, denn ich biete ihm, was er sucht, ein Talent. In Zeiten des Verschleißes von Individualität (→ **Mitarbeiterführung**) ist es ratsam, die Dressur zum erwerbsmäßigen Kriechertum aufzukündigen, sei es durch Unverblümtheit, sei es durch kunstvolle Blendung.

Bloggen

In Form von Millionen Netztagebüchern triumphiert weltweit der Do-it-yourself-Journalismus. Zugleich setzt seine Verfallsgeschichte ein – wenn nämlich der Kampf um Klicks, Verlinkungen und Werbekunden das Bloggen beherrscht. Das Überangebot mindert die Resonanz. Bei manchen Blogs flanieren regelmäßig Dutzende, wenn nicht Hunderte von Stammgästen vorbei. Aber wenn sich nur vereinzelte Leser einfinden – häufig sind es nur zwei oder drei –, rechtfertigt dies nicht täglich zwei bis zwölf Stunden Arbeit. Gleichzeitig droht das Bloggen insgesamt zu veralten. Eine neue junge Generation verliert das Interesse an langen Texten und schwimmt in dichten Schwärmen von Kurzmeldungen mit (→ **Social Networks**).

Ob Mikro- oder Makroblogger, die unzähligen *Enthüllungsjournalisten* des Internets stehen unter dem hysterisierenden Druck, Neues und Verborgenes jeweils schneller als die anderen auszustoßen. Gerüchte auf ihren Wahrheitsgehalt zu überprüfen, kostet in dieser Zwangslage mehr Zeit, als man zu haben glaubt. Auf der Jagd nach Informationen geraten Themenblogger rasch ins Fahrwasser von Interessengruppen und PR-Agenturen. Um Flauten zu überwinden, verlegen sich manche aufs Diffamieren oder schreiben voneinander ab (→**Klatschen**). Was tun? Wer im dichten Gedränge der Besserwisser seine Selbstachtung wahren will, muss sein Jagdrevier reduzieren und sich zum Beispiel auf Interna bestimmter Gruppen und Firmen konzentrieren. Und er tritt nur dann hervor, wenn er Triftiges zu bieten hat – in Allianz mit anderen, damit der Blog-Faden nicht abreißt.

Primär ruft das Internet dazu auf, die eigene Person der Welt bekannt zu geben. Die mutmaßlich mindestens 50 Millionen *Ego- und Lifestyle-Blogger* in Europa und Nordamerika – in der Mehrzahl Frauen – verbringen ihr Leben als Doppelgänger. Wenn etwas schief- oder gut geht, bastelt der Bloggerkopf sofort den passenden Satz dazu. Zugleich trennt er unablässig die Spreu vom Weizen, denn Berichte vom Pflichtprogramm locken über Familie und Freunde hinaus keine Besucher an. Die Masse der Egoblogger hütet ein enttäuschendes Geheimnis: Sie verbringt ihren Tag überwiegend vor dem Bildschirm (→**Telearbeit**). Woher soll hier der Stoff kommen? Da heißt es bei Ausflügen in die Realität das wenige echt Meschuggene, Faustdicke und Kriminelle flink zusammenzuraffen und tollkühn aufzublähen.

Wie sich alle plagen, statt sich zu einem ereignisarmen, kontemplativen Dasein zu bekennen! Wer Selbstdarstellung nur nebenbei betreibt, wird irgendwann vom Ereignis eingeholt (→**Social Networks**). Erfahrene Blogger simulieren zu viert, fünft oder sechst eine gemeinsame Blog-Figur und züchten aus teilnehmender Beobachtung eine abgeklärte, konsensfeindliche Gesinnung.

Blutdruckkontrolle

Der pulsierende Herzmuskel übt Druck auf die Wände der Arterien aus, maximalen Druck, wenn er pumpt, minimalen Druck in der Phase der Erschlaffung. Beide lassen sich messen (*systolischer* und *diastolischer* Druck). Die Blutdruckwerte sind so etwas wie Stichproben im Zeitfluss, Hilfsgrößen für die Beschreibung pathologischer Prozesse, allenfalls Risikofaktoren unter anderen. Weil sie aber einfach, schnell und jederzeit zu bestimmen sind, werden sie vielfach als Chiffren für den Gesamtzustand eines Patienten gelesen. Die rationalisierte Medizin begreift den *hohen* Blutdruck selbst als Quelle vieler Gefahren, gleichsam als Basiskrankheit und »stillen Killer«, und versucht, ihn direkt zu beeinflussen. Man suggeriert die Vorstellung, dass die Arterien den Rammstößen der Pulswelle auf Dauer nicht standhalten können. Die Folgen seien Gefäßverkalkung und Durchblutungsstörungen, Herzschwäche und Gedächtnisstörungen, Nieren- und Augenschäden, Altersdemenz und Alzheimer und insbesondere Herzinfarkt und Schlaganfall.

Dabei wird die Frage, warum der Blutdruck überhaupt angestiegen ist, der Einfachheit halber beiseitegeschoben. Allerdings stößt die Frage nach den Ursachen der »primären Hypertonie« auch ins Leere. Wird sie schon vor der Geburt festgelegt oder gar von Viren eingeschleppt? Ist sie der Inbegriff einer aufgeputschten und steigerungssüchtigen Zivilisation? Man weiß es nicht. Jedenfalls kennzeichnet der hohe Blutdruck eine Kollision der unbegrenzten Möglichkeiten mit den hinfälligen Blutgefäßen. Mit zunehmendem Alter steigt der Druck unvermeidlich an. Wird er nun mit irgendwelchen Mitteln heruntergedrückt, scheint man zwar Zeit zu gewinnen, aber die Prozesse, die er repräsentiert, beschleunigen sich, weil der Körper eine seiner Abfederungen einbüßt. Vielleicht stellt sich dann (noch) mehr Übergewicht ein oder ein (noch) höherer Blutfettwert oder eine verstärkte Neigung zum Diabetes oder erstmals eine Depression. Generell verstärkt sich die Erkrankungsneigung.

Es ist daher bereits ein gewisses Risiko, den Blutdruck regelmäßig messen zu lassen. Der vom Blutdruck Definierte durchschreitet die Pforte zur Welt der Dauerpatienten (→**Check-up**). Meist beschafft er sich ein eigenes Messgerät. Die bloße Präsenz des Geräts und die Augenscheinlichkeit der beiden Kennzahlen verleiten ihn dazu, immer häufiger sein Körperschicksal zu kontrollieren. Zwanghaft würfelt er stündlich Furcht und Hoffnung aus. Ständige Selbstkontrolle garantiert fortschreitendes Unglück.

Und hoch ist das Risiko, nach einer Blutdruckmessung als behandlungsbedürftig zu gelten. Die Weltgesundheitsorganisation (WHO), eine globale Einrichtung des Westens, legte im Jahr 2000 fest, dass mit einem systolischen Druck von über 140 Millimetern Quecksilbersäule und einem diastolischen Druck von über 90 mm Hg der Hochdruck beginne. Damit senkte sie die vorher verbindlichen Grenzwerte um 20 bzw. 10 Punkte. Die pharmazeutische Industrie und ihre Protegés, die Europäische Hochdruckgesellschaft und die Deutsche Blutdruckliga, würden am liebsten einen Gefäßdruck von 120 zu 80 als optimalen Zustand festschreiben lassen.

Aber jeder zweite Erwachsene in Deutschland im Alter zwischen 35 und 64 Jahren überschreitet die Werte 140 und/oder 90 und müsste demnach als Hypertoniker medikamentös »eingestellt« werden. Von den Älteren ganz zu schweigen. Kann man denn die Behandlungsbedürftigkeit so definieren, dass sie eine große Mehrheit der Gesamtbevölkerung betrifft? Konsequenterweise müsste man dann der Volkskrankheit »hoher Blutdruck« das Menschheitsleiden der Sterblichkeit an die Seite stellen.

Oberstes Behandlungsziel ist heute eine erhöhte Lebenserwartung. Daher gilt auch die Blutdrucksenkung als Selbstzweck. Jedoch hat sich bei 97 Prozent der 50-jährigen Männer, die zehn Jahre lang Medikamente gegen Hochdruck schluckten, die Gefahr eines Infarkts bzw. Schlaganfalls im Vergleich zu unbehandelten 50-Jährigen nicht verringert. Der Schutz weniger Personen wurde zudem mit massiven Nebenwirkungen bei den Therapierten erkauft (vgl. Klaus Koch 2000). Abgesehen davon steht eine niedrige Lebenserwartung nicht mit dem Blutdruck, sondern mit anderen Massenphänomenen in engster Wechselbeziehung: dem Alkohol- und Tabakkonsum, der Unzufriedenheit mit der eigenen Gesundheit (durch Blutdruck-Messung verstärkt!), dem Diabetes und der Arbeitslosigkeit.

Wer sein Leben der Lebenserwartung unterordnen will (→**Anti-Aging**), weise am besten chemische Blutdrucksenker zurück und sorge für viel Bewegung und Schlaf, verringere das Körpergewicht und den Taillenumfang, bevorzuge kohlenhydratreiche und fett-, salz- und eiweißarme Nahrung, rauche nicht (mehr) und vermeide berufliche Überlastung. Dann lebt er gesund jenseits des Regimes der Blutdruckkontrolle.

Unter diesem Regime stehen inzwischen fast alle Patienten ab 70 Jahren und in erster Linie die Bewohner von Altersheimen und Seniorenstiften. Sie zittern vor der Gefahr eines Schlaganfalls und vor dem Absturz in das beengte und kostspielige, also das Erbe verzehrende Dasein eines Pflegefalls (→**Patientenverfügung**). Ihre Angehörigen beschwören die Allgemeinärzte und Internisten, alles zu tun, was diese Gefahr bannen könnte. Leider verringert die teure Blutdruck-Kosmetik bei Älteren weder die Gefahr von Schlaganfällen und Infarkten noch die Gefahr anderer typischer Alterskrankheiten, etwa des chronischen Nierenversagens. Dennoch gerät ein großer Teil der Heiminsassen in den Schraubstock zwischen deprimierenden Blutdrucksenkern und aufmunternden Antidepressiva. Die Nebenwirkungen beider Therapieversuche addieren sich häufig bis zum Zustand eines taumelnden Dahinvegetierens. Da die meisten Alten jeweils unter mehreren Krankheiten leiden und medikamentös überversorgt sind, ist es völlig offen, in welche Richtung die Blutdruckkontrolle ausschlägt.

Viele Ältere mit hohen Blutdruckwerten sperren sich gegen die Einnahme von Betablockern oder Diuretika oder ACE-Hemmern. Wenn sie Glück haben, treffen sie auf Hausärzte, die ihre Patienten nicht nach den Empfehlungen der Hochdruckliga traktieren, sondern mit ihnen paktieren. Man einigt sich auf Behandlungsziele, die mit der Freude am Leben, das bedeutet, mit der Sterblichkeit, zu vereinbaren sind.

Bodybuilding

Wer seinen Körper planmäßig zu einer Muskelskulptur mit prall hervortretenden Venen ausbaut, tut dies gewöhnlich nicht, um dem anderen Geschlecht zu gefallen. Oder um seiner Karriere Auftrieb zu geben (→**Wellness,** →**Fitnesstraining**). Er tut es als Idealist unter Gleichgesinnten, vollstreckt eine schöne Idee am eigenen Leib (→**Schönheitsoperationen**). Bei bloßem Gerätetraining stößt der Zuwachs an Muskelmasse jedoch bald an eine natürliche Grenze. Weitere Annäherung an den Körperentwurf gelingt dem Gestählten nur durch Doping mit anabolen Steroiden und Testosteron und mit Entwässerungsmitteln zur Senkung des Fettanteils. Dabei nehmen die inneren Organe Schaden und schrumpfen die Geschlechtsorgane. Der Bodybuilder opfert sich seiner Kunst. Stets geht er zum Äußersten; Mäßigung beim Muskelaufbau widerstrebt ihm. Falls ihm sein Geschlecht und sein Leben lieb sind, kann er den strotzenden Körper nur in den Sport hinüberretten, als Boxer oder Ringer oder als Heber, Werfer und Stoßer.

Brustkrebs-Früherkennung

Es sind vorwiegend Geschlechtsorgane und der untere Verdauungstrakt, die bösartig erkranken – bei Frauen in etwa 62 Prozent aller Krebsfälle. Das spricht für die Boshaftigkeit der Natur gegen ihren Emporkömmling, den Menschen. Heute bekämpft eine ganze Industrie den Brustkrebs, die häufigste Krebskrankheit der Frauen. Je früher diese erkannt werde, desto besser seien die Überlebenschancen, schärfen Ärzteschaft und Politik den Frauen ein. Frauen mit Scheu vor der Mammografie liefen Gefahr, nach plötzlichem Lymphknotenbefall an Metastasen in Lunge, Leber und Knochen zu sterben.

Mittlerweile lassen sich deutlich mehr als die Hälfte der Frauen ab 50 jährlich die Brüste durchleuchten. Sie wollen nicht den Kopf in den Sand stecken, sondern die Gefahr rechtzeitig erkennen und beherrschbar machen. Aus der anhaltend großen Aufmerksamkeit der Medien für das Thema schließen viele auf fortgesetzten Erkenntnisgewinn in der Fachwelt. Aber die Brustkrebs-Früherkennung ist zum Drama der vernünftigen und mutigen Frauen geworden. So gut wie alle ihre Erfolge sind fragwürdig.

Eine Zusammenschau der wichtigsten Befunde (die nicht als solche, sondern nur in ihrer Bedeutung umstritten sind) ergibt folgendes Bild: Das massenhafte Screening der Brüste in Röntgenpraxen und »Mammobilen« hat an der Gesamtsterblichkeit der Frauen in einem bestimmten Zeitraum nichts und an der Zahl der Todesfälle durch Brustkrebs sehr wenig geändert. Eine bekannte Faustregel lautet: »Wenn 2000 Frauen zehn Jahre regelmäßig am Brustkrebs-Screening teilnehmen, stirbt am Ende eine Frau weniger an Brustkrebs« (*Spiegel*-Zitat vom 20.04.2009). Diese statistische Rettungsquote, entsprechend immerhin mindestens 1000 Frauen in Deutschland pro Jahr, wird aber durch das karzinogene Potenzial der radioaktiven Niedrigdosis-Strahlung beim Röntgen in unbekanntem Ausmaß dezimiert oder ins Gegenteil verkehrt.

Zugleich übertrifft die Zahl der Fehlalarme die der Brustkrebs-Heilungen beträchtlich. Vorsichtshalber werden per Ultraschall verdächtige Knoten und Verkalkungen näher untersucht (mit vielen weiteren Fehldiagnosen), Gewebeproben entnommen, Brüste amputiert und Lymphknoten entfernt. Anschließend wird bestrahlt und chemotherapiert, obwohl der Tumor vielfach gar nicht vorhanden bzw. nicht lebensbedrohlich war. Vorsichtshalber werden viele Zehntausende Frauen tagelang oder jahrelang in einen schrecklichen Ausnahmezustand versetzt. Sogar die Selbstuntersuchung bringt mehr Schaden als Nutzen. Im Übrigen werden auch durch Mammografie nicht alle Tumore erkannt, vor allem nicht bei jüngeren Frauen (unter 50) mit dichtem Brustgewebe.

Alles in allem eine ernüchternde Risikoverteilung. Die Repräsentanten der Gynäkologie und Radiologie und die zuliefernde Geräte- und Pharmaindustrie aber können nicht anders, als aus ihr eine Art von Verpflichtung der 50- bis 69-jährigen Frauen und womöglich auch der jüngeren Frauen zum regelmäßigen Röntgen abzuleiten: Viele Frauen verdankten ihr Leben doch der Früherkennung, oder etwa nicht? Screening und Therapie sollten allerdings überall »qualitätsgesichert« durchgeführt werden, damit noch mehr Frauen von ihnen profitieren könnten. In den Aufklärungsbroschüren bleiben die Fehlalarme unerwähnt, ganz so, als wolle man etwas nicht ganz Astreines verkaufen. Umworben wird die eigenverantwortliche Frau, selbstbewusst genug, um jede Gefährdung *handelnd* zu meistern oder zumindest deutlich zu verringern.

Bald wird es möglich sein, auch kleinste Tumore und deren Vorstufen in den Brüsten zu erkennen. Dann müssen – nach neuesten Studien – knapp 40 Prozent der 40 bis 50 Jahre alten Frauen und eine große Mehrheit der älteren eine gelegentliche Krebsdiagnose befürchten, obwohl sich nur in einem kleinen Bruchteil der unbehandelten Fälle irgendwann brustkrebsbedingte Beschwerden einstellen würden. Doch es gibt auch Gynäkologen, die jede Mammografie ohne ernsten Krebsverdacht für einen Kunstfehler halten.

Wägen Experten die möglichen Vor- und Nachteile der Brustkrebs-Früherkennung ab, so gelangen sie gewöhnlich zu einem frappierend simplen Fazit: Frauen sollten nur dann zur Mammografie gehen, wenn sie selbst vom Nutzen überzeugt seien. Schon weichen auch Screening-Anhänger in einen Zirkelschluss aus: Die Früherkennung sei nötig, weil viele Patientinnen sie wünschten. Nach langer bewegter Debatte wird die Kompetenz für die richtige Krebsvorsorge an die einzelne Frau zurückerstattet.

Doch wenn wir uns von der Risikostatistik ab- und dem Verhalten der Frauen zuwenden, erscheint dieser Zirkelschluss durchaus lebensklug (→**Prostatakrebs-Früherkennung**, →**Darmkrebs-Früh-**

erkennung). Frauen stellen sich der Untersuchung in aller Regel nicht nach einer Erkenntnis-Recherche, sondern weil sie nichts auslassen wollen, was die Krebsgefahr mindern könnte. »Es ist eine Art medizinisches Voodoo-Ritual, um Ängste vor dem Tod zu bannen«, sagte die Krebsforscherin Ingrid Mühlhauser im April 2009 (vgl. »Ärzte schüren falsche Hoffnungen«. Markus Grill interviewt Ingrid Mühlhauser. *Spiegel Online* vom 21.04.2009). Aber fast alle Reaktionen auf die Krebsgefahr haben rituelle Züge. Wir tun unser Möglichstes und hoffen, dafür von ungreifbaren Mächten belohnt zu werden. Wir zweifeln am Erfolg einer Begutachtung und nehmen sie dennoch auf uns, weil sie zumindest (hoffentlich) nicht schadet, vielleicht (hoffentlich) unsere Gegenwehr anspornt und uns im Vollbesitz unserer Lebenschancen entlässt. Und weil es Unglück bringt, den Rat der Ärzte zu missachten. Wir brauchen sie ja später noch.

Andere Frauen gehen, ängstlich und intuitiv, der Mammografie aus dem Weg. Sie möchten nicht eines Tages von unbekannten (Röntgen-)Ärzten mit sinistren Befunden überrascht werden. Sie wollen den gnadenreichen Zustand des Nichtwissens ein wenig ausdehnen (**→Früherkennung, genetische**). Es ist ihnen klar, dass sie schon aus Zeitgründen nicht alle empfohlenen Untersuchungen bewältigen können. Ist eine Angst gestillt, kriecht die nächste aus dem Versteck (**→Check-up**). Auch dieses Vorbringen von vielleicht fadenscheinigen Gründen ist weise, denn es stellt die Eigengesetzlichkeit des Therapiesystems in Rechnung. Sind wir ihm einmal überantwortet, gliedert es uns einer ausbruchssicheren Parallelwelt ein und gibt uns nicht mehr frei.

Cannabis

Die Räusche der Cannabis-Raucher verlaufen sehr unterschiedlich. Nebulösen Schilderungen zufolge scheint der von mindestens 200 Millionen euro-amerikanischen Konsumenten durchlebte Zustand dumpf oder klarsichtig zu sein, verschmelzend oder isolierend, warm oder kalt, *breit* oder *stoned,* mild oder »streng«, einschläfernd oder panikartig, entspannt oder angespannt, Schmerz dämpfend oder verstärkend, freundlich oder aggressiv. Cannabis ist unzuverlässig. Je nach Charakter und Vorleben, je nach Tagesform und Situation versetzt der Joint in eine andere Erlebensweise. Das macht misstrauisch. Passionierte Hanf-Raucher scheinen nicht zu wissen, wohin sie wollen. Sie wollen meist nur einer Umwelt entfliehen, die von ihnen etwas erwartet.

Zuverlässig ist Cannabis demnach nur in einer Hinsicht. Es intensiviert die Gemütslage des Konsumenten, Heiterkeit, Wagemut oder Furcht, forciert eine beginnende Schizophrenie oder Depression und beschleunigt die mentale Drift im Kopf des Kiffers, nur eben so, dass es dem Kopf anschließend egal ist. Darin besteht das Hauptrisiko des Cannabis-Rauschs. Er führt uns nicht hinweg, sondern taucht uns tief in den eigenen Saft. Wenn der Haschisch-Raucher auf besorgte Nachfragen hin äußert, es sei völlig gleichgültig, was mit ihm und der Welt geschehe, gibt er damit auch zu verstehen, dass ihm die Art des Rauschs gleichgültig sei. Hier erweist sich Cannabis als nicht ganz zeitgemäße Droge. Wir kommen *irgendwie* zum Dopen, um *irgendwas* zu erleben (vgl. dagegen →**Designerdrogen**).

Entsprechend aussichtslos ist es, von Sachverständigen ein vorurteilsfreies Bild von den Wirkungen der Droge zu erhoffen. Um die Einschätzung der Risiken und Vorzüge von Cannabis tobt ein Grabenkrieg mit Zügen eines Kulturkampfs. Sollte es um empirische Belege gehen, sind beide Seiten reichlich mit ihnen versorgt. Medizin und Drogenaufklärung warnen vor der asozialen und antriebslosen Drogenpersönlichkeit, die der Leistungsgesellschaft den Rücken kehrt und mit ihren Konzentrations-, Denk- und Gedächtnisstörungen auch gar nicht mehr in ihr bestehen könnte. Kein Zweifel, die abhängigen, weltabgewandten Dauerkiffer sind Realität.

Die Fürsprecher wittern hinter dem exklusiven Verbot von Cannabis eine Verschwörung der Pharma-, Öl-, Textil- und Agrarindustrien gegen die »Wunderpflanze« Hanf mit ihrer fast unbegrenzten Verwendbarkeit. Unwiderlegbar verweisen sie auf die Legalität der per Saldo weit schädlicheren Volksdrogen →**Alkohol** und Nikotin (→**Rauchen**). Und zu Recht bestreiten sie die These von der Einstiegsdroge. Ob jedoch deswegen Cannabis und sein Hauptwirkstoff Tetrahydrocannabinol (THC) aus der Verbotsliste des Betäubungsmittelgesetzes gestrichen werden können? Was unsere Exzesse und Krankheitsbilder angeht, geben immer noch kollektive abendländische Prägungen den Ausschlag, und nicht etwa die Risikostatistik oder Testreihen. Jedenfalls verändert das Inhalieren des Rauchs verbrennender Hanfblüten Perspektiven, Formen, Farben und Geräusche auf beklemmend-befreiende Weise. Berechenbar sind diese Veränderungen nicht.

Die Drogenexperten und die Kämpfer für die Legalisierung der Droge reden unweigerlich aneinander vorbei. Diejenigen, die meinen, Cannabis nötig zu haben, weil es ihnen schlecht geht, geraten kiffend noch tiefer in die Klemme, in der sie als weltflüchtige Jugendliche oder angsterfüllte Psychotiker schon sitzen. »Grundsätzlich ist der Konsum von Cannabis problematisch, wenn er zur Besänftigung bedrückender Gefühle dienen soll« (Helmut Kuntz). Die Zwangsraucher baden es aus, wenn der Stoff tückisch gestreckt wird und wenn sich der THC-Gehalt der Hanfpflanzen infolge illegaler Heimzüchtung vervielfacht.

Diejenigen aber, die Cannabis nicht nötig haben, weil ihre Einbildungskraft die Welt erglänzen lässt, werden auch durch Marihuana und Haschisch beschenkt und durch schlechte Trips nicht gefährdet. »Läuft der Rausch günstig, so leuchten die Dinge wie mit einem feinen Lack bezogen; sie sind mit Schönheit imprägniert. Vorausgesetzt wird eine geistige Potenz, die diese Schönheit an die Umwelt heranzutragen weiß« (Ernst Jünger 1979: 227).

Check-up (Ganzkörperuntersuchung)

Bitte keine bösen Überraschungen. Die Kontrolle behalten. Frühzeitig erkennen, welche Teile schwächeln und entarten. Darmkrebs, Hautkrebs, Herzschwäche, Nierenschaden, Diabetes, Hirnschlag – darauf kann ich verzichten. Einfach mal den ganzen Körper durchchecken lassen. Gezielt eingreifen, wo das rote Lämpchen blinkt.

Zur Früherkennung der häufigsten Krankheiten (Herz-Kreislauf-, Krebs-, Nieren-, Zucker-) bieten die gesetzlichen Krankenkassen den Versicherten ab 35 alle zwei Jahre ein Risikoprofil, einen »Ganzkörperstatus« sowie Blut- und Urinuntersuchungen an. Wer es genauer wissen will, bucht einen Komplett-Check-up in einem Präventionszentrum mit internistischer Inspektion (Gelenke, Gefäße, Schilddrüse, Nerven, Lymphknoten, Lunge, Hirn, Rücken, Haut, Bauch, Herz, Brust oder Prostata) und mit Ganzkörper-Tomografie per Computer oder Magnetresonanz.

Im eigenen Körper unbefangen zu wohnen, ist vielen Selbstbewussten zu riskant geworden. Sie wollen eine Garantie, dass bei allen Wechselfällen der Karriere wenigstens auf den Körper Verlass ist. Beschwerdefrei bringen sie das Körperganze zur jährlichen Wartung, damit es beschwerdefrei bleibe. Für die Bescheinigung, auf Herz und Nieren geprüft und kerngesund zu sein, investieren Vielbeschäftigte gern einige Tausend Euro. Aber auch eine Liste der Risikofaktoren ist willkommen. Für noch mehr Geld steht die Verhinderung lauernder Organschäden auf dem Programm, ein Versicherungsschutz gegen Bösartigkeit. In den Vereinigten Staaten lassen sich Manager vorsorglich Bypässe legen und Herzkranzgefäße weiten. Im Zeitalter der →**genetischen Früherkennung** verschwinden die Begriffe von Krankheit und Gesundheit in der fortlaufenden Reparatur von Unzulänglichkeiten. Die Funktionstüchtigkeit des Körpers wird als Normalzustand präsentiert, entsprechend dem Menschenbild totaler Selbstverantwortung.

Allerdings wird kein Tomografierter zu hören bekommen, bei ihm sei alles in Ordnung. Die teuren Apparate in den Durchleuchtungspraxen wollen ausgelastet sein und schaffen sich ihren Bedarf selbst. Sie erwirtschaften Behandlungszwänge. Vorbeugung ist eine Lebensaufgabe. Wer für seinen Körper stets das Beste tun will, interniert ihn in einem Kontinuum von Untersuchung, Langzeitbeobachtung, Operation und Nachsorge.

Andere werden von dieser Aussicht abgeschreckt. Es hat sich herumgesprochen, dass auch und gerade Ganzkörper-Tomografien viele Fehlalarme auslösen, an Grenzen der Nachweisbarkeit stoßen und gewöhnlich mit unklaren Diagnosen enden, die der Abklärung bedürfen und häufig Operationen und langwierige Therapien nach sich ziehen (→ **Brustkrebs-Früherkennung,** → **Prostatakrebs-Früherkennung,** → **Darmkrebs-Früherkennung**). Hinzu kommt die hohe Strahlenbelastung. Es hat sich ebenfalls herumgesprochen, dass der Check-up die Beflissenen selten freispricht, vielmehr meist weiter in Beschlag nimmt und manches provoziert, was ansonsten stumm geblieben wäre (Stiftung Warentest, 12.05.2004). Er stellt somit selbst ein unwägbares Risiko dar.

Eine bittere Erkenntnis: Gesundheit lässt sich nicht herstellen. »Je mehr ich für meine Gesundheit tue, desto weniger gesund fühle ich mich«, schreibt der Psychiater Klaus Dörner. Die ersehnte Seelenruhe schenkt nur ein »Zustand, in dem der Mensch vergisst, dass er gesund ist« (Klaus Dörner 2002: 2462). Was folgt daraus? Maß halten beim Verschleißen des Körpers und beim Arbeiten an der Gesundheit.

Coaching

Warum will ein Meister der Wahrscheinlichkeitsrechnung den Lottospielern gegen geringes Entgelt verraten, wie die Gewinnchancen mittels raffinierter Systemwetten optimiert werden können (→**Lotto**)? Warum optimiert er nicht seine eigenen Chancen und setzt sich mit den gewonnenen Millionen zur Ruhe?

Warum begleitet ein berufsmäßiger Karriereberater überforderte Führungskräfte beim Bewältigen und Kräftesammeln, anstatt die Erfolgsleiter in der Wirtschaft selbst zu besteigen? Die Antwort ist geschäftsschädigend. Er tut es, weil darin für ihn die beste, oft auch die letzte Aufstiegs- und Verdienstchance besteht. Er berät, *anstatt* in einem Unternehmen tätig zu sein (→**Karriereberatung**). Zwar müsste dies allein den Ratsuchenden noch nicht abschrecken. Auch Abgetretene oder Gescheiterte können wertvolle Erfahrungen weitergeben. Auch gibt es nun einmal Menschen, deren Einfühlungs- und Anregungsvermögen größer als ihr Arbeitsvermögen ist.

Das Risiko beim Coaching liegt jedoch in der besonderen Art der Beziehung zwischen Coach und Klient, sei es in der typischen Zweierbeziehung, sei es im Seminar. Die Klienten wollen sich umfassend ertüchtigen. Wie auf unzähligen Anbieter-Websites einfühlsam beschrieben, wollen sie ihren Standort bestimmen, zurück und nach vorn blicken, Ziele präzisieren, Ressourcen aktivieren, in Konflikten bestehen können, auf Mitarbeiter vertrauensbildend einwirken, entscheidungs- und durchsetzungsfähiger werden und ihre Handlungsoptionen erweitern. Meist kommen sie aus Unternehmen oder Organisationen, wo sie durch das regelmäßige *Screening* ihrer Leistungen unter wachsenden Konkurrenzdruck geraten. Aber ist ihnen klar, dass sie beim Coaching einem weiteren Rivalen begegnen?

Auf den rasch gewachsenen, gleichwohl begrenzten Coaching-Markt strömt ein buntscheckiges Heer von Beratungskräften, die anderswo auf Nachfrage-Grenzen gestoßen sind. Als Berufsbezeichnung ist »Coach« nicht geschützt. Bislang wird niemand zu bestimmten Ausbildungsgängen oder wenigstens zur Einhaltung festgelegter Qualitätsstandards verpflichtet.

Das Coaching-Angebot übertrifft die Nachfrage bei weitem. Die annähernd 40 000 derzeit in Deutschland tätigen Coachs kämpfen erbittert um Klienten, insbesondere um das Vertrauen der Personalleiter großer Firmen. Der von einem Unternehmen angeheuerte Coach zieht alle Register, um seine Kundschaft dauerhaft an sich zu binden. Erscheint ein bestimmtes Defizit des *Coachees* annäherungsweise bewältigt, wird mit hoher Wahrscheinlichkeit ein weiteres zutage gefördert.

Wie kann sich nun ein solcher *klammernder* Coach im Beratungsprozess zurücknehmen und den Zielen des Klienten unterordnen? (Im Gegensatz zu Trainern, Supervisoren und Therapeuten soll er sich nämlich als »neutraler Gesprächs- und Interaktionspartner« bewähren.) Das ist nicht nur eine Charakterfrage. Als ehemaliger Auf- und Absteiger, der etwas wiedergutzumachen hat, sowie als Firma im Verdrängungswettbewerb wünscht er seinem Klienten Erfolg, aber eben nur insofern, als er den Erfolg sich selbst zuschreiben kann. Messbar ist seine Leistung nicht. Daher wuchert er mit Versprechungen. Er verspricht eine Verhaltensänderung, die letztlich an wirtschaftlicher Wertschöpfung in Euro gemessen werden kann. Im Gegensatz zu Fußball- und Leichtathletiktrainern muss er aber dem Klienten ständig das Gefühl geben, dass er im Ernstfall selbst der Erfolgreichere wäre.

Der Klient kommt dieser Haltung entgegen, indem er im Coach keinen Gutachter sucht, sondern einen Komplizen, einen überlegenen obendrein. Auch dies ist nicht nur eine Charakterfrage. Anders als der Analysand oder Patient strebt der Coachee nach einem Erfolg, der sich darin äußert, dass andere hinter ihm zurückbleiben oder abstürzen. Was er anstrebt, will er, von einigen *soft skills* abgesehen, nur für sich selbst. Nicht alle können aufsteigen, nicht alle ihr Charakterkorsett stärken. Die Klienten bezahlen für Überholmanöver. Coaching ist Arbeit an der Berufsrolle, aber an einer möglichst exklusiven.

Die begehrte, auf andere nicht übertragbare Erfolgschance im Coaching beruht demnach häufig auf einer vereinnahmenden Rivalität des Coachs gegenüber dem Klienten. Beide zimmern an einer »Beziehungskiste«, in welcher der Lehrer den Schüler unten hält. Vielen Coachs wird eine narzisstisch veranlagte Persönlichkeit bescheinigt. Diese folgt instinktsicher der Schweißspur wundergläubiger Manager, die unter wachsendem Leidensdruck nach einmaliger und weitgehend selbstloser Hilfe Ausschau halten. Konsequenterweise ist das Risiko, einen schnellen Erfolgskredit jahrelang mit Wucherzinsen abzahlen zu müssen, enorm hoch (→**Psychotherapie**).

Dieses Risiko lässt sich senken. Erfolgreiches Coaching in Situationen hoher beruflicher Belastung findet auch unter verschwiegenen Freunden statt. Wer sich keinem Gegenüber mit »Qualitätssurrogaten« (Direktorenantlitz, grauen Haaren, nobler Kleidung und akademischem Titel) ausliefern möchte, kann seine Beschwerden auch Leidensgenossen in bestimmten Internet-Foren anvertrauen. Hier bleibt er nicht allein und dennoch vergleichsweise unabhängig, sogar dann, wenn der Austausch von Eingeständnissen und Ratschlägen unter Anleitung eines Online-Coachs erfolgt. Angeblich soll auch bereits schlichtes *Self-Coaching* – ohne vorhergehende Anleitung – dazu verhelfen, in das Kontinuum des Leidensdrucks eine Bresche zu schlagen: die stille Rückbesinnung auf Kräfte, die schon einmal, in vergleichbarer Lage, die Kette von Blockaden, Ängsten und Versagen sprengten.

Tückischerweise jedoch gerät der Selbstberatene gleichsam aus dem Regen in die Traufe. Er tauscht das Risiko der Abhängigkeit gegen das Risiko auswegloser Überforderung. *Self-Coaching* ist ebenso wenig ein offener Erkenntnisprozess wie der Coach ein neutraler Dritter. Obwohl die Persönlichkeiten und Berufswege durchweg voneinander abweichen, fordern sich alle Selbstverbesserer das Gleiche ab: besseren Durchblick, mehr Geistesgegenwart, mehr Konzentration, mehr Energie und Eigeninitiative, mehr Entschlossenheit und Selbstvertrauen im richtigen Augenblick, weniger Ängste, selbstsicheren Auftritt, mehr Miteinander durch Überzeugungskraft und die Fähigkeit, auf diesem Weg zufriedener, fröhlicher, gelassener, schlanker, attraktiver und selbstbewusster zu werden, hineinwachsend in weitere Potenziale der eigenen »Laufbahnentwicklung« (→**Kommunikationstraining**).

Man stelle sich vor, fast allen Gecoachten gelänge es, diesen Zielen nahezukommen. Dann wäre die teuer bezahlte mentale Fitness nicht mehr wert als etwa die Fähigkeit, Auto zu fahren. Die jahrelange, jahrzehntelange Dressur wäre (fast) umsonst gewesen. Aber so weit kann es gar nicht kommen. Jedes Ertüchtigungsziel verwandelt sich, sobald es auf Sichtweite herangerückt ist, in eine Zwischenstation auf dem lebenslangen Weg zur *lifeleadership*. Gecoachter Erfolg läuft, aus der Distanz betrachtet, für die mehr oder weniger Erfolgreichen (Erfolglosen) stets auf das Phantasma unbegrenzter Selbstverfügbarkeit hinaus. Die eigenen Antriebe und Verhaltensweisen, ja selbst die eigenen Empfindungen und Gedanken sollen kuschen lernen, wie es dem Steuermann bzw. der Steuerfrau gefällt. Das geht natürlich schief (→**Positives Denken**).

Um zu erkennen, wie riskant die Überzeugung ist, Erfolg und Glück seien das Ergebnis selbstverantwortlichen, entschiedenen Handelns, müssen wir nicht erst die wenigen – nach eigener Auskunft – glücklichen Inhaber von Spitzenpositionen gegen die vielen auf der Strecke Gebliebenen aufrechnen. Alle von den Formeln Überzeugten sind dem Risiko bereits erlegen. Die Methoden der Selbstkontrolle wurden nicht entwickelt, um im Erfolgs- oder Misserfolgsfall beiseitegelegt werden zu können. Sie forcieren und erzwingen sich selbst, lassen also, nachdem sie einmal angeeignet wurden, unter keinen Umständen locker. Notfalls bleiben sie ihren Klienten wenigstens in Form von Vergleichszwängen und Schuldgefühlen treu. Die permanent Überforderten sind von vornherein an ihrem Plan zur Selbstverwirklichung gescheitert. Sie neigen zur Depression, der heute weltweit häufigsten seelischen Störung, und zur medikamentösen Selbstermunterung.

Es wäre unsinnig, für das Phantasma totaler Selbstverfügbarkeit persönliche Motive auszugraben. Es ist kollektiv. Das Massenhafte, Gesichtslose unserer Zeit ist das authentische Selbst, an dem jeder für sich allein bis zur völligen Erschöpfung arbeitet, die Befreiung als fixe Idee (→**Wissenschaftsgläubigkeit**).»Sich befreien, macht nervös, befreit sein depressiv. Die Angst, man selbst zu sein, versteckt sich hinter der Erschöpfung, man selbst zu sein« (Alain Ehrenberg 2005: 53).

Aus dieser Einsicht lässt sich indessen keine Empfehlung zum selbstkritischen Coaching ableiten. Die einzige Möglichkeit, der Pflicht zum Aufstieg und selbstgesteuerten Glück zu entkommen, ist das *nicht absichtlich herbeigeführte* Scheitern der Karriere und das schließlich geglückte Einverständnis mit ihm. Die Chancen dafür stehen heute, im Jahr 2011, besser als in den letzten sechzig Jahren. Doch viele werden unbeirrt eine solche bescheidene Hoffnung »zynisch« nennen.

Computerspiele

Entwarnung: Nur das Gehirn macht mit, installiert vor einem Bildschirm. Spielend ist ihm so, als ob es Feinde abknalle, in exotischer Umgebung ums Überleben kämpfe, im Weltraum schwebe oder ein Gott sei. Wird es dadurch etwa auf physische Gewaltanwendung programmiert? Oder üben die Spiele »Skills fürs Leben« ein, etwa eine beschleunigte Hand-Auge-Koordination? Darüber streiten Unbeteiligte seit zwanzig Jahren. Als ob solche Spiele auf Konsequenzen und Nutzen hin angelegt wären und ihre Erfüllung nicht in sich selbst fänden, im prallen Autismus oder in einem Clan von bis zu 30 kooperierenden Hirnen.

Aber sprechen wir nicht von den Projektionen der (gerade) Unbeteiligten, sprechen wir vom Risiko der Computerspieler selbst, von ihrer schwelenden Enttäuschung: Nur das Gehirn macht mit. Unverwundbar nimmt es an etwas teil, das in mancher Hinsicht der Leibhaftigkeit ähnelt. Seine künstliche Angstlust büßt es mit fliegenden Fingern ab. Die Künstlichkeit jedoch schürt eine Sehnsucht nach Duftendem, Widerständigem, Mitfühlendem. Je mehr ich »selbst« hineingezogen werde in die Parallelwelt mit ihrer rauschhaften Bewährungs- und Versagensangst, desto mehr stört mich das kleine Manko, nicht unbefristet mit Haut und Haaren übertreten zu können. Immer hockt da noch ein Körpersack vor dem Rechner (→**Social Networks**). Selbst wenn ich mir diesen direkt ans Gehirn anschließen würde, wäre es nur interaktives Kino. Nach einigen gebuchten Stunden würde ich belämmert in die Erstwelt zurücktreten. Das ist so sicher wie der ermüdende Umstand, dass auf dem nächsthöheren Level der Highscore wieder von vorn beginnt.

Bei Kindern im Vorschul- und Grundschulalter können und müssen die Eltern der Spielzeit durch gemeinsame Ausflüge Grenzen setzen (→Reisen mit Kindern, →Vaterschaft), notfalls durch Mitspielen. Bei älteren Spielern fruchten Verbote nichts mehr. Das Verlangen nach Zutritt zum zweiten Leben kann nur vom Gehirn selbst getrübt werden. Doch eben dies geschieht in fast jeder Exzess-Karriere (wobei ein Rest an Süchtigkeit stets erhalten bleibt). Irgendwann ermüden die Spieler am wilden Einerlei, am sturen Mithalten-Wollen, am Wechsel der Welten, am Status zwischen *Als ob* und *Nicht wirklich* und an der stupiden Gewaltförmigkeit. Das Glück konzentrierter Selbstvergessenheit, *Flow* genannt, erfordert immer mehr Zeit und Anspannung. Überdruss stellt sich ein im künstlichen Paradies.

Letztlich erliegt das in sich selbst kreisende Computerspiel in seiner Überlebenskampf-Versessenheit jedoch nur anderen Absolutismen. Die berufliche →Karriere, die →Telearbeit, die Familie (→Mutterschaft, →Vaterschaft), der Schlaf, der Sex, das Schweifen im Internet (→Bloggen, →Social Networks), die dort stets verfügbare →Pornografie, Kinofilme, das Fernsehen, das →Multitasking, der Körperkult, vielleicht eine politische oder Sammlerleidenschaft (→Sammeln) beharren jeweils auf ihrem Selbstzweck. Jedes dieser Faszinosa beansprucht so viel Lebenszeit wie möglich. Vom Schlaf abgesehen, ergänzen und benötigen sie sich nur ausnahmsweise. Sie stehen rivalisierend nebeneinander und liefern sich Ausscheidungskämpfe, in denen das von wachsendem Überdruss geschwächte Computerspiel gewöhnlich unterliegt. Die Rede von Vereinbarkeit ist nur ein Alibi für die Brachialgewalt, mit der eine, allenfalls zwei Unbedingtheiten sich die anderen einverleiben. Wie untreue Partner, die ein Doppelleben – was sage ich, ein Vierfach- oder Fünffachleben – führen, irren wir Zeitarmen zwischen ihnen umher, jeder Unbedingtheit durch Treueschwüre und Trennungszusagen verpflichtet, doch unfähig, allen Genüge zu tun. Am liebsten würden wir in einem einzigen, alles umfassenden Spiel verschwinden.

Cyborg

Heute entscheiden wir über Alterssicherung, Tierhaltung und den präventiven Gang zum Arzt. Kommende Generationen werden darüber entscheiden müssen, wie viel Technik Teil ihres Körpers sein soll. Computerwissenschaftler halten die Verwandlung des Säugetiers Homo sapiens in einen Prothesengott für unvermeidlich. Um seine Evolution zum Allmachtswesen zu beschleunigen oder einer Bedrohung durch fortpflanzungsfähige Roboter Herr zu werden, rüstet sich der Mensch mit künstlichen Organen, Neuroprothesen und Biochips auf oder lädt sein Gehirn in einen mobilen Rechner herunter (*brain machine*) oder stöpselt einen Rechner in sein Gehirn ein (vgl. Günther Anders 1956, Ray Kurzweil 1999, Bill Joy 2000, Chris Hables Gray 2002, Thomas T. Tabbert 2004). Dass der Spätmensch dazu fähig und berechtigt sein werde, wird nur von wenigen Biotechnikern und Neurochirurgen bezweifelt. Bedient sich der Mensch nicht schon heute vieler Prothesen und Implantate? (→**Klonen**)

Ein Risiko stellt die Selbstabschaffung des Menschen durch nanotechnische Flickschusterei streng genommen nicht dar, denn in diesem Prozess kommt der Risikoträger selbst abhanden. Risiko für wen? ist hier die Frage. Auf den Gegensatz von Selbstbestimmt und Fremdbestimmt fixiert, erliegen wir beim *body-enhancement* allerdings einer typisch menschlichen Dummheit. Die Entwicklung des Menschentiers zum Schöpfer seiner selbst ist kein kontinuierlicher Prozess. Falls der Mensch einmal so scharf wie eine Katze hört, sich im Dunkeln orientiert wie eine Fledermaus, weit entfernte Gegenstände vergrößert wie ein Weltraum-Teleskop, Gegenstände mit der Kraft seiner Gedanken bewegt und sein Gehirn nach Belieben mit anderen zusammenschaltet, wäre dies nicht der konsequente nächste Fortschritt, sondern ein Sprung in die Finsternis. Die Ausrüstung von *Superman* und *Supergirl* besitzt eine technologische Eigengesetzlichkeit, die sich mit menschlichem Wankelmut nicht vereinbaren lässt (→**Anti-Aging**). Wo sie waltet, übernimmt sie das Kommando. Trotzdem geben entbundene Überlebenskämpfer für das Versprechen der Unsterblichkeit gern alles preis, was den Menschen ihre Hinfälligkeit bzw. das Unfall-Risiko ertragen hilft (→**Wissenschaftsgläubigkeit**). Doch auch die Existenz des Cyborg ist befristet.

Vorhersagen lässt sich, dass der Cyborg dann am anfälligsten sein wird, wenn er endgültig souverän geworden zu sein glaubt. So irdisch jedenfalls wird er noch sein, dass er bei der Verbesserung seiner Reparaturwerkstätten und im Kampf gegen andere Cyborg-Kulturen eine der ältesten menschlichen Erfahrungen machen wird: Alles kommt anders, als es der Bauplan vorsieht. Der Cyborg wird folglich danach trachten, sich selbst nach eigenem Gutdünken optimieren zu können. Sabotiert wird diese Absicht weniger durch technisches Versagen als durch die eigene Hybris. Mit Sicherheit strebt er Schmerzfreiheit an und erhöht dabei das Unfall-Risiko beträchtlich. Dies wiederum schafft Bedarf nach Vorwarnsystemen und gesetzlicher Regulierung. Die Cyborgs werden also ebenso wenig in Frieden leben wie ihre säugetierischen Vorfahren.

Obwohl die oben angedeutete Entwicklung nicht aufzuhalten ist, sind Altmenschen, die sich dem Transhumanismus verweigern, keine rückständigen Wesen und nicht einmal Konservative. Vielmehr gehen sie an der Sackgasse des Cyborg vorbei und greifen weit vor. Im Übrigen besitzen sie jedes bisher formulierte Menschenrecht auf Widerstand, und zwar auf jede Art von Widerstand.

Darmkrebs-Früherkennung

Es ist ein bisschen viel verlangt, sich den Darm auf beschwerliche Weise auszuspülen und ihn dann ausspiegeln zu lassen, ohne vorher ordentlich Angst bekommen zu haben (etwa durch Blutungen beim Stuhlgang), nur weil es vernünftig ist. Eben deswegen müssen Prominente als Vorbilder aufgeboten werden: Verona Pooth, Michael Schumacher, die Gebrüder Klitschko, Sandra Maischberger, Christine Neubauer, Barbara Schöneberger, Johannes B. Kerner. Alle noch weit entfernt von der Schwelle des Darmkrebs-Risikoalters, damit wir sehen, welch gutes *Feeling* es mit sich bringt, nicht mehr dem albernen Schamgefühl und den beschränkten Sinnen zu folgen, sondern allein der prophylaktischen Vernunft. Um uns vor virtuellen Gefahren zu schützen, müssen wir uns vom Empfinden distanzieren.

Weil wir die Früherkennung haben und der Felix Burda Stiftung zufolge ein ertappter Darmkrebs schon so gut wie besiegt ist, stellt er offiziell keine Gefahr, sondern nur noch ein Risiko dar. Die gesetzlichen Krankenkassen bieten Frauen und Männern ab 50 alle zwei Jahre einen Okkult-Bluttest und alle zehn Jahre eine Darmspiegelung (Koloskopie) an. Wer dieses Angebot ausschlägt, spielt mit dem Risiko, früher oder später dem fressenden Krebs in der Darmwand und Metastasen in Leber und Lunge zu erliegen.

Doch nun kommt ausgerechnet vom Lebensfernsten, der Sterblichkeitsstatistik, die irritierende Nachricht, dass alles Testen und Spiegeln im Darm dem einzelnen Sterblichen nur sehr geringen oder gar keinen Nutzen bringt. Statistisch gesehen, bewahrt die regelmäßige Suche nach verborgenem Blut im Stuhl in einem Zehnjahres-Zeitraum *eine von tausend Personen* vor dem Tod durch Darmkrebs – nicht vor dem Sterben an anderen Krankheiten, nicht vor dem Sterben überhaupt. Positive Testergebnisse ziehen meist Darmspiegelungen nach sich und machen ordentlich Angst, sind aber zu 60 Prozent (bei Personen ab 60) bzw. zu 90 Prozent (bei Jüngeren) falsch. Was überwiegt hier also, der Schaden oder der Nutzen?

Statistisch gesehen, verringern Personen, die sich den Darm spiegeln lassen, ihr Risiko, irgendwann an Darmkrebs zu erkranken, verglichen mit Nichtgespiegelten um drei Prozent und ihr Risiko, an Darmkrebs zu sterben, um 2,4 Prozent (Werner Bartens 2008: 154 f. Vgl. Anke Steckelberg/Ingrid Mühlhauser 2003. Vgl. Stiftung Warentest 2005). Offenbar überwiegt hier der Nutzen. Wenn man den unabsichtlich angerichteten Schaden ignoriert: die Untersuchungen und Operationen bei Personen, die nicht hätten operiert werden müssen (weil der Tumor nicht tödlich gewesen oder spontan abgeheilt oder von anderen Krankheiten überholt worden wäre), die häufig *falsche* Sicherheit Vieler nach beruhigenden Befunden und die – seltenen – ärztlichen Kunstfehler bei der Darmspiegelung.

Den meisten Onkologen und Krebspatienten und deren Angehörigen erscheinen solche Gesamtrechnungen zynisch und defätistisch. Die Einen denken an die fortgeschrittenen Adenome (gefährlichen Polypen), die sie abgetragen haben, und die Patienten, die *zu spät* kamen und nicht mehr gerettet werden konnten; die Anderen sind dankbar für den Sieg über den Krebs. Außer Acht lassen sie Faktoren, die den sichtbaren Erfolg im untersuchten Bevölkerungsteil relativieren: die Zahl der tödlichen Rückfälle, das Lebensalter, die Lebensweise und die Lebenserwartung der Untersuchten im Gegensatz zu den Nichtuntersuchten, den Unterschied zwischen schnell und langsam wachsenden Polypen und Tumoren und zwischen einem Leben mit der Diagnose Krebs und ohne sie, andere Krankheitspotenziale bei Darmkrebs-Gefährdeten, die Erfahrung und das Geschick des Arztes, die Fehlerquote, das zunehmende Durchschnittsalter der Gesamtbevölkerung, den Wandel der Ernährungsgewohnheiten, die veränderte Darmkrebs-Frequenz *europaweit* und vor allem die unerwünschten Nebenwirkungen der Krebsfrüherkennung.

Gemeinsam tappen alle Gruppen im Dunkeln. In Vor- und

Frühstadien der Tumorentwicklung wissen die Ärzte nur annäherungsweise, in welches Gewebe sie schneiden und was sie entfernen. Sie wissen nur unzulänglich, welche Prozesse sie unterbinden und auslösen. Sie können nicht wissen, inwieweit ihre Wahrnehmung und ihr Eingriff schützen oder zerstören. Trotzdem beschuldigen sie Wissenschaftler und Publizisten, die in der (Nicht-)Teilnahme an der Früherkennung nur einen Faktor unter Dutzenden sehen, mit dem Leben von Krebsgefährdeten zu spielen.

Ein Kartell von Gesundheitspolitikern, ärztlichen Standesorganisationen und Medienkonzernen möchte ein störrisches Volk zum richtigen präventiven Verhalten erziehen (→**Blutdruckkontrolle**). Wer ihnen zuhört, muss annehmen, die Sache selbst sei unzweifelhaft geklärt. Doch klar ist hier nur, dass man höheren Orts aus bevölkerungspolitischen und gesamtwirtschaftlichen Gründen die Einberufung der Älteren zur Früherkennung für geboten hält. Die Geldgeber sind mit dabei; das schafft Vertrauen bei denen, die immer dabei sein wollen. Im letzten Augenblick scheiterte 2007 der Versuch von Gesundheitsministerin Ulla Schmidt, die nicht regelmäßig Teilnehmenden höher zu belasten. Man befürchtete ein finanzielles und politisches Fiasko.

Man stelle sich einmal vor, alle Menschen ab 55 Jahren in Deutschland würden eine Darmkrebs-Früherkennung beanspruchen. Bezogen auf gesicherte Frequenzwerte, würde man bei ihnen etwa 25 000 bis 30 000 Dickdarmtumore und etwa 10 Millionen Mal näher zu untersuchende Polypen finden. Betroffen wäre unter anderem fast die gesamte Population ab 70 Jahren. Würde man all diese Menschen von ihren Leiden und Risiken befreien können? Nach den unvermeidlichen Spiegelungen müssten Millionen von Operationsterminen anberaumt werden, und aus diesen würden wiederum Millionen von Fehlbehandlungen resultieren. Zu einem solchen Kraftakt wäre die deutsche Ärzteschaft nicht imstande.

Ein großer Erfolg der *Feel good*-Kampagnen bleibt ihr aber mit Sicherheit erspart. In Deutschland lassen sich nur etwa 10 Prozent der in dieser Hinsicht beschwerdefreien Menschen ab 55 Jahren auf eine Darmspiegelung ein. In Anbetracht der Koalition von Regierenden, Heilenden und Werbenden erscheint diese Reserviertheit als Ausdruck einer kollektiven Verweigerung. Die große Mehrheit der Älteren weiß über das Angebot durchaus Bescheid. Die meisten von ihnen befürworten es sogar. Aber bevor sie es annehmen, müssten sie jeweils unter persönlichen Leidensdruck geraten. Die Hinderungsgründe sind nicht einfach nur psychologischer, das heißt, belehrbarer Natur (Bequemlichkeit, Tabuisierung, Irrtümer, Schmerzerwartung). Schon dass man zum Mitmachen überredet werden soll, gibt zu Misstrauen Anlass. Denn zu wappnen hat man sich auch gegen eine mögliche Vereinnahmung durch anonyme Systeme mit kräftiger Eigendynamik (→ **Check-up**). Dieser Aspekt wird von den mächtigen Aufklärern verschwiegen, somit bestätigt.

Das System der Früherkennung rechtfertigt sich durch positive Diagnosen. Der Einzelne aber hat nicht genug Zeit, um allen Lebensgefahren vorzubeugen. Die unbewusste Rücksicht darauf hat sich bei älteren Menschen jeweils schon mehrfach bewährt. Sie jetzt aufzugeben, würde den Einzelnen einer Flut unbestimmter Risiken ausliefern (→ **Brustkrebs-Früherkennung,** → **Prostatakrebs-Früherkennung**).

Entsprechende Vorsicht lenkt freilich auch die Vernünftigen, die das Angebot zur Früherkennung schätzen. Es beruhigt sie, ihrer Gesundheit zuliebe Vertrauen zu Kompetenten und Zeit für absichernde Maßnahmen aufzubringen. Auch sie sind auf ihre Weise unbelehrbar und tun gut daran, es zu bleiben.

Demonstrieren

Die Demonstration ist heute normalerweise ein angekündigtes Ereignis. Sie folgt einem Skript, das den Zeitraum, die Route und den Ablauf festlegt. Demonstranten wollen öffentlich auf etwas *hinweisen*. Aber Öffentlichkeit entsteht nicht mehr auf Straßen und

Plätzen. Daher appellieren die Demonstranten an das Fernsehen und andere bunte Medien, dem Ereignis öffentliche Beachtung zu schenken. Von den Nachrichten-Profis wird die Kundgebung im Vergleich mit anderen Events nach ihrem Reizwert gewichtet. Ihr Anrecht auf Sendezeit erhöht sich, wenn auf der Kundgebung etwas Ungewöhnliches geschieht – nahezu eine Regieanweisung. Aus Werbegründen kündigen die Veranstalter eine hohe Teilnehmerzahl an. Ihre Strategie, ihre Führungsrolle und ihr öffentlicher Nimbus stehen auf dem Spiel. Nun bangen sie um die Erfüllung der vorgegebenen Norm. Mit prominenten Rednern und spektakulären Sondereinlagen, hilfsweise einer Verkehrsblockade, versuchen sie, das Risiko zu senken und zugleich für den Fall des Fiaskos einen Sündenbock bereitzustellen. Alles in allem stehen somit die Chancen für ein sachdienliches Hinweisen schlecht.

Welche Risiken gehen die einfachen Unterstützer und Mitläufer ein?

Auf *Demonstrationen, denen die Sympathie der Leitmedien und der großen Parteien und Verbände gewiss ist,* baden die Teilnehmer in der eigenen Rechtschaffenheit. Ihnen wird gratis öffentliche Anerkennung zuteil. Alle Redner versichern ihnen, dass es trotzdem oder gerade deswegen notwendig sei, für das Richtige leidenschaftlich einzutreten. Viele bekommen aber davon nicht genug. Sie legen die Rüstung mutiger Nothelfer an und werten den Gegner zum altbösen Feind auf. Oder sie mischen in einem Verteilungskampf mit, der ohnehin schon auf allen Bildschirmen tobt. In beiden Fällen agieren sie als Statisten, die das dumpfe Gefühl des Überflüssigseins mit weiteren Beweisen von Gratismut betäuben.

Auf *Demonstrationen gegen die öffentliche Mehrheitsmeinung* erfahren die Teilnehmer, dass es nicht auszuhalten ist, als Schurken aufzutreten. Aus der erklärten Absicht, versteckte Sympathisanten zu ermutigen, entsteht beim Zug durch Spaliere feindseliger Gaffer (Polizisten eingeschlossen) sowohl beleidigter Trotz als auch die Larmoyanz des Moralisierens. Man spielt die zu Unrecht Verfolgten und beruft sich auf Grundgesetz und Menschenrechte. Damit beginnt das Liebeswerben um jene, denen man

Verachtung demonstrieren wollte, und das andere Lebensprinzip, und den Stolz der nicht klein Gekriegten. Wer sich in die Medienöffentlichkeit begibt, übernimmt ihre Hauptregel, die da lautet: Keine Auseinandersetzung ohne grundlegendes Einverständnis (→**Talkshows**).

Der *Gelegenheitssympathisant,* der *Mitläufer,* spürt oftmals, dass er nicht dazugehört. Rasch wird ihm das Pathos der Überzeugten peinlich. Er ahnt das Gruppenhafte und Pärchenmäßige der eingereihten Körper. Häufig gewahrt er in den erregten Gesichtern die regressive Rechthaberei und die schwitzige Solidarität historisch überholter, nachgespielter Parteinahme (→**Vereinstätigkeit**). Jungnarzisstische Selbstdarstellung – als Streetfighter, guter Kamerad, Naturfreund, Militanter im Schwarzen Block – weckt in ihm Niedertracht: Mögen die doch mit ihren alten Posen und Parolen an der Realität zerschellen. Er selbst hasst an sich die hochquellende alte, nie besänftigte Wut und Begeisterung und kann ihren Anblick bei anderen nicht ertragen.

Im *Rausch der Selbstbestätigung* entsorgen die Linientreuen ihre versteckten Zweifel. Das müssen sie tun, denn in der Aktion ist für Zweifel keine Zeit. Doch unterhöhlt es die eigene Widerstandskraft, wenn das Zweckbündnis der aus unterschiedlichen Gründen beteiligten Gruppen im Geiste des kleinsten gemeinsamen Nenners aufmarschiert. Denn dann wird es rasch zerfallen, und zwar missverständlich. Aktionsbündnisse waren zwar schon immer zerbrechlich. Aber heute ist der demonstrierte kleinste gemeinsame Nenner immer das – in Zeitnot – Plausible, die Kundgabe des gesunden Menschenverstands im Fernsehen. Das euphorische Wir-Gefühl beim genehmigten Demonstrieren speist sich aus dem Entgrenzungsrausch der Popkonzerte und dem Spontaneitätskult in den Medien.

Ob Menschenkette oder Sitzstreik, Kundgebung oder Schweigemarsch, Mahnwache oder Fahrraddemonstration, die Kopfstärke der Unterstützer entscheidet über das *Erleben von Macht und Ohnmacht.* Bis 200 ist es jämmerlich, von 200 bis 500 mäßig, ab 500 ausreichend, ab 1000 selbstbestätigend, ab 5000 glorreich. Nach

Abschluss der Demonstration wird zwischen Veranstaltern, Polizei und Medien um die Zahl der Demonstranten und Gegendemonstranten regelrecht gefeilscht. »Je mehr Menschen es sind, desto weniger kann uns passieren« (Leipzig 1989). Triumph oder nicht? Reicht's für eine anständige Demo oder sind wir wirklich ein bedauernswertes Häufchen?

Erfolgsmaßstab in letzter Instanz ist jedoch das *Medienecho.* Es zählt die auf dem Bildschirm und in den Blättern gezollte Aufmerksamkeit; die Bewertung ist Nebensache. Die Teilnehmer erfahren, in welchem Ausmaß ihr symbolisches Handeln *real* war. Das Aufklärungsziel ordnet sich den Aufklärungsmitteln unter. Weil die Veteranen wissen, dass sie Darsteller sind, verachten gerade sie gern die Gefahren, die von Wasserwerfern, Polizeiknüppeln, splitternden Scheiben, zurückgeworfenen Steinen und Filmaufnahmen ausgehen. Viele drängt es gleich wieder zum nächsten Auftritt. Sie ziehen im Krawallzirkus umher wie Fußballfans zu ihren Auswärtsspielen. Beim Vortanzen vor dem öffentlichen Auge bietet dieses auch Schutz; im Blickfeld der Fernsehkameras wähnt man sich sicher vor Polizeiübergriffen.

Von den Erwartungen der Medien vollständig gesteuert werden die Demonstrierenden dennoch nicht. Dafür sorgt indessen nicht ihre politische Gesinnung, sondern der ausgeprägte *Ritualcharakter* fast aller Demonstrationen. Akteure und Polizisten halten sich an die vertraute Choreographie gegenseitiger Provokation. Man schmäht einander, um auf Tuchfühlung zu gehen, marschiert mit Ordnern und Ärzten auf, skandiert die uralten abschreckenden Sprechchöre, nimmt märtyrerhaft Prügel hin und gibt den Schmerz aufheulend zu Protokoll, prescht vor und weicht zurück und pflegt die Ästhetik der Militanz mittels Vermummung, Lederpanzern, Brandflaschen, Randale, Hetzjagden und stoischer Solidarität im wandernden Kessel. Entlarvt euch als Faschisten, erfüllt unser Dasein mit Sinn! An Ritualen sind die Kamerateams jedoch nur dann interessiert, wenn sie zum Exzess ausarten.

In jeder Zusammenrottung von Menschen drängt etwas zum Aufruhr. Jeder gezügelte Demonstrant, zumal der intellektuelle, sehnt sich danach, im Kollektiv, in der *Masse,* zügellos aufzugehen. Aber eben zu jener »Erfahrung dröhnender Selbstlosigkeit« (Elias Canetti) kommt es in der Ära audiovisueller Erfassung nicht mehr. Und dem Fernsehen entgeht, was es am meisten begehrt. Es verteilt öffentliche Aufmerksamkeit, reguliert somit alles, was Anteil an ihr zu haben wünscht. Diese Kontrolle ist sehr viel effizienter als alle Mittel der öffentlichen Gewalt.

Beim Demonstrieren gerät der Wunsch, mit heiler Haut davonzukommen, leicht in Konflikt mit dem Interesse am Demonstrationserfolg. Während das Verletzungs- und Verhaftungsrisiko die meisten Mitläufer abschreckt (so dass sie sich bei Eskalationsgefahr davonzumachen versuchen), nimmt es der harte Demonstrationskern bei Aussicht auf Steigerung des öffentlichen Aufsehens gern in Kauf. Ihn zieht es daher auf die zentralen Straßen und Plätze, die gut zu observieren und zu filmen sind (→**Überwachtwerden**).

Designerdrogen

Die Seele spurt nicht. Nur ausnahmsweise bequemt sie sich zum jeweils erwünschten Zustand. Folgt ein Gesprächstermin auf den anderen, zerfließen mir nach zwei Stunden die Konzentration, der Wortschatz, die Geduld und der verbindliche Gesichtsausdruck. Auf Partys steuere ich notgedrungen altbekannte Gesichter an. Für zwanglose Begegnungen mit interessanten Figuren bräuchte ich das lässige Gehabe von vorgestern, aber wenn nötig, habe ich es nicht parat. Mein Grinsen ist so schief, dass ich es lieber ausknipse. Vor dem Redebeitrag trocknet mir der Mund aus. Oder ich kann meinen Redefluss nicht eindämmen. Im Gespräch unter vier Augen finde ich nicht die rechte Mitte zwischen Aufblähung und Bescheidenheit. Ich würde gern beiläufig von Gelassenheit zu Ausgelassenheit wechseln, und wieder zurück, aber das Scharnier ist eingerostet. Vor dem Computer möchte ich länger frisch, beim

Liebesspiel innovativ, nach dem Aufwachen erwartungsfroh sein (→**Positives Denken**).

Ich erwarte viel von Körper und Geist, denn auch die Normalexistenz hat inzwischen fast täglich sehr unterschiedliche Auftritte zu bestehen. Unbeholfenheit wirkt dabei nicht einmal mehr bei jungen Mädchen charmant. Daher wächst der Markt für Psychostimulanzien. Man nennt sie einseitig *Partydrogen,* modisch *Lifestyledrogen* oder richtigerweise *Designerdrogen.* Ob nun eine spezifische Rauschwirkung angestrebt oder durch Zufall entdeckt wird, ob die Absicht, das Betäubungsmittelgesetz zu umgehen, bei der Komposition den Ausschlag gibt oder die Therapie bestimmter Krankheiten, die Zukunft gehört den situationsgemäßen, individuell verträglichen und unauffälligen, leistungskompatiblen Psychopharmaka mit präzise befristeter Wirkung.

Die Bereitschaft zu gelöster Nettigkeit definiert künftig vermutlich den Normalzustand, träger Trübsinn den asozialen Tiefpunkt. »Wenn wir einmal verlässliche, alltagstaugliche Stimmungsaufheller für Gesunde haben, werden wir dann schlechte Laune oder das prämenstruelle Syndrom am Arbeitsplatz zunehmend als Ungepflegtheit und Verwahrlosung wahrnehmen? So wie wir etwa heute starken Körpergeruch als Belästigung empfinden?« (Thomas Metzinger 2009)

Noch ist es nicht ganz so weit. Gemessen an der erwünschten Zielgenauigkeit, feuern die heute angebotenen psychoaktiven Drogen nur Schrotschüsse ab. Wir leben offenbar in einer Ära der Niedergedrücktheit, denn den Drogenmarkt beherrschen synthetische Stoffe, die Antrieb, Laune, Leistung, Unbeschwertheit und Rededrang steigern, im Wesentlichen Abkömmlinge des *Amphetamins* (als *Speed* bekannt), welche wiederum das Gehirn zur Ausschüttung des »Wohlfühlstoffs« Serotonin stimulieren: *Ritalin,* meist gegen das Hyperaktivitätssyndrom ADHS verschrieben, macht euphorisch und schärft die Aufmerksamkeit. Das Antidepressivum *Prozac* bekämpft Niedergeschlagenheit, Panik, Berührungsangst und Heißhunger. *Ecstasy* schlucken wir, um in der schlechten Welt endlich geborgen zu sein, zugänglich und einfühlsam zu werden, die eigenen Schwächen zu verzeihen und die Vorzüge der anderen zu bewundern. Mit *Crystal Meth,* einst *Pervitin* genannt, lässt sich Prüfungsangst mindern, die Libido aufputschen und zwei Tage und Nächte lang durcharbeiten.

Aber auch andere Laborschöpfungen laden zur Selbststeuerung ein: *Modafinil,* ein Medikament gegen Tagesschläfrigkeit, garantiert Karrieristen und Soldaten (wie im letzten Irakkrieg) einen Zustand der Daueraufmerksamkeit. Der Partyliebling *Liquid Extasy* sorgt, niedrig dosiert, für Beschwingtheit und Geilheit und höher dosiert für erfrischenden Schlaf. Das synthetische Opiat *Propoxyphen* ist als Angst- und Spannungslöser zu Diensten. Das Kräftigungsmittel *Dihydroepiandrosteron (DHEA)* vertreibt alle Wolken am Stimmungshimmel. In euphorische Trance versetzt ein ganzer Strauß von *Tryptaminen.* Mit Narkosemitteln wie den *Phenclidinen* und *Fentanylen* wird auch im illegalen Drogenlabor experimentiert. Und wiederentdeckt werden Pflanzenprodukte wie das *Harmalin,* das schon vor Jahrtausenden Schamanen und Priester beflügelte.

Eine Welle von Drogen, die als Naturprodukte getarnt sind, rollt auf uns zu.

In Erwartung einer Ära der »kosmetischen Psychopharmakologie« erscheinen die unerwünschten Nebenwirkungen der heute vereinnahmten Designerdrogen – gravierend bei *Crystal Meth* und *Liquid Extasy,* mäßig bei *Ecstasy* – als Risiken zweiter Stufe. Wirklich schlimm wird es ohnehin erst bei deren Minimierung. Wenn chemische Erregung und Beruhigung, wenn die Erfüllung von Verschmelzungs- und Absonderungswünschen einmal preiswertes Allgemeingut sind, könnten wir für fast jeden Seelenzustand und fast jede Leistung und Leistungsbereitschaft zur Verantwortung gezogen werden. Von wohlmeinenden Kollegen und Nachbarn, von der Gesundheits- und Arbeitsverwaltung und vom launischen Zeitgeist und seinen Wächtern. Noch schützen uns unbeeinflussbare Grenzen, Zyklen und Altersschwächen gegen viele Zudringlichkeiten. Sie müssen nicht erst begründet werden. Manche von ihnen können wir notfalls vorschützen.

Aber versuchen Sie einmal zu erklären, warum Sie unnötigerweise müde, schüchtern, uncool, unsympathisch oder widerborstig auftreten. Warum Ihr *Mind Design*, Ihre Lebenseinstellung, zum Himmel stinkt.

Es wäre unsinnig, schon heute Gegenstrategien zur chemischen Frohsinnspflicht vorzuschlagen. Aber so viel ist sicher, dass alles Erwünschte Unerwünschtes zeugt, jede aufgesetzte Verfriedlichung Unfrieden, jeder Rausch kalte Klarheit (→**Fortpflanzungsdesign**). Das Unfallrisiko willkürlicher Stimmungskontrolle wächst mit ihrer Perfektionierung.

Diät

Zum Essen, häufigem und reichlichem, drängt es das Menschentier im Selbstgenuss seines überschwänglich gestalteten Daseins. Hier dienen den niederen Sinnen – Schmecken und Riechen – die höheren. Zuerst verschlingen die Augen das Aufgetragene. Saugen, Schlürfen und Schmatzen steigern die Tafelfreuden. Beim zeremoniellen Einverleiben paktieren Pflicht und Festlichkeit, Verdauung und Religion, gute Manieren und Fleischeslust, Gewalt und Rücksicht, Völlerei und Askese. Auch loses Gerede und gefräßige Stille. Wer miteinander Gerichte und Getränke, Geschirr und Besteck teilt, bekräftigt gleichen Geschmack und Widerwillen, ist sich zugehörig (Claus-Dieter Rath 1984).

Doch ein Heer von Ernährungsberatern erfrecht sich, die Menschheitsfrage, was, wie viel und wie oft gekocht und gegessen werden solle, auf einen einzigen Zweck hin zurechtzustutzen: die gute Figur, allmählich abgelöst von der Langlebigkeit (→**Anti-Aging**). Essen ist möglichst schmackhafte Nahrungszufuhr für einen leistenden Organismus. Wir essen nicht, wir nehmen chemische Substanzen – vulgo: Eiweiße, Fette und Kohlenhydrate – zu uns. Im Sinne solch armseliger Einsichten versucht man, uns zu disziplinieren. Mit überwältigendem Erfolg. Im Korsett des →**Fit-**

nesstrainings spielt es kaum eine Rolle, dass die meistempfohlenen Diäten modisch wechseln und mittelfristig ausnahmslos scheitern. Zu viele Einflussfaktoren essen mit, die der Ernährungswissenschaft fremd sind. Zudem leistet die Bevorzugung fettarmer Speisen fast unweigerlich dem Rückfall ins Schlemmen und damit der Ausbreitung von Fettleibigkeit, Stoffwechselstörungen und Diabetes Vorschub. Viel Bewegung hilft allemal mehr, doch dies kommt der Beraterzunft, den Pharmakonzernen, Abspeck-Kliniken (→**Wellness**) und Drogeriemärkten nicht zupass. Freilich ist die Versklavung des Appetits nur konsequent. So wie sich die Städtebewohner vereinzeln, löst sich die Esskultur in einzelne Gesundheitstipps auf.

Brechen wir die Macht der Diäterfinder, aber nicht durch weitere, alternative Ratschläge, sondern durch Spürsinn für das Kommende: heimische →**Telearbeit** und Aufreihung atopischer Wohnwaben in Hochbauten, somit wachsender Hunger nach greifbarer Nähe und wiederholbaren Riten. Dies alles begünstigt eine stadtplanerische Neuerung: den Einbau von Gemeinschaftsküchen in Passagen und Foyers für gemeinsames Kochen und Speisen. Beim Tafeln mit Nächsten weiß niemand mehr zu sagen, warum es das Wichtigste sein soll, schlank zu werden.

Ehevertrag

Ohne Ehevertrag gilt der gesetzliche Normalzustand, der Güterstand der *Zugewinngemeinschaft*. Weichen die Besitz- und Einkommensverhältnisse der Partner deutlich voneinander ab, riskiert es der »Reichere« von beiden, nach einer →**Scheidung** dem »Ärmeren« die Hälfte des während der Ehe erwirtschafteten Zugewinns und einen Teil seiner Rentenansprüche überlassen zu müssen.

Insbesondere kinderlose Doppelverdiener entscheiden sich häufig dafür, die beiden Vermögen völlig unangetastet zu lassen und den Partner grundsätzlich von jeder Haftung für die Schulden des anderen zu befreien. Eine solche *Gütertrennung* zieht nach dem Tod des Ehepartners jedoch hohe Kosten nach sich: Der oder die Hinterbliebene muss alles versteuern, was er vom Verstorbenen erbt. Die am häufigsten gewählte Vertragsvariante entzieht den Familienbesitz oder die Firma von vornherein einem potenziellen Zugewinnausgleich (*modifizierte Zugewinngemeinschaft* bzw. *modifizierte Gütertrennung*).

Eine Faustregel lautet: Ist einer der beiden Ehepartner vermögend, oder sind es beide, sollte nach gründlicher Beratung durch einen Rechtsanwalt beim Notar eine sorgfältig austarierte Vereinbarung für Ehe und Scheidung abgeschlossen und alle fünf Jahre überprüft werden. Darauf drängen jedenfalls die Experten, nämlich die Anwälte und Notare. Sie stützen ihre Empfehlung mit plausiblen Vergleichen wie: »Wenn Sie ein Auto kaufen, beziehen Sie doch auch einen Unfall in Ihre Überlegungen schon mit ein.«

Wollen die Eheleute sich gegen alle Unwägbarkeiten wappnen, beziffern sie in einem Ehe- und Erbvertrag den Unterhaltsanspruch des wirtschaftlich schwächeren Partners und treffen eine »Scheidungsfolgenvereinbarung«, um für den Fall des Falles eine konfliktlose Trennung zu erleichtern. Sie wollen im Zustand des Glücks die beidseitig größtmögliche Autonomie auch für den Zustand des Unglücks gewährleisten (→**Versicherungen**). Überzeugte Befürworter von Eheverträgen sind die gebrannten Scheidungskinder. Hingegen üben sich die jeweils wirtschaftlich schwächeren Ehepartner, nach wie vor meist die Frauen, in Zurückhaltung und Misstrauen, sofern sie beraten worden sind. Sie geraten leicht ins finanzielle Hintertreffen, wenn sie ohne sachkundige Aufklärung und ohne Kenntnis der Vermögensverhältnisse des Gatten bzw. der Gattin in eine Gütertrennung einwilligen. So mahnt etwa das Frauenbüro Bergisch Gladbach in einer Informationsschrift vom Juli 2007: »Fragen Sie (…) hartnäckig nach dem Sinn jeder Klausel und den juristischen Folgen für Ihre Zukunft. (…) Lassen Sie sich insbesondere nicht mit der Ankündigung unter Druck setzen, wenn der Ehevertrag nicht unterzeichnet werde, finde die Hochzeit nicht statt!«

Wer sein Eheglück in ein Verhältnis zum kalkulierten Scheidungsrisiko setzt, behandelt die Ehe wie eine Lebensabschnittspartnerschaft. Er trifft Vorkehrungen, um etwas zu bewahren, das ihm wichtiger erscheint als die Partnerschaft: die wirtschaftliche Unabhängigkeit. Somit wird der Ehestand in erster Linie unter wirtschaftlichem Gesichtspunkt betrachtet, obwohl Ehe und Familie in Europa ihre Bedeutung bei der Sicherung des Überlebens weitgehend verloren haben. Viele gründen mit dem Partner eine Zugewinn- und/oder Steuerentlastungsgemeinschaft. Sie binden sich unter dem Vorbehalt, dass ihre Wahlfreiheit erweitert wird. Die Ehe wird von diesem Vorbehalt geprägt. Historiker und Statistiker bestätigen, dass bei steigender Lebenserwartung die erste Ehe immer seltener das ganze restliche Leben ausfüllt (→**Single-Dasein**). Handeln demnach nicht diejenigen vernünftig, die schon vor der Eheschließung das Ende der Ehe in Betracht ziehen und mit Anwaltshilfe ihre Vermögensanteile aushandeln?

Falls dem so ist, verhält sich die große Mehrheit der Eheleute unvernünftig. Sie verzichtet, vielfach gegen die Warnung der Juristen, auf eine vorbeugende Konfliktregelung und folgt dabei einer bewussten oder vorbewussten Überzeugung. Nach ihren Motiven befragt, erklären die betreffenden Paare, dass sie aus Liebe heiraten und das davon genährte Vertrauen nicht durch Klauseln gefährden wollen. Die Begründung der Gattenwahl durch leidenschaftliche und (später) durch romantische Liebe hat sich aber schon im 18. und 19. Jahrhundert gegen das Zeremoniell der arrangierten Heirat durchgesetzt. Ist diese Begründung heute noch stichhaltig? Damals gab es im Interesse von Fortpflanzung und Kinderaufzucht und der Bewahrung ständischer Traditionen zur Institution der Ehe keine Alternative. Doch heute haben unverheiratete Eltern, alleinerziehende Elternteile und auch die Kinderlosen (→**Kinderlosigkeit**) eine gesellschaftliche und gesetzliche Herabwürdigung kaum noch zu befürchten. Niemand mehr wird von der Liebe zur Liebesheirat genötigt.

Ebendies enthüllt den Ehevertrag als ein fahrlässiges Missverständnis. Der Wert der Eheschließung gründet heute nur noch selten auf gesellschaftlicher Notwendigkeit (beispielsweise der Befreiung aus Armut). Meist besteht er im beglaubigten Bekenntnis zu einer geliebten Person. Im Zeitalter der austauschbaren Kontaktangebote heiraten die meisten, weil sie sich nach Bindung sehnen. Wer sich für den einen, den unaustauschbar Anderen, entscheidet, nimmt eine gewisse wirtschaftliche Ungewissheit nicht nur in Kauf, sondern verlangt geradezu nach ihr. Der Wille zur Bindung wird durch das unvermeidliche Wagnis nicht in Frage gestellt, sondern bekräftigt. Liebe ist Wagnis schlechthin. Möglicherweise endet sie in Gleichgültigkeit oder zermürbendem Kleinkrieg. Ein Ehevertrag soll das Wagnis minimieren. Damit überantwortet er den wichtigsten Heiratsgrund dem Abwägen und Zweifeln.

E-Mails

Weil der Jetzt-Mensch sowohl dem Internet als auch der Außenwelt angehört, ist sein Zeitbewusstsein gespalten. An einer der Schnittstellen zwischen Virtualität und Körperlichkeit, der E-Mail, handelt er sich dafür persönliche Schwierigkeiten ein. Worte kurzentschlossen in die Tasten zu fingern, und – schwupps – wäre die Post erledigt, das hätte er gern. Aber solche Post bleibt Augenblicksmache, Stückwerk. Fast ohne Reibungsverlust gelangt der Impuls zu den ortlosen Adressen. Den besonderen Reiz getasteter Botschaften macht ihre diskrete Spontaneität aus (→**Mobiltelefon**). Briefe müssen handschriftlich oder tippend zu Papier gebracht, in Umschläge gesteckt und zum Briefkasten getragen werden. Bedenkfrist genug, um vom Senden noch Abstand zu nehmen. Dem gedankenschnell Losgeschickten hingegen ist die stillschweigende Bitte um Dispens für Flüchtigkeitsfehler und Ungereimtheiten, ja selbst fürs Schwindeln und Betrügen mitgegeben, vor allem aber für Unverbindlichkeit im Zeitfluss. Unverzüglich Nähe herzustellen, ist ein Wunder. Man erwartet nicht auch noch Zuverlässigkeit vom digitalen Flüstern, wie ehrlich es auch gemeint sei. Durchaus jedoch vom *Angehängten*.

Das spontane Mailen ist eine Vorstufe der SMS, ganz individuell und zugleich stereotyp (→**Telearbeit**). In der E-Mail fügt sich das Persönliche in den Standard. Geruchlos, unbefleckt, gleichförmig, möglichst kurzgefasst und leicht verdaulich (denn die Empfänger haben wenig Zeit) trifft die Botschaft in Echtzeit ein, und höfliche Empfänger antworten unverzüglich. Außerdem korrespondieren die Bildschirmgucker in einer Sphäre, zu der unterschiedslos alle Zugang haben. Unwillkürlich wählen die meisten ihre Worte so, dass schlimmstenfalls auch Hacker jeglicher Art mitlesen könnten. Ihre Meldungen haben etwas Anonymes, formelhaft Authentisches, so austauschbar wie der vereinzelte Augenblick. Über diesen hinaus büßen die E-Mails ihre Echtheit ein. Weder eignen sie sich noch verlocken sie zur langfristigen Archivierung (→**Sammeln**). Sie verlieren sich zwischen jetzt und jetzt und jetzt.

Wer ernste Dinge ausrichten, sich festlegen, Konflikte bewältigen oder in Erinnerung bleiben will, wechselt die Zeitebene. Er wendet viel Zeit und Mühe auf – dazu fähig zu sein, bezeugt persönliche Souveränität im Netzzeitalter. Gerade weil es sich erübrigt, Briefe zu schreiben und Begegnungen anzuberaumen, zeichnen sie das Gegenüber nachhaltig aus.

Esoterik

Der gewöhnliche Städtebewohner ist anfällig für Esoterik. Er sitzt im Appartement, vermisst den großen Zusammenhang und sucht auf eigene Faust nach tröstender Erkenntnis. Dieser esoterischen Disposition ging die Auflösung der geschlossenen Milieus christlichen Glaubens voraus. Der Glaube wurzelte nicht im Gewissen, sondern im gemeinschaftlichen Herkommen. Vereinzelte neigen spontan zum Skeptizismus. Sie verlangen handfeste Beweise. Moderne Europäer und Nordamerikaner einschließlich praktizierender Katholiken, Protestanten und Evangelikalen probieren gern unvermittelt, aus dem Stand, gebrauchsfertige Weltbilder aus. Okkultismus sei »die Metaphysik der dummen Kerle«, hat Theodor W. Adorno 1951 in seinen »Minima Moralia« geschrieben. Aber wie sollen denn Kerle und Weiber heutzutage weise werden? Von Philosophen hören sie nur Weitschweifiges. Daher greifen die Sinnkonsumenten nach spirituellem Kunstgewerbe. Sie wollen rasch fündig werden, denn die tägliche Agenda ist lang und die Zeit knapp (→**Zeitmanagement**). Zugreifend ahnen sie, dass die Anschaffung bald verschlissen sein wird. Die Frage ist somit nicht, wie dumm Esoterik sei, sondern die, was wir Esoteriker tun können, um die Suche nach Lebensweisheit nicht im Ramschladen zu beenden.

Es kann ja nicht schaden, Dinge zu tun, die das versprengte Individuum vielleicht wieder mit dem Universum vereinen. Erklärte Esoteriker, in der großen Mehrzahl weiblichen Geschlechts, buchen jeweils gleichzeitig oder abwechselnd mehrere Heilsversprechen. Manche wandern ins Mysterium der fliegenden Untertassen, die beim nächsten Weltuntergang eine Gruppe von Eingeweihten in den Himmel entführen werden. Oder sie schließen sich einer neofeministischen Hexenbewegung an. Später lockt eventuell Engelsmeditation, im Enttäuschungsfall der Workshop eines Schamanen, im weiteren Enttäuschungsfall das tranceartige Erinnern, schon einmal gelebt zu haben, ersatzweise die Kommunikation mit jenseitigen Wesen, ganz zu schweigen vom Auspendeln von Wasseradern und Erdstrahlen, von der Handlinienanalyse und von Ausflügen in die klassische indische Heilkunst (→**Reisen in Indien**).

Beim Bummeln durch den Esoterik-Markt nähren die Heilhungrigen einen Nihilismus, den zu verbergen einen wachsenden Aufwand an demonstrativer Zuversicht und Kosten erfordert. Die ersehnte Inspiration stellt sich dabei nicht ein. Um ungeplante Einsichten zuzulassen, sollten die Suchenden besser auf einem bestimmten Erkenntnisweg bleiben, die einmal eingeschlagene Richtung halten und abwarten.

Irritierend ist die Mühelosigkeit des Zugriffs auf die Energie der Engel oder die magischen Kräfte oder die göttliche Offenbarung (nach gewissen, im Internet angebotenen Exerzitien). Dass ich im Handumdrehen aus meinem bisherigen Leben ausbrechen kann und den verborgenen inneren Weg schon ausgeschildert vorfinde, ist ein Widerspruch in sich selbst. Denn das wäre ja dann gar nichts Besonderes mehr.

Ähnliche Skrupel bereitet dem esoterischen Spürsinn der multikulturelle Bauchladen, als der sich das Kursprogramm in Volkshochschulen und Urlaubsparadiesen präsentiert. Was darf es denn sein – Amulette aus der Karibik, Totenbücher und lebende Handorakel aus Tibet, Ayurveda und Tantra-Lektüre in Indien, Seelenreisen in Peru, Schattenboxen aus China oder ein Flirt mit Voodoo-Praktiken aus Westafrika? In diesem Repertoire wählerisch-wahllos zu wühlen, könnte deprimierender sein, als hundert kulturellen Missverständnissen zu erliegen. Möglicherweise, nein, höchstwahrscheinlich sind die Riten und Mysterien, wo immer sie westlichen Reisenden verkauft werden, bereits nach den Gesetzen des Marketings im Souvenirladen zugerichtet. Wir können also zugreifen, ohne die Strapazen einer Grenzüberschreitung auf uns zu nehmen. Was wir entdecken, ist immer das Gleiche. Wer die Vielfalt oder *das Andere* sucht, der halte sich an die Esoterik des Abendlands.

Ein vertrautes esoterisches Übel ist das zwanghafte Anwerben neuer Anhänger. Man will durch Missionierung Breitenwirkung erzielen und die eigenen Zweifel zerstreuen, letztendlich normal (Norm gebend) werden, aber zugleich die Kluft zwischen Innen und Außen gewinnträchtig vertiefen (→**Vereinstätigkeit**). Doch für das Verhältnis zu den Mitmenschen ist jeder Rekrutierungsversuch eine heikle Belastungsprobe. Zu den Umworbenen ist fortan kein unverfänglicher Kontakt mehr möglich. Entweder sind sie zu eingeweihten Schwestern und Brüdern geworden, oder sie haben den Antrag abgewiesen, wohl wissend, dass eine Verweigerung in Liebes- und Glaubensdingen durch nichts zu kompensieren ist. Der kluge Esoteriker begnügt sich deshalb damit, einen Wink zu geben. Was er anbietet, wäre ja, wenn es mit rechten Dingen zuginge, ein Privileg und bedürfte keines Bekehrungseifers.

Im spirituellen oder okkulten Bund selbst verleitet die Aufwertung, ja Heiligung dieses Privilegs dazu, an das Verhalten der Eingeweihten zueinander höchste Maßstäbe anzulegen. Es käme einem Verrat am gemeinsamen Wissen und Auftrag gleich, hielte man materielle und andere niedere Beweggründe bei den Mitverschworenen überhaupt für möglich. Wenn trotzdem die Zeichen auf Niedrigkeit deuten, werden die Ertappten so behandelt, als hätten sie ihre Mission immer nur vorgetäuscht. Erst recht tragen die Anhänger Scheu gegenüber enthüllten persönlichen Beweggründen des Meisters, Propheten, Gurus, Magiers, Mittlers oder charismatischen Führers. Sollten sie einsehen müssen, sein hinreißendes Sendungsbewusstsein sei nur das Blendwerk seiner Herrschsucht gewesen, stürzten sie in einen Abgrund. Tatsächlich blieb und bleibt nahezu keiner Gemeinschaft, die sich okkulten Praktiken verschrieben hat, dieses Schicksal erspart. Aber auch jene Dienstleistungen, die professionelle Deuter für wissbegierige Kunden erbringen (Horoskope, Handlesen, Augendiagnose, Orakel, Hellsehen), sollen vor allem das Bedürfnis nach Mächtigkeit befriedigen, und zwar auf Deuter- wie auf Kundenseite (→**Vorhersagen**). Man will Kontrolle über das eigene Leben und das der anderen ausüben, will die Natur beherrschen und träumt davon, den Tod zu überlisten.

Erlangte Weisheit ist das eine, der Machtkampf in der Gruppe das andere. Aber Hermetik und Selbstermächtigung entkräften sich gegenseitig keineswegs. Es ist das Geheimnis der abendländischen Esoterik, dass beide von Anfang an aufeinander angewiesen waren. Die Esoteriker Europas liefen stets Gefahr, sich dafür zu schämen und (andere) zu bestrafen. Sofern es ihnen aber gelungen ist, Weisheit und Macht auf den Gegenstand der Erkenntnis, das Verborgene, zurückzuführen, haben sie mehr empfangen als manipuliert – man denke an die mittelalterliche Mystik. Darin liegt die esoterische Chance.

Extremsportarten ...

... sind Risikosportarten. Sie tragen Namen wie Skydiving, House Running, Freeclimbing, Base-Jumping und Speedflying, expandieren per Internet um den Globus, werden angeeignet und sofort abgewandelt. Sie dienen der hochmütigen Unterscheidung von anderen (→**Skaten**). Ständig treten weitere waghalsige Bewegungsaufgaben in den Wettbewerb um die schroffste Sonderstellung ein, neue Kombinationen von Elementen, Geländearten, Klimazonen, Steig- und Fallrichtungen, Hindernissen, Geschwindigkeiten und Belastungen. Es geht darum, den Fallschirm möglichst spät zu öffnen, ohne Sauerstoffgerät möglichst tief zu tauchen, an senkrechten Wänden hoch- oder hinunterzugehen, binnen 18 Stunden einen Achttausender zu erklimmen und auf Skiern hinunterzufahren, auf einem Nylonband über breite Felsspalten zu balancieren, durch die Wüste Sahara zu rennen oder außen an der Scheibe eines Expresszugs zu kleben und sich bei 300 Stundenkilometern selbst zu filmen.

Der Extremist will seine Grenzen überschreiten, um ein Selbst zu spüren, etwas, das ihm niemand nehmen kann (→**Kokain**). Er wählt sich eine exklusive Tollkühnheit, die ihm Anerkennung unter Eingeweihten verschafft. Nach überwundener Todesangst stellt sich Lebensgewissheit ein (→**Bergsteigen**). In der sozialen Raumzeitlichkeit ist *Anwesenheit* veraltet und wird als teure Mangelware neu angeboten. Hyperreale →**Computerspiele** versprechen pure Anwesenheit, nur um sie endlos aufzuschieben. Extreme Leistungsanforderung spielt mit dem Unfallrisiko. Meisterschaft bewährt sich in der Unfallvermeidung, aber sie wächst mit der Steigerung des Risikos. Angestrebt wird ein Zustand, in dem der Tod seinen Schrecken verloren hat: der *Flow* traumwandlerischer Körperbeherrschung.

Zugleich unterliegen die Risikosportarten jedoch einer stillen, verbissenen, verleugneten Hybris. Sie stammen ja nicht nur deswegen vom Internet ab, weil sie sich dort verbreiten. Das Internet ist auch die Schule der unbegrenzten Wagnisse. So wie meine virtuellen Stellvertreter im Computerspiel die Körpergrenzen missachten, weil ICH es so will, soll mein Körper auch raumzeitlich spuren (→**Designerdrogen**). »Wenn ich nicht fliegen kann, was mache ich dann auf dieser Welt?«, fragte der Speedflyer Mathias Roten, kurz bevor er gegen einen Felsen prallte und starb (*Der Spiegel,* 19.01.2006). Die selbstgewählte Sportlandschaft ist das Spielfeld, auf dem ICH meinen Körper dazu ermächtige, alles zu können. Da steht ein Wolkenkratzer, ich gehe die *direttissima,* an seinen Außenwänden hinauf und hinunter. Der Gedanke an ein Versagen würde meine Allmacht lähmen.

Diese aber scheitert bereits am Ärger mit der Ausrüstung, an der vorbereitenden Logistik, an den Teilnahmeregeln, dem Eigensinn der Mitspieler. Die Situation wird nicht erfasst. Ich liege schon daneben, bevor ich überhaupt Risiken eingehe.

Von der Virtualität erlöst werden kann der Extremsportler nur im Sport – im Massensport.

Fahrradfahren

Wäre irgendwann das Herbeizaubern von Dingen eine triviale Fähigkeit, wäre von ihm bald keine Rede mehr. So wie von unserer Zauberkraft beim Fahrradfahren. Ohne Nutzung externer Energiequellen, nur mittels raffinierter Umsetzung, wächst unsere Körperkraft ins Gigantische, ähnlich wie beim Flaschenzug. Dank rollender Kugellager wird sie trotz Reibungsverlust und Luftwiderstand auf ebener Erde etwa *vervierfacht* und durch den Aufschwung nach jedem Tritt sogar teilweise erneuert. Wir sitzen auf einem *vélocipède,* einem »Schnellfuß«, schlüpfen gleichsam in Siebenmeilenstiefel. Mensch und Gefährt verschmelzen zu einem zentaurisch beflügelten Wesen. Zweifaches Entzücken gewährt uns das Stahlross: bei gemächlicher Fahrt das Gefühl, nur von der Kraft des Willens bewegt dahinzugleiten, und bei äußerster Kraftentfaltung das Gefühl, die Grenzen des menschlichen Körpers zu überwinden (→**Extremsportarten**).

Für dieses triviale Wunder nehmen wir große Unfallrisiken in Kauf: Stürze, Kopfverletzungen, häufig mit Todesfolge, Brüche, Prellungen, Hautabschürfungen. Auch bei großer Vorsicht lassen sich diese Risiken nicht vermeiden. Im Gegenteil, die Vorsicht bringt weitere mit sich. Im städtischen Straßenverkehr erhöht der Fahrradhelm das Risiko, angefahren zu werden. Autofahrer nämlich vermuten bei behelmten Radlern mehr Fahrgeschick als bei unbehelmten und verringern daher oft den Sicherheitsabstand.

Was die städtische Fahrradherrlichkeit verdirbt, sind nicht die Unfälle, sondern die Rivalität der Radfahrer mit den Kraftfahrern, denen die Straße, und den Fußgängern, denen der Bürgersteig gehört. Auch der Ausbau der Fahrradwege hält die Radler nicht davon ab, ihre zeitsparende Beweglichkeit auf sämtlichen Bahnen als Straßensportart (→**Skaten**) vorzuführen und sich außerdem eigene Verkehrsregeln zu genehmigen. Und er hält viele Autofahrer nicht davon ab, überraschend rechts abzubiegen. Der Anspruch auf Privilegien instrumentalisiert die *Leichtigkeit* der günstigsten urbanen Fortbewegungsart.

Beim sportlichen Fahren außerhalb der Städte, auf großen Touren und im Rennsport, verwandelt sich der Bewegungszauber in eine langanhaltende sitzende Tätigkeit mit oftmals üblen Spätfolgen, die einen ganz anderen (und dennoch ähnlichen) Zauber beschädigen. Schmerzende Gelenke und wunde Stellen an Gesäß und Oberschenkeln werden hingenommen, aber darüber, dass der Urologe zum ständigen Begleiter des Rennfahrers wird, schweigt man lieber. Schweres Gewicht drückt stunden- und tagelang auf Hoden und Damm, somit auch auf die Prostata. Das bekannte taube Gefühl im Schritt ist der Vorbote von Erektionsstörungen, die mehr als jeden achten Dauerradfahrer plagen. Den Rest ihrer *Leichtigkeit* verlieren professionelle Rennradler unter dem Leistungsdruck, der von Sponsoren, Veranstaltern und Funktionären ausgeht und vom eigenen Kampfgeist noch verstärkt wird. Erträglicher, als chronisch zu verlieren, ist es dann immer noch, der Pharmaindustrie als Versuchskaninchen zu dienen.

Freizeitfahrern bleiben diese Anfechtungen erspart. Außerdem können sie durch breite Sättel, schonende Sitzposition (weit hinten auf dem Sattel) und häufige Pausen die Druckbelastung in der Sitzgegend verringern.

Ein gerüttelt Maß an Unterleibsbeschwerden quält auch die passionierten *Mountainbiker*. Auf die Dauer noch lästiger als das Risiko von Impotenz, Prostataentzündungen und Einblutungen in Hoden und Nebenhoden aber ist die immer wieder geweckte und enttäuschte Hoffnung auf das Naturerlebnis abseits des Massentourismus. Die Querfeldeinfahrer entkommen nicht dem Verkehr, sondern bringen Hektik, Tempo, Furchen und Matsch in die letzten Winkel der Landschaft (→**Wintersport**). Außerdem sitzen sie in der Klemme zwischen Massensport (auf Werbung, Sponsoring und Publikum angewiesen) und Extremsport (auf Distanzierung zielend). Sie wollen hinaus, aber zugleich bewundert werden wie die Straßensportler. Dieses Dilemma würden sie umgehen, wenn sie auf Räder mit schmalen Reifen umstiegen.

Fitnesstraining

Körperdesign ist ein entsagungsvolles Lebenswerk. So illusionär das Vertrauen auf langfristige Gewichtskontrolle durch Schlankheitskuren (→**Diät**), so spekulativ ist die Hoffnung, im Fitness-Studio Leistungskraft und Schutz vor Zivilisationskrankheiten zu erlangen. Jedenfalls riskieren die Kunden durch Kraftmaschinen, Rudergeräte und Laufbänder die Gesundheit ihrer Bänder und Knochen, manche sogar den Herztod.

Trotzdem floriert das Fitness-Geschäft seit gut 20 Jahren. Die meisten der etwa sieben Millionen deutschen Studio-Mitglieder bleiben jahrelang bei der Stange. Was bringt sie dazu, beim Blick in den Spiegel immer weitere Motive fürs Nachbessern zu entdecken? Der Druck des Clubkollektivs, die Steigerungsdynamik der Ertüchtigung oder die Lockung neuer muskelbildender Geräte (*Body Transformer*)? Viele Kraft-Abonnenten muten sich auch noch Ernährungspläne, Laufen (→**Joggen**), Turnen, Schwimmen, →**Fahrradfahren** und eng anliegende Kleidung zu. Die Geldschneiderei der Fitness-Branche ist dafür nicht allein verantwortlich.

Über alle Gesundheitsgründe und Attraktivitätszwecke hinaus treibt hier noch etwas anderes. Viele Maßstäbe, nach denen früher der Auftritt einer Person deren soziale Stellung erkennen ließ, sind verloren gegangen, und das Körpertheater springt für sie ein. Der erste Blick entscheidet. Der gestrafften Person wird außer der Vorzeigbarkeit auch mehr Selbstkontrolle, Durchhaltevermögen, Aufstiegshunger und Glück zugetraut. Sie hat einen Vertrauensvorschuss auf alles Mögliche. Fitnesstraining wäre demnach gerade kein Selbstzweck, sondern so etwas wie das Mittel zum Weiterkommen schlechthin. Die Mitglieder von *McFit* & Co. investieren in allgemeine Realitätstüchtigkeit.

Doch auf dem Gipfel der Selbstverfügbarkeit angelangt, scheut sich der fitte Körper, in die Niederungen einer Festlegung (Job, Partner, Standpunkt) hinabzusteigen. Mittlerweile sein eigener Verehrer geworden, hält er an sich und engagiert sich allenfalls unter Vorbehalt. Am liebsten würde er für weitere Optionen darben. Letztlich dient die Fitness doch nur sich selbst (→**Bodybuilding**). Darin besteht ihr Kernrisiko.

Aus dieser lähmenden Verhaltenheit auszubrechen, ist aber leicht möglich: einfach dadurch, dass die Fitness nicht mehr aufgespart wird. Unmittelbar notwendig wird ihre Verausgabung im Sport, am schönsten in einem Massensport (vgl. →**Extremsportarten,** →**Fußball**) oder in der Leichtathletik-Abteilung eines Vereins.

Fliegen

Wir sollten uns weniger vor Flugzeugabstürzen ängstigen als vor den schleichenden Folgen häufigen und langen Fliegens.

Viele Stunden lang in enge Sessel gepfercht zu werden, ist lebensgefährlich. Beim Sitzen mit wenig Beinfreiheit können sich in den Venen Blutpfropfen bilden, die zur Lunge wandern und dort eine Arterie verstopfen. Heimtückischerweise machen sich solche Thrombosen meist erst zwei Wochen nach einem Langstreckenflug bemerkbar.

Dauerfluggäste gefährden nicht nur ihr *Körperinneres*, sondern auch ihr *Körperäußeres,* nämlich das Empfinden für die Verteilung der Orte auf der Erdoberfläche (→**Kreuzfahrt**). Je weiter die Reise geht, desto höher fliegen sie. Selbst wenn beim Blick durch das Bordfenster der Wechsel von Land und Meer noch erkennbar ist, verlieren die Passagiere den Kontakt zur Strecke. Die Erde scheint nahezu stillzustehen. Im Flugzeug erreicht der starre Körper eine Geschwindigkeit, bei der nicht mehr die zurückgelegte Strecke, sondern nur noch eine logistische Größe, die Flugzeit, zählt.

Auch die Besichtigung der Zielorte bringt uns den Sinn für Entfernung nicht zurück. Diese Orte werden zwecks Weiterreise in ein Feriengebiet (→**Urlaubsparadies**) oder Teilnahme an bestimmten Ereignissen oder als Ensemble von Sehenswürdigkeiten angeflogen. Der Passagier begegnet an diesen Orten daher einer global standardisierten Infrastruktur von Verkehrs-, Logier-, Verköstigungs- und Einkaufsmöglichkeiten, dekoriert mit Folklore.

Infolge häufigen und langen Fliegens schieben sich die Abflugs- und Zielorte gleichsam ineinander. Mit hoher Beschleunigung kreisen wir auf der Stelle in einer einzigen Megalopolis. Die Sphäre der Flüge und die der Landschaften treten auseinander. Im Schwindelgefühl des Verlusts von Ferne, Nähe und Tageszeit

(Jetlag) sehen wir uns nach Wiedervereinigung. Doch vor beschleunigtem Weltverlust bewahrt uns nur die strikte Trennung beider Sphären.

Forschen

Publizieren oder krepieren – Eine Folter für nachdenkliche Köpfe ist der Publikationszwang. Zwar verhängen ihn manche Zeitdiagnostiker und Philosophen roboterhaft über sich selbst. Für angehende und bedienstete Biowissenschaftler, Mediziner, Informatiker, Physiker, Wirtschaftswissenschaftler und andere Grundlagenforscher jedoch ist das unablässige Rapportieren in Fachzeitschriften eine lästige Pflicht. Die Publikationsliste fungiert als wichtigstes Auswahlkriterium. Nie hat man genug Artikel geschrieben. Bei jeder Bewerbung und jedem Antrag auf Drittmittel muss der Forscher befürchten, dass die Konkurrenz auf der Strichliste noch vor ihm liegt. Dass die Anzahl der (mit-)verfassten Beiträge über Qualität und Eignung nichts besagt, ist bekannt, doch Gremienmitglieder in Zeitnot bevorzugen Merkmale, die sich abzählen lassen. Die eingereichten Arbeiten müssen dann auch noch von überlasteten Forschern begutachtet werden.

Trotzdem will niemand seine →**Karriere** riskieren und der Konkurrenz Pluspunkte schenken. Lieber liefert man Rohfassungen und unausgegorene Projektentwürfe ab und nimmt es hin, dass diese nur flüchtig beurteilt und kaum jemals vollständig gelesen werden. Bei schätzungsweise weltweit 20 000 Artikeln *pro Tag* in etwa 60 000 wissenschaftlichen Fachzeitschriften bleibt es meist beim Querlesen von Zusammenfassungen.

Aber wie jeder verselbständigte Betrieb lässt sich auch die Publikationsmaschine mit ihren eigenen Mitteln überlisten. Viele Nachwuchsforscher gehören heute jeweils gleich mehreren Abdruck-Gemeinschaften an. In diesen tritt jedes Mitglied als Mitautor von Arbeiten der anderen Mitglieder in Erscheinung. So erhöht sich sein Artikel-Ausstoß leicht um das Vier-, Fünf- oder Sechsfache. Unter den gegebenen Umständen ist das fiktive Publizieren reine Notwehr. Es bremst aber nicht die Entwertung des wissenschaftlichen Publizierens. Erst wenn die Forschungspraxis durch die Folgeschäden unseriöser Arbeiten und das Ignorieren der seriösen zunehmend gelähmt und zum spürbaren Standortnachteil werden würde, könnte das Fließband-Publizieren vom Konzept einer »kollektiven Publikationsbeschränkung« (Christian Dries/Hartmut Rosa 2007) oder von anderen Routinen der Qualifizierung abgelöst werden.

*

Plagiieren, aber richtig – Bevor die Forscher zu schreiben beginnen, müssen sie in Erfahrung bringen, was zum Thema schon gesagt worden ist. Die Zeit ist knapp. Unvermeidlich betreten sie durch die sperrangelweit geöffnete Tür auf dem Schreibtisch das grenzenlose Text-Universum und fischen nach den richtigen Begriffen und passenden Aussagen. Sie finden und sammeln und montieren und fühlen sich dabei, weil sie ja nirgendwo einbrechen, als ob sie in einem kollektiven Wissensspeicher recherchierten (→ Internet-Recherche). Vieles ist schon vorformuliert. Da erscheint es geradezu anmaßend, plausible Gedankenketten noch einmal neu zu knüpfen, nur um originell zu sein, und als Ausdruck von Bescheidenheit, gewisse Passagen beipflichtend zu übernehmen. Jeder dritte Studierende gibt solche Praktiken zu. Die Dunkelziffer ist mutmaßlich mindestens ebenso hoch.

Doch damit tun sie Verbotenes. Wer beim Plagiieren erwischt wird, muss um die Karriere fürchten. Mit Hilfe spezialisierter Software können Professoren, Redaktionen und Verlage die Spuren kleiner Textbausteine ins Internet zurückverfolgen. Auch zur Aufdeckung der beliebten *Eigenplagiate,* die ein Unrechtsbewusstsein erst gar nicht aufkommen lassen, gibt es entsprechende Mittel.

Um nicht als Plagiatoren überführt zu werden, müssen die Nutzer des Vorformulierten ein wenig mehr Arbeit aufwenden, als sie es beim bloßen Kopieren tun. Sie sollten vorsichtshalber:

- die benutzten Quellen zumindest in Fußnoten bzw. Anmerkungen nennen – dann ist schlimmstenfalls nur das Fehlen von Anführungszeichen zu entschuldigen,
- pro Kapitel nicht nur aus einer einzigen, sondern aus mindestens einem halben Dutzend Quellen schöpfen,
- Aussagen von zentraler Bedeutung nicht wörtlich übernehmen, vielmehr durch Begriffe und Verben präzisieren, die der eigenen Sachkenntnis entstammen, somit die wertvollsten Lesefrüchte tatsächlich an-eignen,
- fremdsprachige Texte übersetzen, oder deutsche in fremdsprachige,
- möglichst (auch) Quellen aus der Zeit *vor* der Internet-Ära benutzen und
- Texte bevorzugen, deren Download gebührenpflichtig ist.

*

Das Risiko des Fälschers – Man hat einen Weg, einen Zusammenhang oder einen Effekt für richtig erkannt oder hält es für sicher, dass er nachweisbar ist. Die fehlenden Belege werden möglicherweise (hoffentlich) in wenigen Tagen nachgereicht. Also hilft man dem greifbaren Erfolg ein wenig nach – sonst ernten ihn die neidischen Kollegen (→**Lügen**). So oder ähnlich stellt sich die Psycho-Konsequenz des Fälschens dar. Dort, wo experimentiert und statistisch ausgewertet wird, in Medizin und Sozialwissenschaft, Naturwissenschaft und Technik, wurde schon immer gefälscht, auch von Genies wie Albert Einstein. Wenn aber eine anonyme Befragung im Jahr 2005 ergibt, dass jeder dritte US-Naturwissenschaftler schon mindestens einmal betrogen, manipuliert, geschummelt, gestohlen oder wenigstens *geschönt* hat, wobei es, die Selbstbeschönigungsquote eingerechnet, in Wirklichkeit wohl noch deutlich mehr sind, kann man von fließenden Grenzen zwischen Forschen und Fälschen sprechen. In Europa wird es nicht anders sein.

In einer Wissenschaft, die ihre Befunde ironisch betrachtet, sind bei wachsendem internationalem Wettbewerbsdruck die Karriere und der Zugang zu Forschungsmitteln ebenso Selbstzweck wie die beanspruchte Wissenschaftlichkeit. Hinzu kommen die Einflüsse der fortgeschrittenen Erfassungstechnik, insbesondere die Möglichkeiten der digitalen Bildbearbeitung. Deren Effekte sind ein Fall von ironischer Betrachtung (»Unschärfe«) der Natur. Ein Fall von professioneller Ironie ist die Komplizenschaft der Kollegen, die das Risiko eines entlarvten Petzers und Nestbeschmutzers für höher erachten als das Risiko ihres Schweigens für die Umwelt, die *scientific community,* die Patienten, die Wirtschaft und die Forschungspolitik.

Dennoch lohnt sich das Fälschen für die Fälscher nicht. Wie der Sport muss auch die Wissenschaft im Interesse ihrer ökonomischen Selbsterhaltung immer wieder Grenzen zwischen Manipulation und Objektivität ziehen und diese Selbstreinigung öffentlich zelebrieren. Die ersten Sündenböcke sind die Fälscher. Sie werden von nahestehenden Kollegen ebenso intensiv gedeckt wie von konkurrierenden Kollegen verfolgt. Fündig werden die Detektive fast immer. Verdächtig sind alle aufsehenerregenden Erfolge, die anwendungsnahen (in Biologie und Medizin) sofort, die der Grundlagenforschung (Physik) etwas später. Die jeweils betroffenen Kollegen wiederholen die spektakulären Experimente, befragen einander auf Tagungen, besuchen das Erfolgsteam und bitten um Rohdaten.

Das größte Wagnis geht immer der Fälscher ein. Bevor er entlarvt wird, hat er bereits die Motive verraten, die ihn zum Forschen gebracht haben. Zugleich gerät er in einen Sog der Infantilisierung. Er spielt auf infantile Weise mit dem Schicksal: Wenn es gut geht, billigt Gott (die Fachwissenschaft) ihm ein Ausnahmerecht zu. Eine solche vorbewusste Gläubigkeit ist symptomatisch für das Autoritätsverhältnis, das sich in wissenschaftlichen Einrichtungen zwischen väterlichen oder mütterlichen Leitern und hoffnungsvollen Schülern einspielt. Fliegt der Schwindel auf, folgt gewöhnlich eine infantile Trotzreaktion: »Was ich gefunden habe, ist auf jeden Fall richtig. Ich habe nur nachgeholfen, um die Wahrheit ans Licht zu bringen.«

*

Hochrisikozone Teamarbeit – Weil in der Nähe der Karriereleitern dichtes Gedränge herrscht, ist dem saloppen Umgangston junger Wissenschaftler nicht zu trauen. Sie kooperieren auf vermintem Gelände. Der offene Ausbruch eines Kleinkriegs zwischen ihnen ist nicht zu vermeiden, wenn wichtige Informationen zurückgehalten werden und dazu dienen, andere »ins Messer laufen zu lassen«, wenn die Teammitglieder darauf erpicht sind, einander Fehler nachzuweisen, und die Verteilung der Kompetenzen auf dem Prinzip formaler Gleichbehandlung statt auf der wechselseitigen Ergänzung von Talenten beruht (hinsichtlich technischem Geschick, Organisation, Schreiben und Referieren). Gute Teamarbeit wurzelt in einem glaubwürdigen Konsens der Mitarbeiter gegenüber der Problemstellung. Fehlt er, helfen auch Erkenntnisse der Gruppendynamik nicht weiter (→**Kommunikationstraining**). Neid und Eifersucht sind am Arbeitsplatz nicht therapierbar, sondern nur durch ein gemeinsames Interesse an der Sache zu zügeln, heiße diese nun Stammzellforschung oder antike Rechtsgeschichte. Klarheit darüber, wer das Projekt nach innen und außen verantwortet, fördert das gegenseitige Vertrauen in der Projektgruppe weit besser als die Rotation von Kompetenzen (→**Mitarbeiterführung**).

*

Innerhalb oder außerhalb? – Der eindringliche Verkehr mit schwieriger Materie bringt es mit sich, dass die Forscher von ihrem Gegenstand gefesselt sind. Forscher wollen Welträtsel lösen. Die Suche nach Wahrheit (!) benötigt freilich Organisation und finanzielle Förderung, und die Förderer verfolgen ihre eigenen Verwertungsabsichten.

Wenn zwei Institute der Pflanzenbiotechnologie bei einer Konzernstiftung mit ähnlichen Projektideen anklopfen, verbessern sie ihre Chancen durch den Hinweis auf die *Anwendbarkeit* der Ergebnisse. Die Stiftung schlägt vielleicht eine Koppelung beider Arbeitsgruppen unter dem Gesichtspunkt der Risikominimierung vor. Oder sie fördert beide Projekte, sorgt aber für die Vergleichbarkeit der Ergebnisse, indem sie die Konzepte aufeinander abstimmt, und zwar unter dem Gesichtspunkt aktueller Anwendbarkeit. Wenn ein sogenanntes Orchideenfach (beispielsweise die Byzantinistik) bei der Deutschen Forschungsgemeinschaft (DFG) die Fortsetzung der Förderung eines Graduiertenkollegs beantragt, verbessert es seine Chancen mit einem Thema von aktueller Anzüglichkeit (Islam, Türkei, Ökumene, Erdöl). Denn die DFG sichert die regelmäßige Aufstockung ihres Etats durch Bund und Länder mit vorgreifender Rücksicht auf die öffentliche Meinung – sprich: die Interessen der großen Parteien, welche, vereinfacht gesagt, mit alternativen Programmen zur Stärkung des Wirtschaftsstandorts Deutschland um Wählerstimmen werben. Die Mittel sind knapp, doch die Zahl der Antragsteller wächst.

Wo schlüpft nun der wissenschaftliche Eigensinn unter, die »Risikobereitschaft« der Forscher, ihre kreative Besessenheit, ihre Neugier auf das Unerwartete, ihre Selbstermutigung jenseits der ausgetrampelten Forschungspfade?

Vor der Allmacht der Verwertungsabsichten scheint die *Selbstverwaltung der Wissenschaft* zu schützen. Dieses Stichwort verweist auf Institutionen: die Hochschulen, die DFG und große außeruniversitäre Einrichtungen (Max-Planck, Helmholtz, Fraunhofer, Leibniz). Es verweist auf örtliche Besitzstände, auf Kapazitäten und Gefolgschaften, auf Gremien und Satzungen und Gepflogenheiten des internationalen Austauschs von *fellows,* auf Berufungslisten und Curricula. Autonom reguliert ist auch die wissenschaftliche Kommunikationssphäre mit ihren Terminologien und Sprachregelungen und vor allem ihrer stillschweigenden

Orientierung am kollegialen Konsens. Erfolgshungrige empfehlen sich, indem sie über Außenseiter und Eiferer sowie über abgehalfterte Themen den Mantel des Schweigens breiten.

Diese eigenregulierte Sphäre rechtfertigt aber heute ihre hohen Unterhaltskosten, ja selbst ihren Anspruch auf Autonomie, mit der *Anwendbarkeit* ihrer Produkte. Ihrer Zukunftstauglichkeit zuliebe hat sich die institutionalisierte Wissenschaft einem »Pakt für Forschung und Innovation« verschrieben. Sie hat eine »Exzellenzinitiative« ergriffen und folgt bereitwillig der Bundesinitiative »Elite-Universitäten«. Ihre Selbstverwaltung ist zum Alibi der Ökonomisierung geworden. Dabei grenzen die akademischen Manieren nach nichtökonomischen Regeln und häufig sogar im wirtschaftsfeindlichen Tonfall aus, was dem Konsens entgegenwirkt. Es kommt nicht zur Konfrontation von Markt und Standortpolitik einerseits und dem Streben nach Erkenntnis andererseits, weil sowohl die Humanwissenschaften als auch die Naturwissenschaften in den Hochschulen auf meist schmerzlose Weise dazu erzogen wurden, ihre Ergebnisse ironisch zu betrachten: Unter anderen Umständen würde man im Interesse des großen Ganzen, der Wettbewerbstüchtigkeit, vielleicht zu anderen Daten und Deutungen gelangen. Umso mehr pflegt man die Manier von Unerbittlichkeit, Präzision und Aufrichtigkeit (**→Wissenschaftsgläubigkeit**).

Auf eine Konfrontation aber käme es an. In ihrem Verlauf brächte die Wissenschaft gegenüber dem Verwertungsinteresse ein ganz anderes Interesse an den Dingen und Ereignissen zur Geltung. Diese Konfrontation bleibt gegenwärtig aus. Sie wird nur gelegentlich simuliert, etwa wenn die Menschenrechte oder die Forderung nach humanitärem Mitteleinsatz gegen bestimmte Arten industrieller *Anwendung* aufgeboten werden. Paradoxerweise kommt es heute nur noch dort zum Konflikt zwischen Forschung und Ökonomie, wo beide unvermittelt, ohne institutionellen Puffer, aufeinandertreffen: in der angewandten Forschung, in den Forschungsabteilungen der Unternehmen, im »Arcanum der Akademien und außeruniversitären Wissenschaftsverbünde« (Peter Hommelhoff) und in den improvisierten Wissensagenturen. Dort verschwindet die Forschung allerdings auch häufig im Marketing. Das verhindert die Hochschulforschung aus Gründen der Eigenverwertung rigoros. Die Unabhängigkeit des Forschens ist nirgendwo garantiert, vielmehr ein Ausnahmefall. Eine Welt der Wissenschaft und finanzielle Sicherheit gibt es nur noch in den Institutionen, den Trotz der Hingabe an den Gegenstand nur noch außerhalb.

*

Angewandte Forschung: Zur Gefälligkeit verdammt? – Anbieter, die ihre Produkte verkaufen wollen, und private Institute, die hilfreiche Beratungsdienste und Studien anbieten, geraten leicht in korrupte Abhängigkeit voneinander. Der Auftraggeber sucht Absatzhilfen, der Auftragnehmer den Anschlussauftrag.

Unter zwei Bedingungen ist die Abhängigkeit der Sozial-, Wirtschafts- und Bioforscher vom Auftraggeber vollständig: (1) wenn die Fragestellung der Studie keinen Interpretationsspielraum lässt (etwa die Wirksamkeit eines Medikaments oder der Gebrauchswert eines neuen Geräts zu untersuchen ist) und (2) wenn der Auftraggeber sein Produkt gleichzeitig durch *mehrere* Studien testen lässt, laut Vertrag aber nur *positive* Ergebnisse veröffentlicht werden dürfen. Dann bleibt auch gewissenhaften Forschern nur die Wahl, entweder den Anschlussauftrag der Konkurrenz zu überlassen oder ein Gefälligkeitsgutachten vorzulegen. Genau genommen haben sie nicht einmal diese Wahl, denn das Unternehmen, z. B. ein Pharmakonzern, kann die Versuchsanordnung und die Methodik der Studie vorschreiben und ausgewählte Ergebnisse ausschließlich auf Pressekonferenzen oder Tagungen (und nicht in Fachjournalen) vorstellen, den Ärzten abträgliche Ergebnisse vorenthalten, dafür aber zuträgliche Nebenbefunde hervorheben oder ausschließlich die günstigen Befunde einer Zwischenauswertung veröffentlichen (und die Studie abbrechen).

Dabei gehen beide Seiten jedoch ein hohes Risiko ein. Treten etwa bei der Anwendung des Medikaments unerwünschte Spätwirkungen auf, sind Hersteller und Forscher diskreditiert. Hingegen würde sich das Image eines Pharmakonzerns verbessern, wenn es den Mut besäße, auch negative Befunde bekannt zu geben.

Ist die Fragestellung einer Studie aber komplex, wäre es meist zu kostspielig, sie gleichzeitig *mehrfach* durchführen zu lassen, und können die beauftragten Forscher ihre Abhängigkeit vom Auftraggeber verringern. Die Studie erstreckt sich ja, weil sie komplex ist, jeweils über mehrere Monate oder Jahre. In diesen Zeiträumen ändern sich häufig die Rahmenbedingungen der Studie, und deren Design muss entsprechend abgewandelt werden. Die Forscher erläutern dann, was nötig und möglich und nicht möglich ist, und haben beträchtlichen Einfluss auf die Anlage, die Methodik und den Verlauf der Studie:

- Die Auftraggeber durchschauen meist nicht vollständig die Tücken und Latenzen des zu untersuchenden Problems oder hüllen ihre Erwartungen in ausweichende Formulierungen (weil sie befürchten, sie erschienen interessenabhängig und somit inkorrekt). Sie wissen meist noch gar nicht genau, was sie wissen wollen (→**Vorhersagen**). Bleibt diese Unklarheit bestehen, sind sie häufig vom Ertrag der Studie enttäuscht oder sehen das Thema verfehlt. Die Forscher können bei der Präzisierung des Untersuchungsziels behilflich sein und auf diese Weise den Auftrag (auch) in einen Selbstauftrag verwandeln.
- Die Forscher bleiben mit dem Auftraggeber auf Tuchfühlung und beraten sich mit ihm bei allen eintretenden Komplikationen. So beugen sie Enttäuschungen vor, lenken den Gang der Untersuchung und kommen zwanglos auf Wissenslücken – und weitere Auftragsanlässe – zu sprechen.
- Im Gegensatz zur Hochschulforschung können private Auftragsforscher den Methodenstreit minimieren und unbelastet vom institutionellen Absicherungsdiskurs (der sonst einen großen Teil der Arbeitskraft absorbiert) die Entwicklung praxisnaher Thesen betreiben. Sie lernen außerdem in ständiger Auseinandersetzung mit einem sachkundigen Gegenüber, dem Auftraggeber. Hochschulforschung ist methodenzentriert, an-

gewandte Forschung ergebniszentriert. Gelingt es den Forschern, den Auftrag in sachgeleitete Ermittlungstätigkeit umzusetzen, sind sie dem Auftraggeber gefällig, indem sie seine Erwartungen korrigieren.

Fortpflanzungsdesign

In den meisten Erdgegenden stehen helle Haare, blaue Augen und weiße Haut in höherem Ansehen als die jeweils entsprechenden Vergleichsmerkmale. In Ostasien und Indien werden männliche Nachkommen deutlich bevorzugt. Gesundheit, Hochwuchs, Ausdauer und Intelligenz sind weltweit bevorzugte Eigenschaften, die entsprechenden Kontraste, Behinderungen und die Neigung zur Gewalttätigkeit fast nirgendwo. Damit sind die Weichen gestellt für pränatale Geschlechtsbestimmung, Präimplantationsdiagnostik und Embryonenauswahl, sprich: vorgeburtliche Selektion (→**Klonen**).

Schon heute sind Geschlechtsbestimmung und Diagnose von Krankheiten lange vor der Geburt möglich. Zukünftig werden dem Fortpflanzungsdesign, über pränatale Diagnostik hinaus, viele Mittel und Wege zu Gebote stehen, werden vorsorgliche Eltern ihren Kindern eine möglichst *populäre und konfliktarme Charakterausstattung* zu beschaffen suchen.

Infolgedessen droht in die Welt der Biotechnologie anstelle der erwarteten Vielfalt an Körpern, Seelen und Geistern überraschenderweise die Gleichförmigkeit einzuziehen (→**Schönheitsoperationen**). Die besten Absatzchancen im Typenkatalog haben potenziert maskuline Männer und potenziert feminine Frauen. Zugleich breitet sich ein freundlicher, aggressionsarmer Unisex-Charakter aus, insbesondere unter den Besserverdienenden, die sich wunschgemäße Gencodes für ihre Nachkommen leisten können. Diese Entwicklung lässt jedoch allmählich jede soziale Schichtung als empörende Willkür erscheinen. Sie beendet die Schicksalhaftigkeit von Familie und Verwandtschaft und mittelbar der sozialen Beziehungen insgesamt und unterhöhlt die Wettbewerbsfähigkeit der Wirtschaftsstandorte, lockert somit auch den Zwang, auf lokaler, regionaler und nationaler Ebene füreinander einzustehen. Mit scheinbar paradoxen Folgen. Wenn die Wettbewerbskollektive – mit ihrer Abgrenzung nach außen – zerfallen, entfällt mit dem gemeinsamen Interesse der Gruppenangehörigen auch die Rechtfertigung für gegenseitige Rücksichtnahme und Einschränkung. Es wachsen die Ansprüche der Einzelnen gegeneinander. Abgrenzung *innen* kompensiert Abgrenzung nach *außen*. Im Zusammenspiel mit der Verfriedlichung der Männer verschärft sich der Verteilungskampf zwischen den entbundenen Einzelnen um Jobs, Förderung und Wohlfahrt (vgl. Francis Fukuyama 2002: 142–144).

Stehen die Merkmale der Nachkommenschaft zur Disposition, wächst das Risiko einer *Entfremdung zwischen den Generationen* (→**Genmanipulation**). Je sorgfältiger die *sozialen* Eltern das Äußere und Innere der Kinder entwerfen, desto schlechter danken diese es ihnen. An ihrem Körperbau und Charakter entdecken die Kinder die modische Korrektheit und damit den fortwirkenden Besitzanspruch ihrer Pflegeeltern. Auf der Suche nach Identifikation vergeben die Erzeugten launisch ihre Zu- und Abneigung gegenüber den sozialen Eltern, den Spendern von Spermien und/oder Eizellen und gegebenenfalls der Leihmutter.

Außerdem ist und bleibt das Risiko von Fehlbildungen bei künstlichen Befruchtungen deutlich höher als bei einer Zeugung im Liebesakt. Ereignen sich eugenisch bedingte Unfälle und Pannen, ist den Konstrukteuren der Hass mehrerer Generationen von Nachkommen sicher. Die selektierenden Eltern stehen grundsätzlich unter biologischem Rechtfertigungszwang. Nehmen sie aus ethischen Gründen Abstand von der Reproduktionsmedizin, geben die Kinder ihnen die Schuld für Krebserkrankungen, berufliches Versagen und Siechtum. Überdies erkennen sie in Mutter und Vater weniger die Erzeuger als die Auftraggeber. Und sie begehren auf, indem sie ihren eigenen Nachwuchs als Gegenentwurf gestalten.

Vorausschauende Männer und Frauen lassen in ihrer Jugend – im Stadium höchster Vitalität – Spermien bzw. Eizellen einfrieren (Kryokonservierung) und erfüllen sich ihren Kinderwunsch zu einem frei gewählten späteren Zeitpunkt (→**Wechseljahre**). Die künstliche Gebärmutter nimmt der dann vielleicht schon fünfzigjährigen Frau die Schwangerschaft ab und gewährleistet eine perfekte Überwachung und Versorgung. Wenn das Kind »fertig« ist, holen die Spender es zu sich. Die Experten sind sich noch nicht einig, wie es sich auswirken wird, wenn das Kind im Plastiktank nie den Herzschlag der Mutter hört und nie auf ihre Stimmungen und Bewegungen reagieren kann. Ist es dazu verurteilt, gewalttätig, phobisch und kontaktscheu zu werden? Geprägt jedenfalls wird es auch im Tank, nur auf unbekannte Weise. Vielleicht strebt es zeitlebens zur Symbiose mit taktmäßig bewegtem anorganischem Material. Sein sexuelles Verhalten ist unabsehbar, vielleicht autistisch und bildschirmfixiert, vielleicht explosiv und klammernd. Und welche Art von Bindung an diesen Menschen entwickelt sich bei den Pflegeeltern? Vermutlich eine höchst ambivalente.

Schwule und lesbische Paare begrüßen die Möglichkeit, per künstlicher Befruchtung eigene Nachkommen zu haben. Der Fortschritt der Fortpflanzungstechnik bricht das Zeugungsmonopol der Heterosexuellen. Derselbe Fortschritt aber wird heterosexuelle Paare künftig vielleicht dazu befähigen, Homosexualität einzuschränken. Im gendiagnostischen Labor, wo Eltern und Arzt mit ihren Bedenken allein sind, würde der Nachweis zweier sogenannter Schwulen-Gene (auf dem X-Chromosom und »auf einem der anderen, nicht das Geschlecht bestimmenden Erbgutträger« – Andrea Camperio Ciani u. a. 2008) in Kombination mit anderen begünstigenden Faktoren (u. a. der Existenz zweier oder mehrerer älterer Brüder) häufig zum Abschied vom untersuchten Embryo motivieren. Ungeachtet der eigenen, überwiegend toleranten Einstellung zur Homosexualität wollen viele Eltern ihrem Kind – und sich – die Belastung durch einen Außenseiterstatus doch ersparen. Freilich ist die Existenz solcher Gene umstritten. In der Prophylaxe aber wird sich in wenigen Jahren sogar die pränatale Selektion bzw. die genetische Manipulation erübrigen. Dann wird z. B. »eine Pille, die für eine ausreichende Menge an Testosteron im Uterus sorgt«, das Hirn des sich entwickelnden Fötus »maskulinisieren« können (Francis Fukuyama 2002: 64 f.).

Früherkennung, genetische

Mit Hilfe der Gendiagnostik verwandelt sich die Heilkunst in Krankheitskalkulation – aber leider nur sehr eingeschränkt in Krankheitsprophylaxe. Jährlich lassen Hunderttausende von Deutschen in einer Arztpraxis ihr Erbgut untersuchen oder senden Speichelproben an amerikanische oder isländische Genlabors. Für knapp 1000 Euro erhalten sie Aufschluss über ihre Anfälligkeit für mehr als 500 Erb- und Volkskrankheiten sowie, auf besonderen Wunsch, über ihre mögliche Verwandtschaft mit den Quellen jeweils anderer, miteingesandter Proben. Die eigenen Krankheitsrisiken bis ins Letzte zu kontrollieren, ist in Mode gekommen.

Gestützt auf Biobanken und Familienanamnesen, kann die Gesundheitsaufsicht künftig diejenigen ausfindig machen, die für bestimmte Krebskrankheiten, Diabetes, Herzinfarkt oder Alzheimer und für besonders kostspielige Leiden wie Fettleibigkeit oder Parkinson disponiert sind. Und sie kann Reihenuntersuchungen in bestimmten Bevölkerungsgruppen anberaumen. Schon in wenigen Jahren wird jede Tumorerkrankung im Primärstadium erkennbar bzw. die Wahrscheinlichkeit ihrer Entstehung berechenbar sein (→Check-up). Genanalysen von Tumorproben geben über den Krankheitsverlauf Aufschluss und erleichtern dem Arzt die Wahl der Therapie – oder zeigen ihm, dass er nicht viel tun kann.

Als schädlichste Auswirkung von Massengentests wird gewöhnlich die soziale Stigmatisierung der Personen mit einem erhöhten genetischen Risiko betrachtet: Gendiagnostikgesetze könnten Arbeitgeber und private Versicherer nicht daran hindern, von Anwärtern auf begehrte Jobs bzw. hohe Versicherungssummen Gentests zu verlangen. Da eine perfekte Anonymisierung von Blut- und Gewebeproben nicht möglich sei, werde man außerdem vielen Betroffenen das Arbeitsverhältnis kündigen. Solche »gläsernen Bürger« sähen sich einer biologischen Diskriminierung ausgesetzt und würden sozusagen genetisch ethnisiert. Auch könne bald jeder von jedem, Prominente eingeschlossen, DNS-Spuren rauben und ihm mit der Aufdeckung möglicher genetischer Makel drohen.

Aber dies ist nur das nächstliegende, das noch erträgliche Risiko. Verhängnisvoll für den Einzelnen – im wörtlichen Sinn – wäre der Verlust des Menschenrechts auf Nichtwissen. In den einschlägigen nationalen Gesetzen findet sich zwar regelmäßig die Klausel, dass ein Gentest nur nach ausdrücklicher Zustimmung des »Patienten« durchgeführt werden darf. Aber unter wachsendem gesellschaftlichem und ethischem Druck wird dieser Vorbehalt nur sehr selten angemeldet werden (Stichwort: Schutz der ebenfalls genetisch bedrohten Angehörigen) und schon rein technisch nicht mehr geltend zu machen sein. Man wird uns also virtuelle Krankheiten aufbürden, für die es häufig noch keine bzw. nur unzulängliche Therapien gibt (→**Brustkrebs-Früherkennung,** →**Prostatakrebs-Früherkennung**). Wir wachsen auf und altern unter der Last turnusmäßig wiederholter Risikoeinstufungen. Übertroffen werden könnte diese Wissenserzwingung nur durch eine Vorladung aufs Gesundheitsamt, wo man dem Bürger-Patienten seinen wahrscheinlichen Todestag eröffnet. Im Übrigen wächst die Verdammungs- und Erlösungsmacht der Ärzte, die ja keineswegs unfehlbar und unanfechtbar sind. Viele Testergebnisse werden von ihnen falsch interpretiert – oder unter dem Eindruck von Angeboten, die sie nicht ablehnen können, manipuliert.

Die Gesellschaft der Früherkennung ist ein loser Verbund von Eintagsmenschen. Nur wer ins Offene hinein lebt, spannt seine Kräfte für langfristige Vorhaben an. Die rückhaltlos über sich selbst Aufgeklärten aber richten ihr weiteres Leben nach ihren Erkrankungspotenzialen aus. Sie versuchen, die Gegenwart zu dehnen, und sehen keinen Sinn mehr darin, Rücklagen zu bilden und sich in eine gewisse Zeitökonomie zu fügen.

Testen lasse man sich daher ausschließlich auf das Risiko, einer seltenen Erbkrankheit zu erliegen, sofern bei positivem Befund eine ermutigende Heilungs- oder Linderungschance (von mindestens 30 Prozent) besteht. Man vermeide Tests auf Risiken für Volkskrankheiten (→**Genmanipulation**). Karrierechancen, für die man das Recht auf Nichtwissen preisgeben müsste, schlage man in den Wind.

Fußball ...

... sei die schönste Nebensache der Welt, erklären Spieler und Fans bescheiden. Sie erleben ihn als die *ganze* Welt, nämlich die einzige, in der noch ausschließlich Sieg oder Niederlage der Männerhorde zählen. (Frauenfußball gilt als Schonfußball.) *Elf Berserker müsst ihr sein,* elf schnelle, robuste, listenreiche Tor-Jäger, Spiel-Führer und Abwehr-Recken. In scharf begrenzter Fläche und Spielzeit stoßen diese nach strengen Regeln und gleichsam mit gebundenen Armen auf den Tresor des Gegners vor und rivalisieren zugleich wie antike Athleten untereinander um die Bewunderung des launischen Publikums.

In dieser einfachen und klaren Welt muss kein Blut fließen. Es reicht, zu verlieren oder ausgepfiffen zu werden, mehrere Wochen lang auf die Reservebank verbannt zu sein oder Rot zu sehen. In der Welt des Fußballs ist dies der Tod. Symbolisch, gewiss. Auf Zeit, gewiss. Aber im Fußball geht es ums Ganze, gerade weil in der Arena der Gegensatz von Symbolisch und Wirklich ausgesperrt ist. Die absolute Gegenwart des Treffens verbannt die Außenwelt. Und in keiner anderen Breitensportart ist das Verletzungsrisiko (Prellungen, Zerrungen, Risse und Brüche) höher.

Das größere, das umfassende Risiko des Kickers besteht allerdings in seiner trüben Existenz zwischen den Spielen und in seinem Elend nach der endgültigen Ausmusterung. Nur im Spiel kann er auftrumpfen und untergehen, doch draußen muss er hören, Fußball sei »nur ein Spiel«. An dieser Unsinnigkeit scheitern auch die wenigen Gewinner unter den Aktiven des Tretsports, seine Stars. Genau genommen wird ihnen noch übler mitgespielt als den Vergessenen. Sie schlagen sich als Trainer, Kommentatoren oder Funktionäre durch, das heißt, sie beginnen, über Fußball zu vernünfteln. Oder sie parodieren ihn als Models. Auf diese Weise verleugnen sie, was den Fußball ausmacht: die kämpferische Existenz auf Messers Schneide.

»Ohne Kontrolle des Bewusstseins« gleiten elf »fein aufeinander abgestimmte Körper« in die bewegliche Geistesgegenwart des Mannschaftskörpers (Norbert Bolz 2005: 114). Dieser will erklärtermaßen über die anderen triumphieren – heute eine gesellschaftliche Obszönität – oder wenigstens das Spiel des Gegners zerstören. Die Anhänger beider Mannschaften greifen die Kriegserklärung auf und setzen den Kampf handgreiflich und symbolisch fort (vgl. →**Vereinstätigkeit**). Das höchste Risiko der Mannschaft ist die Niederlage. Kompensieren lässt sie sich nicht, nur auslöschen durch einen Sieg. Jedes taktisch angestrebte Unentschieden hinterlässt den bitteren Geschmack eines Frevels am Siegeswillen – die Fußballgötter grollen.

Höchste Gefahr für den Fußball als Kampfsport insgesamt droht von der Ökonomisierung. Das Lebensspiel Fußball kann »verdorben werden durch einen Geschäftsgeist, der das Ganze dem düsteren Ernst des Geldes unterwirft« (Joseph Kardinal Ratzinger im Juni 1978). Dies hat einen materiellen, nicht auswechselbaren Grund. Fußball lebt aus dem Wir-Gefühl in Konfrontation mit einem anderen; Wohlgefallen an Körperbeherrschung und tänzerischer Eleganz (→**Fitnesstraining**) trägt allein nicht. Infolge des von Rendite-Erwartungen forcierten Handels mit Spitzenspielern tummeln sich in der deutschen Bundesliga mittlerweile schon weitaus mehr als 50 Prozent Nichtdeutsche. Die europäischen Spitzenmannschaften sind »Weltauswahlen, die lokale Clubs simulieren« (Peter Sloterdijk). Pech für den Fußball. Er ist und bleibt atavistisch. Ohne Lokalpatriotismus verkommt er zum Wanderzirkus (→Tennis). Je erfolgreicher die Unterhaltungskonzerne mit Städtenamen im Logo den Fußball weltweit verwerten, desto emsiger müssen sie einen Ortsbezug zurechtkünsteln. Wir dürfen darauf gespannt sein, was sich früher verschleißt: die Gewinnerwartung der Aktionäre oder die Anhänglichkeit der Zuschauer.

Geldanlage

Geld, das nicht gleich verkonsumiert wird, verstrickt seine Besitzer in Abenteuer. Es gibt ihnen das Kommando »Mehr!« – allein dadurch, dass es gezählt wird, weitergezählt werden möchte und dafür die Zukunft veranschlagt (Ralph und Stefan Heidenreich 2008: 7, 17). Geld will Kapital werden. Ganz im Sinne seines Allmachtsanspruchs sind die tausend Formen der Geldanlage mit ihren Chancen und Risiken völlig unübersichtlich. Sie sollen Lebensaufgabe sein. Niemand *versteht* die einzelnen Finanzprodukte vollständig, auch nicht die Anlageberater, die im Privatkundengeschäft unter erhöhtem Verkaufsdruck zu ihren Provisionen kommen müssen. Seriöserweise könnten sie nur zwischen Risikoklassen unterscheiden und erfragen, wohin ihre Kunden nach Vermögen und Risikobereitschaft gehören – Therapeutenarbeit. Dann flögen sie aber hinaus aus dem Geschäft. Also simulieren sie Durchblick.

Die Finanzkrise, die im September 2008 offen ausbrach, hat den einzelnen Anleger nicht klüger gemacht. Die Lehren aus dem Fiasko haben das durchschnittliche Anlagerisiko nicht gesenkt und die Anleger nicht von der Pflicht zur Spekulation entbunden. Vielmehr lehrt die Krise, dass der Verzicht auf Profitmaximierung bzw. der Versuch konsequenter Schadensvermeidung den Anlegern eine spezielle Sorte schleichender Risiken einhandelt. Sparguthaben und festverzinsliche Wertpapiere begräbt die nächste große Inflationswelle unter sich. Die Rettungsboote (Staatsanleihen, Aktienfonds, Beteiligungen an Infrastrukturunternehmen) beginnen zu sinken, wenn sie von Sicherheitsbedürftigen überfüllt sind *und* wenn sich die Staaten selbst immer höher verschulden. Pfandbriefe behalten ihren Wert nur so lange, wie den emittierenden Banken und vor allem der Entwicklung auf dem Immobilienmarkt Vertrauen geschenkt wird. Festgeldanlagen werden irgendwann fällig für die drängende Frage: wohin? – hoffentlich unter nicht-inflationären Bedingungen und hoffentlich zu einem Zeitpunkt, an dem die USA und alle anderen großen Industriestaaten noch ihren Schuldendienst versehen. Offene Immobilienfonds sind konjunkturabhängig und lassen sich kaum vor dem Missbrauch durch Großspekulanten schützen. Reine Wertaufbewahrungsmittel wie Münzen, Gold und andere Edelmetalle beginnen zu rosten, sobald der Aktienmarkt wieder Gewinne verspricht. Nur das Elementare zu sichern, scheint unbedenklich: ein Domizil zu kaufen, das man selbst bewohnt, und ein Stück Land, auf dem man Gemüse für den Eigenverzehr anpflanzt. Aber bitte nicht großenteils auf Pump!

Als der Anlegerweisheit letzter Schluss zur Minimierung des Risikos wird seit jeher die Streuung des Eigenkapitals auf verschiedene Anlageklassen empfohlen, ersatzweise neuerdings die Investition in börsengehandelte Indexfonds (die sich wie Börsenbarometer, wie der ihnen jeweils zugrunde liegende Index, entwickeln). Nach ähnlicher Logik raten manche Experten zum »langfristigen, passiven und diversifizierten Investieren in den gesamten Wertpapiermarkt«. Doch der mögliche Erfolg solcher Chancen- und Risikomischungen hängt davon ab, dass der gute Rat weitgehend ungehört verhallt. Falls ihm nämlich die meisten Anleger folgen würden, böte die Risikostreuung keine Sicherheit mehr. Sie schlägt nur an, wenn überwiegend dreist spekuliert wird.

Es gilt weiterhin, was vor 2008 und vor 2000 galt. Nur das Risiko schneller Verluste öffnet den Zugang zu schnellen Gewinnchancen. Bei bester Renditeaussicht auf der sicheren Seite zu bleiben, versuchten zuletzt viele Anleger mit gut bewerteten und anfänglich hoch verzinsten Unternehmensanleihen. Das Ergebnis war, dass die Renditen binnen Jahresfrist um durchschnittlich mehr als 70 Prozent schrumpften und dem hohen Ausfallrisiko nicht mehr entsprachen. Wer handstreichartig reich werden will, muss wissen, dass er in einer Spielbank sitzt. Er kann mit Aktien oder Schuldverschreibungen (Obligationen und Zertifikaten) auf eine bestimmte Wertentwicklung bestimmter Unternehmen wetten. Vielleicht beglückt ihn der Zufall. Vielleicht verliert er fast seinen ganzen Einsatz. Aber er hadert nicht mit fremden oder eigenen Börsenprognosen, weil ihm klar ist, dass er mit ihnen nur ein Orakel befragt. Und er verhält sich durchaus nicht liederlich, wenn er den Einsatz weiter erhöht und sein Geld in Hedgefonds oder geschlossenen Investmentfonds (Schiffe, Container, Flugzeuge, Bauten) anlegt.

Höchste Anlegerweisheit gebietet es, der Börse zu geben, was der Börse gehört, das Spielgeld. Zwei Maximen werden der Ohnmacht des Hasardeurs gerecht. Die erste: Handle mit dem Gemüt eines Spielers. Hohe Kapitaleinbußen sind kein Urteil einer göttlichen Instanz über Begehrlichkeit und Glücksrittertum. Dass man tun will, wonach das Geld verlangt: es zu vermehren, ist nicht vermessen, sondern normale Gewinnsucht, die man erst ausleben muss, um sie gering zu schätzen. Dessen eingedenk, erträgt man die Wahrheit, dass an der Börse jeder Anleger allein ist. Dann widersteht man den Beratern, die zum x-ten Mal beteuern, die Talsohle sei nun endlich erreicht und der ideale Zeitpunkt gekommen, um wieder groß einzusteigen, natürlich nach dem Geheimtipp des Beraters. Man vertraue niemandem, erst recht nicht guten Freunden, die einem Gelegenheit geben wollen, an den Geniestreichen eines alten Anlagehasen teilzuhaben. Man *will* vertrauen, denn man ist inkompetent. Aber vertrauen Sie niemandem. Kaufen und verkaufen Sie lieber intuitiv und gegen den Trend.

Die zweite Maxime: Machen Sie Ihre Einsätze so unbeteiligt wie möglich. Verbringen Sie nicht Stunden oder ganze Tage damit, die jeweils verheißungsvollsten Wertpapiere auszubaldowern und den richtigen Zeitpunkt zum Kaufen und Verkaufen zu errechnen. Das Börsenspiel ist ein Computerspiel. Man bezeuge ihm Verachtung, indem man seine Daseinsgegenwart behält und nicht der Vermehrung des Besitzstands preisgibt. Wenn genug Kapital vorhanden ist, um mit einem Teil von ihm zocken zu können, bringt weiterer Profit erfahrungsgemäß ohnehin nicht noch mehr Zufriedenheit.

Fazit: Gewinne (und Verluste) aus hoch riskanten Geldanlagen sind unbeständig. Die unverzichtbaren »konservativen« Geldanlagen zu Absicherungszwecken sind langfristig ebenfalls in Gefahr (→**Alterssicherung**). Wie kann ich beides ertragen und zugleich das höchste Anlagerisiko, die Alleinherrschaft der Zugewinn-Ratio, verhindern? »Das Klügste im gegenwärtigen Moment wäre es, sich dafür zu entscheiden, das Geld zu verprassen« (Ralph und Stefan Heidenreich 2008: 16). Solange wir vor dieser Klugheit zurückschrecken, könnten wir uns wenigstens um Toleranz gegenüber Unsicherheit bemühen (→**Versicherungen**). Denn diese allein ist der gemeinsame Nenner aller Anlage-Konzepte. Ein einziges fesselndes Gegengewicht zur nervösen Spekulation wäre schon genug, handele es sich um sachgebundene →**Unternehmensgründung,** das Großziehen von Kindern, Paktieren und Konspirieren mit anderen (→**Karriereberatung,** →**Schwarzarbeit**), berufliche Vielseitigkeit oder die Neigung zur Zeitverschwendung. Unbeschwerte Spekulation an der Börse basiert auf dem gedanklich vollzogenen Abschied von den Besitztümern. Wir sollten die Früchte unserer Geldanlagen möglichst selbst, zu Lebzeiten, ernten und verteilen. »Die vielen Dinge machen arm.« (Peter Mosler 1981) Daher gilt es, alternd Ballast abzuwerfen, um sorglos zu sterben.

Genmanipulation

Vorsicht, Utopie! Die Lebensmitteltechnologie verspricht uns heute stetig steigende Erträge der Landwirtschaft zu stetig sinkenden Kosten. Sie verkündet den baldigen Sieg über den Hunger in der Welt. Resistenz gegen Schädlinge, Viren, Pilze und Hitze? Toleranz gegenüber Säuren, Salzen, Herbiziden und Trockenheit?

Produktion von Biokraftstoffen, Hormonen, Impfstoffen und Antikörpern? Kein Problem. Wir verwandeln die Pflanzenwelt in einen Genbaukasten, entnehmen irgendeinem Lebewesen nützliche Gene und schleusen sie anderswo ins Erbgut ein.

Was die Grüne Gentechnik aber damit in Gang setzt, werden wir erst nach Jahrzehnten wissen. Vielleicht lässt Auskreuzung gentechnisch veränderter Organismen (GVO) bestimmte Arten verschwinden. Vielleicht werden andere Lebewesen infiltriert, breiten sich Allergene und Gifte aus, wird die Rachen- und Darmflora geschädigt und entstehen unbekannte Stoffwechselwege. Eine Welt neuer Risiken. Einmal freigesetzte Organismen lassen sich nicht zur Überprüfung in die Werkstatt zurückrufen. Selbst die Hersteller gentechnisch behandelter Lebens- und Futtermittel misstrauen der Unbedenklichkeit ihrer Kreationen. Sonst würden sie nicht die Produkthaftung verweigern.

Den meisten Europäern und Nordamerikanern ist Gentechnik in der Nahrung zuwider. Wer will schon »Genmanipuliertes« schlucken? Man möchte gesund und natürlich essen und von den Details der industrialisierten Landwirtschaft und Massentierhaltung verschont bleiben. Dennoch nehmen alle an einem gigantischen gentechnischen Experiment teil (tun aber so, als stünde es erst zur Entscheidung an). Fast die Hälfte aller Lebensmittel wird heute von genbehandelten Mikroorganismen (mit-)produziert. Und noch weit mehr Lebensmittel verdanken ihre Entstehung genmanipulierten Futtermitteln. Essbares ohne Spuren von GVO wird immer teurer: Luxusprodukte für reiche Verbraucher. Die Bewohner von Schwellen- und Entwicklungsländern haben andere Sorgen.

Vorsicht, Utopie! Die Zuversicht, man könne die Ausbreitung der Grünen Gentechnik in der intensivierten Landwirtschaft aufhalten oder gar rückgängig machen, kann nur noch zwischen Scheuklappen wachsen. Damit ähnelt sie sogar dem Machbarkeitswahn der Gentechnologen. Die überbevölkerte Menschenwelt kann keinem Wunschtraum von guter und sauberer Natur entsprechen. Den Freunden naturgemäßer Lebensweise gehen die

Vergleichsmaßstäbe aus. Auch sie wissen nicht, was sie tun, wenn sie mit Risiken argumentieren. Es reicht nicht, davor zu warnen, verheerende Folgen der Aussetzung transgener Pflanzen seien *nicht auszuschließen*.

Ohnehin geht es den Widersachern um viel mehr. Sie kämpfen gegen das Diktat der Saatgut- und Futtermittelhersteller, die das globale Ernährungsproblem im Sinne der Rendite-Erwartungen ihrer Aktionäre verwalten wollen. Weil beide Seiten um die Sympathie der Verbraucher werben, ist ein ethisch verbrämter Grundsatzstreit entbrannt: Wie sollen wir in der Welt – oder wenigstens in Europa – das Überleben sichern? Die einen geben vor, »die Welt vom Hunger erlösen« zu wollen, die anderen warnen davor, »Gott zu spielen«.

Das Risiko von Grundsatzdebatten besteht darin, unentscheidbar zu bleiben. Nach zwei, drei Jahrzehnten Freisetzungspraxis werden alle Befunde uneindeutig sein. Die einen werden böse Überraschungen als Spätfolgen gentechnischer Experimente deuten, die anderen als Folgen der Einwirkung von Drittfaktoren (des Einsatzes von Insektiziden, der zunehmenden Bebauung oder der Auskreuzung implantierter Gene mit illegal angebauten Pflanzensaaten).

Besser verzichtet man auf Letztbegründungen und führt die Auseinandersetzung offen politisch: gegen Monopolisierung des Anbau- und Konsumverhaltens durch weltweit operierende Konzerne, gegen großflächige Monokulturen, für regionale Sonderlösungen.

Das Hauptrisiko jeder Genmanipulation besteht in der Annahme eines gesetzmäßigen und exklusiven Zusammenhangs zwischen einer präzise bestimmbaren Ursache und einer bestimmten Wirkung. In der Humanmedizin kommen auf diese Weise Aussagen der folgenden Art zustande: »Personen mit fünf bestimmten Genvarianten tragen ein zehnmal höheres Risiko, dass bei ihnen die Krankheit XY ausbricht.«

Wir bewegen uns hier im Reich der Virtualität. Der tatsächliche Ausbruch einer weit verbreiteten Krankheit (z. B. von Darmkrebs,

Diabetes, Alzheimer, Parkinson, Depression oder Schizophrenie) korreliert jeweils, pro Individuum, mit Dutzenden oder Hunderten von Abschnitten im Erbgut, sowie mit unzähligen Umweltfaktoren (→**Früherkennung, genetische**). Ein Hypochonder, der seine biologischen Risiken, bestimmten Volkskrankheiten zu erliegen, per Gentherapie senken wollte, müsste sich sein Leben lang täglich reparieren lassen. Vorausgesetzt, man wäre in der Lage, seine pro Krankheit riskantesten Gensequenzen dingfest zu machen. Sinnvoll sind Gentherapien allenfalls bei Patienten mit sehr seltenen Erbkrankheiten wie Mukoviszidose oder Chorea Huntington, bedingt von äußerst seltenen Genen, und auch nur bei lebensbedrohlich Erkrankten, sodass die große Gefahr tödlicher Nebenwirkungen (meist bösartiger Tumore) in Kauf genommen werden kann.

Nahezu sämtliche Gene wirken jeweils bei mehreren Körperfunktionen mit und stehen in Wechselwirkung mit anderen Genen. Daher leistet die Reparatur »schlechter« Genvarianten bösen Überraschungen Vorschub. Vielleicht fünf, vielleicht fünfundzwanzig Jahre nach dem Eingriff in die Erbsubstanz würde beispielsweise das gezielte Abklingen einer Schizophrenie mit quälender Tageslichtempfindlichkeit oder einem hartnäckigen Abzählzwang entgolten, würde sich zur gesteigerten Intelligenz ein gesteigertes Schmerzempfinden gesellen (vorausgesetzt, entsprechende Gentherapien wären möglich). Baut man künstliche Chromosomen als Plattform für *erwünschte* Gene ein, ändert sich die Chromosomenzahl, was in aller Regel zu lebensbedrohlichen Entwicklungsstörungen führt.

In unserer Vorstellung von der gentherapeutischen Zukunft hat der »Krieg zwischen den Generationen« einen Stammplatz. Gewöhnlich wird erwartet, dass es den Alten an den Kragen geht, wenn die Jungen in die Schlüsselpositionen drängen und die Alten sich weigern, zugunsten der Kinder, Enkel und Urenkel abzutreten. In einer Gesellschaft jedoch, in der drei, vier oder fünf *produktive* und *kaufkräftige* Generationen zusammenleben, geht die Glorifizierung der Jugendlichkeit mit der Entmachtung der

Jungen einher. Die Alten bleiben sozusagen selbst jung. Man schafft sich erst mit vierzig, fünfzig oder sechzig Jahren Kinder an (→**Fortpflanzungsdesign**) und muss die rivalisierende Minderheit der unter 30-Jährigen kaum noch fürchten. Im Gegenteil, die Jungen müssen darauf gefasst sein, sanft oder gewaltsam ausgeschaltet zu werden, wenn sie die Privilegien der Älteren beanspruchen. Wagen sie den Konflikt, werden sie durch weitere Reproduktionen ausgebootet (→**Klonen**). Im selben Maß, in dem Krankheit und Tod beherrschbar erscheinen, kapseln sich die Alterskohorten unverhandelbar gegeneinander ab. Der Generationswechsel vollzieht sich nur noch schleichend, und die sozialen Strukturen erstarren.

Glücksstreben

Der allgemeine Anspruch auf ein Streben nach Glück (»pursuit of happiness«) ist in der amerikanischen Verfassung verankert und gilt heute auch in den anderen westlichen Ländern als elementares Menschenrecht. Doch welchen Vorteil bringt er uns? Wir dürfen, nein, müssen tüchtig um Wohlstand wetteifern, um gute Arbeit, Anerkennung, Sicherheit und Zufriedenheit, Genuss und Steigerung persönlichen Leistungsvermögens. Das ist unermesslich viel. Aber angst- und sorgenfrei zu sein, selbstvergessen, geliebt, gelassen, findig und fröhlich, dies übersteigt das Glück des Tüchtigen. Erst recht Glückseligkeit. Wäre sie nämlich irgendwie mit Fleiß zuwege zu bringen, wäre sie nicht das Höchste. Denn dieses »kommt frei von den Göttern herab« (Friedrich Schiller). Das Glück direkt anzusteuern, ist ein Widerspruch in sich selbst. Habsucht verscheucht es (vgl. →**Nichtstun**). Gleichwohl bieten Glücksforscher und -berater in wachsender Zahl ihre Dienste an.

Als Tatmenschen verbannen sie das Unverfügbare ins Beiläufige; es fügt sich ja nicht ins Therapieprogramm. Sie handeln mit Anrechten auf Glück als einem disponiblen *Wie:* wie man richtig entspannt (→**Wellness**) und eine glücksgünstige Haltung trainiert, wie das Gehirn eine Menge Positives für sich tun kann (→**Positives Denken**), wie man mit positiven Gedanken das Glück herbeiholt. Alles ist eben »Übungssache«. Die Anhänger der Glücksberater halten das Ziel hoffnungsvoll auf Distanz, indem sie an Voraussetzungen für das Glücklichsein arbeiten: Gesundheit, Umgänglichkeit, Selbstwertgefühl (vgl. →**Schönheitsoperationen**). Solches Hochstimmungstraining bezahlen sie mit Selbstbetrug: Frondienst, genannt Glück. Sie verwechseln einen begnadeten Zustand mit Gefühlsechtheit, Glück *pur*. Lächelnde Gesichter allerorten. Ginge es nach den Glücksnetzwerken und Eckart von Hirschhausen, bekämen wir am Ende noch ein »Schulfach Glück«. *Happiness* aber ist nicht einfach nur Hochgenuss, sondern auch Faktor von Zusammengehörigkeit.

Glückseligkeit stellt sich *trotzdem* ein. Trotz unseres Glücksstrebens. Im Nachhinein suchen manche der Beschenkten nach Worten. Weltergriffenheit vielleicht? Begeisterte Empfänglichkeit? Ankunft im Einverständnis – mit Ungewissheit, Verlust, Vergänglichkeit und Uneinholbarkeit (des Unkrauts am Gehsteigrand) (vgl. Matthias Schreiber 2009). Wie es der Grabspruch eines Theologen im 15. Jahrhundert sagt:

»Ich leb und waiss nit, wie lang.
Ich stirb und waiss nit, wann.
Ich far und waiss nit, wohin.
Mich wundert, dass ich fröhlich bin.«

Golf ...

... gleicht einem in die Landschaft gekippten Computerspiel der Sparte Entschleunigung und Meditation. Golfer versuchen, mit möglichst wenigen Stockschlägen 18 sinnfällige Treffer zu erzielen (*einzulochen* bzw. *nach Hause zu putten*). Sie ergehen sich in einer künstlichen Naturwelt und führen nach kompliziertem Regelwerk stereotype Bewegungen aus, die in ihrer Einseitigkeit zwar die Wirbelsäule mitsamt Muskeln, Sehnen und Bändern strapazieren, in gemächlicher Ausführung aber auch älteren Menschen zumutbar sind. So weit, so unbedenklich. Mit dem Eintritt in die kommerzielle Golfwelt jedoch gehen Kontaktwillige und Bewegungsfreunde ein hohes Risiko ein, sich selbst hinters Licht zu führen. Und zwar dreifach:

Gesellschaftlich. Die kostspielige Mitgliedschaft im Golfclub (Reitclub, Segelclub) war früher Ausdruck der Zugehörigkeit zu einer Klasse von Besitzern ökonomischen und kulturellen Kapitals mit entsprechend exklusiven Umgangsformen. Daraus ziehen Aspiranten auf sozialen Aufstieg heute den Umkehrschluss: Sie leisten sich die Mitgliedschaft, um oben mit dabei zu sein. Doch während man früher im Club unter seinesgleichen den Individualismus pflegte, herrscht im klassenlosen Golfclub unerbittlicher Anpassungszwang an informelle Dress- und Sprechcodes. Man hat ja sonst nichts. Mit ihrem Eintritt ins alte Feine verbreiten die Aspiranten soziokulturelle Gleichförmigkeit. Die neue distanzierende Stilbildung findet anderswo statt. Fazit: Tretet ein und begegnet netten Menschen, versucht aber nicht, sie als →**Karriere**helfer und Kunden zu rekrutieren. Das klappt nicht.

Landschaftlich. Teilweise flurbereinigt, aber mit Wasserlauf. Vier bis sieben Kilometer weit führt ein 18-Loch-Spiel den Golfer vier bis fünf Stunden lang durch eine attraktive Anlage. Aber früher war Golfen ein symbolischer Zustand, und der Platz hob sich deutlich von der Umgebung (Vorstadt oder Kurpark) ab. Der Spieler bahnte sich gleichsam einen Lebensweg auf einer stilisierten Erde und meisterte ihn mit trefflichen Schlägen. Heute ist der Platz in selbst schon multifunktionales Gelände eingebettet. Im Auftrag der Betreiber baut der Golfarchitekt nun etwas optimal Vermarktbares – »umweltverträgliche« Biotope mit »ursprünglichen« Vegetationselementen (kleinen Wäldern, Sträuchern, Teichen, Erhebungen, Wiesen), demnächst wohl *Themen*-Plätze. Die Nutzer kommen als Touristen. Sie wollen nicht mehr schweifend sich selbst begegnen, sondern Spaß haben und etwas erleben, was sie auch sonst wo erleben können (→**Wintersport**).

Körperlich. Golf galt als vergeistigte, fast geistesabwesende, mehr Feingefühl und Geduld als Kraft erfordernde Geschicklichkeitsübung, ausgeführt in Distanz zum eigenen Körper und dem des Gegners. Im Wettkampf spielten die Golfer praktisch nur gegen sich selbst. Auf dem Weg zum touristischen Massenangebot für alle Kundengruppen jedoch konkurriert der Golf mit unzähligen Trendsportarten bzw. *Outdoor Activities* (→**Skaten**). Er präsentiert sich als Sonderangebot für anspruchsvolle Zielgruppen (Nachtgolfer, Esoteriker, begüterte Senioren, Freunden von Stränden, Exotik und Kulturreisen), beteiligt sich an Sport-Events, stößt zur Wellness-Branche, geht Zweckbündnisse mit Ausdauersportarten ein und wartet auf jährlichen Messen mit jeweils neuen Trends auf. Auftrumpfend kompensiert er die Körperdistanz durch Animation, mentale Kraftmeierei.

Und warum nicht? Nichts spricht dagegen, nur dass die Golfer ihre Freizeit auch gleich mit aktuellen Trendsportarten füllen könnten.

Heimvideothek

Es ist der alte Kampf zwischen der Eigengesetzlichkeit des Fernsehens und dem Wunsch des *Nutzers:* das Angebot zu privatisieren, aus dem Programmfluss kostenfreie Kostbarkeiten zu fischen und auf persönliche Weise zu verwerten. Auf Anhieb jeden Film auf den Bildschirm zu zaubern, nach dem ihm gerade der Sinn steht. Kann er diesen Kampf gewinnen?

Erinnern wir uns an die Auseinandersetzung mit den Tücken des Videorekorders. Den Älteren von uns versprach er etwa seit Mitte der achtziger Jahre Verfügungsgewalt über die Film- und Serienwelt. Aber er forderte uns wiederholt das Eingeständnis eigener Beschränktheit beim Nachbuchstabieren der Gebrauchsanweisung ab. Fast jede gefüllte Kassette bezahlten wir mit Verdruss und Zeitverlust. Die Zahl der Pannen und Flüchtigkeitsfehler beim Aufzeichnen war und ist Legion. Außerdem musste jede Kassette beschriftet und ein Archivsystem ausgetüftelt werden. Wir erhielten eine Lektion, die wir seit jener Zeit alle drei bis fünf Jahre aufs Neue erhalten: Elektronische bzw. digitale Technik setzt den fehlerfreien Anwender und geduldigen Betreuer voraus. Entweder trainieren wir uns eine entsprechende Hingabefähigkeit an oder wir legen die Installation und Anwendung der Geräte in Expertenhände. Ersteres kostet Zeit, Bereitschaft zum lebenslangen Lernen – *für so etwas?* Letzteres kostet Geld und Vertrauen, abgesehen vom Ertragen der Schulmeisterlichkeit dieser Experten. Meist pendelt sich die Plage bei einem Kompromiss aus beidem ein.

Spätere Generationen von Aufzeichnungsgeräten und Speichermedien stellen dieselbe Sinnfrage. Den Videorekorder verdrängt der DVD-Rekorder, diesen der Festplattenrekorder. Wir sitzen in der Falle, denn auch das Neinsagen muss geübt und durchgehalten und vielfältig kompensiert werden. Dass Askese die Lösung sei, behaupten nur diejenigen, die nicht wissen, worum es geht. Lästigerweise werden die Produkte mit immer weiteren unnötigen Funktionen ausgestattet – aber für welches entscheiden wir uns? Wir schimpfen auf die Verfasser hundertseitiger Gebrauchsanweisungen in Technokratendeutsch, einer Spielart des Amtsdeutschen, aber Kurzfassungen im Plauderstil würden uns erst recht ratlos machen. Davon abgesehen zählt der Handel auf den Wartungsbedarf und den *unsachgerechten* Umgang der Laien mit den Spitzenprodukten. Und er zählt auf den eingebauten Verschleiß – die folgenden Geräte-Generationen wollen auch eine Konsumchance haben. Daher können wir als Besitzer eines DVD-Rekorders der peinlichen Frage nicht ausweichen, ob wir die richtige Auflösung und den geeigneten Tuner gewählt haben und der Film mit Überlänge noch auf die Scheibe passt. Sind wir aber folgerichtig auf einen Festplattenrekorder umgestiegen und wollen mit ihm analoge Signale (etwa vom Kabelfernsehen) aufzeichnen, haben wir zu entscheiden, ob uns der Komprimierungsgrad und damit die Kapazität der Festplatte oder aber die Bildqualität wichtiger ist. Absturzgefahr droht obendrein. Fragen Sie bitte Ihren Experten.

Die Utopie des Videothekars ist die Zeitfestigkeit seiner Auswahl an Lieblingsfilmen, Serien und Dokumentationen. Der Wirklichkeit hält sie nicht stand. Die Bestände bedürfen ständiger Pflege und sind, im Gegensatz zu einer Bibliothek, nur bruchstückhaft und auf kurze Dauer an die Nachkommen vererbbar. Papier und Mikrofilm, sogar Schallplatten aus Vinyl, sind zur Aufbewahrung von Daten weit besser geeignet als CD, DVD und Festplatte. Von Steintafeln und Pergament ganz zu schweigen. Alle Filme sind dem baldigen Untergang geweiht. Videokassetten haben bei optimaler Pflege eine Lebensdauer von höchstens 35 Jahren, CDs von höchstens 50 Jahren, DVDs von etwa 35 Jahren, Festplatten von allenfalls 30 Jahren. Schädlich sind Feuchtigkeit, Hitze, Sonnenlicht, Erdmagnetismus, Staub und Erschütterung, aber auch *zu wenig* Bewegung.

Überdies veralten die Speichertechnologien noch schneller als die Speichermedien. Niemand kann wissen, inwieweit in 20 und in 50 Jahren die Hardware zum Abspielen *abwärtskompatibel* sein wird. Wir sind gezwungen, unsere Bestände turnusmäßig auf neue Formate umzukopieren. Dies ist ein Aufwand, den sich nicht einmal staatlich subventionierte Archive leisten. Wir gewöhnlichen Gerätenutzer jedenfalls haben in allen Phasen unseres Lebens Wichtigeres zu tun, als halbvergessene Filmbestände zu retten. Was wir gekauft haben, um Zeit, Mühe und Kosten zu sparen und das Sehvergnügen zu steigern, beschleunigt die Erosion des Materials. Die Frage nach der Haltbarkeit selbst wird im Laufe des 21. Jahrhunderts von ganz anderen Belangen durchkreuzt, vielleicht sogar unverständlich werden.

Man halte sich daher an folgende Faustregel: Zeichne möglichst wenige Filme auf und selektiere bei jeder Gelegenheit.

Nehmen wir nun an, die Heimvideothek sei eingerichtet und stattlich angewachsen, ein verlockender Speicher im privaten Kokon, ein komfortables Angebot, vom Wohnzimmersofa aus per

Fernbedienung zwischen Hunderten von Filmen zu wählen, die auf einer Netzwerkfestplatte gespeichert sind. Natürlich muss sich das Angebot gegen andere Speicher, andere Termine, andere Gewohnheiten und andere Versuchungen durchsetzen oder mit ihnen Kompromisse schließen. Dies führt unweigerlich zu einer Parallelnutzung mehrerer Angebote, einschließlich derer im Kühlschrank (→**Bloggen**, →**Social Networks**). Im Internet lockt interaktive Unterhaltungselektronik, E-Mails werden verwaltet, die Echtzeitprogramme des Fernsehens laufen, und das Telefon mahnt an das Füttern einer Beziehung (→**Multitasking**). Häufig melden auch die Mitbewohner eigene Vorlieben an. Zugleich droht der seine Neigungen ausbalancierende Nutzer zwischen Aufzeichnung und zeitversetztem Inhalieren zerrieben zu werden und den Überblick über die wachsenden Bestände zu verlieren. Er hat zu programmieren, zu löschen, zu ändern und zu sortieren.

In der Symbiose von Technik und Nutzung dominiert stets die Technik. Die Eigendynamik der Videothek zehrt an der Nutzungszeit. Das Allermeiste verdämmert ungesehen im Speicher. Im Nachhinein erweist sich die Konservierung als Aufschub des Eingeständnisses, für nichts mehr genug Zeit zu haben. Wir überlassen das, was uns für immer entgeht, wenigstens noch dem Rekorder. Die fortgeschrittene Aufzeichnungs- und Speichertechnik genügt sich selbst; der Nutzer schmeichelt sich, sie bedienen zu dürfen. Demgegenüber ist es ziemlich gleichgültig, was gespeichert wird. Wir bekommen dafür ein Gespür, wenn wir das zeitversetzte Fernsehen beispielsweise mit dem Kinoerlebnis vergleichen. Was jederzeit auswechselbar ist, schwächt die Sinne. Die digitalisierte Wahlfreiheit des Zuschauers wertet alle Filme ab. Auf diese Weise teilt sich dem Souverän auf dem Wohnzimmersofa mit, dass die Verwertung der Kinofilme im Fernsehen am Ende der Verwertungskette steht.

Wenn ich meine Anhäufungsgier zu zähmen versuche – *Habe ich den Film nicht schon mehrfach gesehen? Kann er sich in der Zeitnot gegen andere durchsetzen?* –, mache ich den Kokon der Heimelektronik vielleicht transparent zur Außenwelt hin. Aber ich entkomme ihm nicht. Neutralisieren lässt sich die Eigengesetzlichkeit des Lebens vor dem Bildschirm nur durch Übertritt in eine andere, beispielsweise in die Verstrickungen des passionierten →**Sammelns**. Für den Sammler sind Empfehlungen zur Selbstkontrolle deplatziert. Der Sammler bestimmter Filme oder Dokumentationen ist meist auch Cineast und bunkert außer Aufgezeichnetem auch Original-DVDs und *abwärtskompatible* Gerätschaften. Er strebt nach Vollständigkeit, um sie niemals zu erreichen. Er kommt an kein Ende, doch nach anderem Gesetz.

Hobbys ...

... sind bestimmte Lieblingsbetätigungen, die von Männern im Wettstreit um Job und Gunst als Charaktermerkmale aufgelistet werden. Bei umworbenen Arbeitgebern verfangen vielleicht organisierte und ehrenamtliche Hobbys (Vorstandstätigkeit im Ruderverein), bei Frauen fürsorgliche und musische (Kochen, Heimwerken, Theater) sowie Fitness. Frauen sprachen von ihren Hobbys lange wie von vergnüglichen Beigaben; aber das hat sich inzwischen geändert.

Beflissenes Hobby-Sammeln birgt das Risiko, dass man mit beifallheischendem Tun auch vor sich selbst renommiert und dann schon mit sechzehn Jahren von Beliebtheit nicht mehr lassen kann. Das Privatleben des multiplen Vereinsmitglieds füllt sich mit Alltagspflichten. Vorauseilender Gehorsam legt über das Gesicht des zwanghaft Gefälligen eine Maske betulicher Verzagtheit. Heißt es von einem Hansdampf, er sei *vielseitig*, begründet dies den Verdacht, dass er bei keiner Beschäftigung bei der Sache ist: eine Art vorzeitiger Sterbeurkunde.

Keine Hobbys sind die vereinnahmenden Liebhabereien: Marotten, obsessive Neigungen wie →**Sammeln**, Börsenspekulation (→**Geldanlage**), Konsum von →**Pornografie im Internet**, Ausüben von →**Extremsportarten**, →**Skaten**, Fiebern für →**Fußball**, ein Faible für →**Esoterik,** →**Computerspiele,** →**Bodybuilding** und Glücksspiele. Sie fehlen im Bewerberprofil, denn sie würden bekunden, dass der gewünschte Enthusiasmus schon vergeben ist.

Homöopathie

Warnung: Sollten Sie gerade Ihre Migräne, Ihr Asthma, Ihre Grippe, Ihre chronischen Schmerzen oder Ihre →**Wechseljahres**beschwerden homöopathisch behandeln lassen, riskieren Sie den Misserfolg der Behandlung, wenn Sie hier weiterlesen. Die mögliche Heilwirkung homöopathischer Mittel hängt nämlich entscheidend davon ab, dass Ihnen verborgen bleibt, worauf sie gründet.

Die gesamte homöopathische Heilkunst ist auf barmherzige Selbsttäuschung angewiesen. Sobald sie es wagt, die etablierte Medizin herauszufordern und ihre Erfolge wissenschaftlich überprüfen zu lassen, gerät sie ins Zwielicht der Scharlatanerie.

In Opposition zur Schulmedizin lehrt die Homöopathie eine originelle parawissenschaftliche Vorgehensweise. Sie empfiehlt eine unmerkliche *Impfung* der Kranken mit jeweils *ähnlich* krank machenden Substanzen (nämlich solchen, die bei Gesunden Symptome hervorrufen, welche den Beschwerden der Kranken ähneln). Im Vertrauen auf eine ungreifbare spezifische Arzneikraft wird die ermittelte Substanz jeweils so weit *verdünnt,* bis die verordnete Tinktur von ihr nur noch vereinzelte bzw. kein einziges Molekül mehr enthält. Die *ähnlich* pathogene Substanz wird dem erkrankten Körper unterschwellig, gleichsam hypothetisch beigebracht, vermeintlich *potenziert* und *dynamisiert.*

Prüft man die behauptete Wirkung systematisch nach, lautet der Befund, dass sie von einem Placebo-Effekt nicht zu unterscheiden sei, anders gesagt, vollständig auf einem solchen Effekt beruhe. Der Einfluss des Heilers gehört jeweils wesentlich dazu (→**Esoterik**). Jedenfalls werden die homöopathischen Tinkturen beim wiederholten Verdünnen durch alle möglichen Dinge verunreinigt. Die ermittelte Substanz, auf die es ankommen soll, ist am Ende nicht mehr nachweisbar oder neutralisiert.

Dass Heilpraktiker und Heilhilfspersonen Scheinmedikamente verabreichen, bringt die Homöopathie aber noch nicht ins Hintertreffen gegenüber der Schulmedizin. Denn ein großer Teil der nachweislichen schulmedizinischen Heilwirkung, höchstwahrscheinlich der Löwenanteil, verdankt sich ebenfalls Placebo-Effekten und verwandten Suggestionen (der ärztlichen Persönlichkeit, Hörensagen, dem Einsatz imponierender Technik, der Farbe und Größe von Pillen und erstaunlich vielen anderen Umständen). Schätzungsweise ein gutes Drittel sämtlicher ärztlich verordneter Medikamente hilft nicht per Wirkstoff, sondern ausschließlich suggestiv (vgl. A. Shang et. al. 2005: 366. Vgl. Manfred Schedlowski u. a. 2008–2010). Positive Erwartungen entlocken dem Gehirn Opiate und Glückshormone; unbewusste Erwartungen jeder Art beeinflussen das Immunsystem und das vegetative Nervensystem (→**Wellness**).

Ist es folglich gleichgültig, von wem wir uns täuschen lassen? Keineswegs. *Das Potenzial der Schulmedizin als Stimulans hilfreicher Einbildungen übertrifft das der Homöopathie bei weitem.* Zum einen wirken viele echte, wirkstoffhaltige Medikamente häufig tatsächlich wie angenommen, etwa dann, wenn Patienten von der Anwendung gar nichts wissen. Dies verstärkt auf Umwegen auch die Einbildungskraft. Man vergesse nicht die stillschweigende Voraussetzung des Placebo-Effekts: die Überzeugung, das Placebo sei ein echtes Medikament. Selbst ein echtes versagt, wenn es Patienten als Placebo gereicht wird. Daher darf sich die Homöopathie nicht zur Grundlage ihrer Erfolge bekennen.

Zum anderen besitzt nur die Schulmedizin als Institution eine kulturgeschichtlich verankerte Autorität (vgl. →**Cannabis**). Zumindest im Falle schwerer bzw. lebensbedrohlicher Krankheiten genießt sie auch bei Skeptikern mehr Anfangsvertrauen als die Homöopathie. Diese sieht sich vielfach zur Komplementärmedizin herabgestuft oder völlig gemieden.

Viele chronisch oder psychosomatisch Erkrankte und viele Allergiker suchen lieber Alternativmediziner auf, weil sie von diesen mehr Zuwendung und Einfühlung erfahren als von Vertretern der Universitätsmedizin (→**Naturheilkunde**). Bei Letzteren riskieren Kassenpatienten, kurz abgefertigt und serienmäßig betreut zu werden. Aus Zeitmangel oder Unkenntnis verachten und missachten die meisten Schulmediziner ihr Placebo-Potenzial. Würden sie es besser nutzen, hätte die Homöopathie bald ausgespielt.

Hundehaltung

Eintracht zwischen Mensch und Hund sei leicht möglich, versichern die Vertreter des kynologisch-industriellen Komplexes. Man müsse nur ihren Ratschlägen folgen und eine solide Auswahl, Erziehung und Ausstattung der Hunde gewährleisten. Fast alle Risiken wurzelten in der Ignoranz der Hundehalter. Unter den fast 400 Hunderassen befinde sich für jeden das Richtige. Aber viele Amateure überschätzten die eigene Beweglichkeit und Zuwendungsbereitschaft. Ihre Tiere büßten dafür mit Unter- oder Überforderung, resultierend in Krankheit und Asylantenelend.

Den menschlichen Wunsch nach Gesellschaft und das Naturell der Hunde aufeinander abzustimmen, machen sich Hundeschulen, Züchter und Vermittler erbötig, wie auch Produzenten von Futtermitteln und Zubehör, Tierschützer und Tierheime, Veterinäre und Hundetherapeuten. Ihr Ziel ist die betreute Hundehaltung (und die eigene Unersetzlichkeit).

Leider ist Sachverstand nur eine von vielen Voraussetzungen für ein jeweils 10- bis 16-jähriges gedeihliches Zusammenleben von Menschen und drolligen oder eleganten, wuseligen oder würdevollen Wesen. Grober Irrtum in der Partnerwahl zieht rasche Trennung nach sich. Auf eine gelungene Zusammenführung aber folgen die Mühen der Ebenen. Die Kosten für Futter und Tierarzt fallen weiter an, und bei einem alten Hund wird es erst richtig teuer. Über die Jahre brütet im engen häuslichen Umfeld die Tücke gegenseitiger Vereinnahmung (→**Single-Dasein**). Das Geschenk radikaler Treue ist eine schwere Bürde, zumal für vielbeschäftigte Frauchen und Herrchen. Es ist mit ausgiebiger Bewegung im Grünen zu entgelten. Sonst leidet der Hund. Außer Dankbarkeit verströmt er noch anderes, nämlich, wie die Katze (→**Katzenhaltung**), reine Gegenwart. »Ich sehe den Hund als jemanden, der meditiert«, sagt Richard Gere (→**Glücksstreben**). Masochisten mit gefülltem Terminkalender verschmähen dieses Angebot der Gelassenheit. Für die stumme Anklage im Hundeblick rächen sie sich mit Verwöhnung oder Grausamkeit. Aber diese Untreue gegenüber dem Schwächeren erzeugt böses Blut. Unter dem Joch der von Mensch zu Mensch gierig weitergereichten Zeitnot nährt sie bei den Pflichtvergessenen einen hartnäckigen Selbsthass.

Interkulturelle Kompetenz

Von Weltreisenden jeder Art wird heute erwartet, mit Angehörigen anderer Kulturkreise situationsgerecht umgehen zu können, das heißt, die Erwartungen und Reaktionen der anderen ähnlich gut vorhersehen zu können wie die der Angehörigen des eigenen Kulturkreises. Wer interkulturelle Kompetenz erwerben will, muss Einfühlungsvermögen, Aufgeschlossenheit für Fremdes und die Bereitschaft zum Sprachenlernen haben und in der Lage sein, ständig die Wahrnehmungsperspektive zu ändern: die eigenen Sicht- und Verhaltensweisen mit den Augen der anderen zu sehen, ohne sie zu verleugnen, eigene und fremde Vor-Urteile in ihrer Kulturabhängigkeit zu erkennen und zunächst einmal schlicht hinzunehmen (Ambiguitätstoleranz). Er muss es zugleich ertragen, dass dem eigenen Verständnis gewisse Grenzen gesetzt sind. Respekt vor anderen bedeutet auch, das Bedürfnis nach spannungsloser Nähe zu zügeln.

Der Erwerb von interkultureller Kompetenz birgt aber gewisse Risiken in sich. Im großen Feld der Globalisierungspädagogik ist interkulturelle Kompetenz heute ein Wachstumsmarkt. Wenn sich Workshops und Hochschulstudiengänge mit der Feststellung präsentieren, sie sei eine Schlüsselkompetenz für wirtschaftlichen und politischen Erfolg in der entgrenzten Welt, sollte man dies in erster Linie als Teilnehmerwerbung verstehen. Nach Asien und Afrika delegierten Managern (*expatriates*) und Entwicklungshelfern wird die rasche Aneignung von Kennerschaft im Unbekannten versprochen, das jeweils korrekte *mind setting* und Anleitung zum perfekten Umgang mit Verhandlungspartnern, Kellnern und Polizisten und dabei insbesondere die Vermeidung von Missverständnissen und Peinlichkeiten: In China darfst du beim Essen schmatzen und rotzen, aber um Gottes willen nicht die Nase putzen. In arabischen Ländern darfst du beim Essen ein Nickerchen machen, aber keinesfalls deinen Tischnachbarn die Schuhsohlen entgegenstrecken (**→Reisen in China, →Reisen in arabischen Ländern**).

Das Erlernen von Gebrauchsanweisungen für bestimmte Länder begünstigt eine neue Art von Weltfremdheit und neue Arten von Täuschung und Selbsttäuschung. Das bereiste Land erscheint nun wie ein kompliziertes Gerät, das bei richtiger Handhabung reibungslos arbeitet. Schon das beflissene Imitieren bestimmter Gesten und Manieren hat, sofern es nicht Gebote elementarer Höflichkeit erfüllt, etwas Betrügerisches an sich und düpiert außerdem die Erwartungen des Gegenübers. Statt des erwarteten Europäers oder Amerikaners agiert ein Mensch mit dem Anspruch auf Universalkompetenz, ein *global player,* der auf seine Herkunft nicht festgelegt werden möchte. Abgesehen davon streben die anderen heute ebenfalls nach interkultureller Kompetenz. Immer häufiger trifft der Europäer, der vor dem Spiegel japanische Verbeugungen geübt hat, auf Japaner, denen beigebracht worden ist, dass man mit Ausländern einen kräftigen Händedruck wechselt (**Reisen in Japan**).

Es hilft nichts: Man muss zunächst erkunden, wen man vor sich hat, also auf eigene Gefahr die Lage einschätzen, auch einmal riskieren, peinlich zu sein, und das interkulturelle Know-how mit transkultureller Erfahrung ergänzen. Zumindest unter Geschäftsleuten, Korrespondenten und Repräsentanten jeder Art hat sich längst ein weltweit gültiger Verhaltenskodex sowie eine gemeinsame rituelle Floskelsprache entwickelt. Dass wir immer mehr Fremden begegnen, die ihre eigene Globalkompetenz unter Beweis stellen wollen, darf aber wiederum nicht dazu verleiten, uns in Asien und Übersee wie zu Hause aufzuführen.

Interkulturelle Souveränität erfordert es schließlich auch zu ahnen, in welcher Umgebung man unweigerlich fremd bleibt und sein Anderssein notfalls zu offenbaren hat. Konfrontiert beispielsweise mit einer Alltagskultur der Hexerei und Hexenverfolgung, wie sie in bestimmten Regionen Afrikas (→**Reisen in Schwarzafrika**) und der Karibik floriert, verwandelt sich jeder westliche Kommunikationsexperte in einen skeptischen Ignoranten und potenziellen Aufklärer – es sei denn, er konvertiert. Die unvermeidliche Beschränktheit der interkulturellen Kompetenz beruht nicht zuletzt darauf, dass wir auch für uns selbst nicht völlig kompetent sind. Asiaten und Afrikaner nehmen an westlichen Universalisten Eigenschaften wahr, die diesen unbekannt sind.

Internet-Recherche

Der Einsatz von Suchmaschinen spart Zeit, sehr viel Zeit bei Fragen, auf die es nur richtige und falsche Antworten gibt: »Fahrplan – Wien – Dresden«. Suchmaschinen stöbern auch erfolgreich im Arsenal unanfechtbarer Forschung, etwa auf Kommandos wie: »Türken – Uiguren – Verwandtschaft«.

Versuche ich jedoch, umstrittene Themen mit einfachen Schlagworten zu *googeln* (»Kapitalanlage«, »Scheidung«, »Coaching«, »Homöopathie«), öffnen sich jeweils auf den ersten zehn, zwanzig Seiten Spielräume der Desinformation und Einflussnahme, besetzt von den einschlägigen Branchen. Diese kontrollieren nach erfolgreicher Suchmaschinenoptimierung das Urteil über ihre Dienstleistungen selbst. Oft schlägt sich ihr Marketing auch bei *Wikipe-*

dia nieder. Die den Suchmaschinen inhärente Filtertechnik hebt das meist für wichtig Erachtete weiter hervor, schiebt somit das meist Vernachlässigte noch weiter in den Schatten. Die Relevanzspirale der Werbewirtschaft zerquirlt meine Informationsabsicht und mit ihr die Zeitersparnis (→**Ratgeber, medizinische**).

Versuche ich nun, das Problem in zwei oder drei Suchbegriffe zu quetschen (»Kapitalanlage – Beratung – Risiko«), gerate ich in das zweite Recherche-Dilemma, die Unübersichtlichkeit, eingeschränkt nur durch das auch hier maßgebliche *Page Ranking*. Das aufgereihte Durcheinander entspricht durchaus der Sachlage, müsste mir also willkommen sein. Doch ich erwarte ja von der Recherche zuallererst, dass sie meine diffuse Problemauffassung präzisiert. Bei *Google* und Konsorten, den Kontext-Lieferanten *eyePlorer* eingeschlossen, verschwimmt nun vollends das Ermittlungsziel. Ich werde konfus – der Normalzustand bei der Netzrecherche. Zwanghaft, jeden Zeitplan preisgebend, unterscheide ich nur noch das irgendwie Wichtige vom irgendwie Unwichtigen.

Und nachdem die Suche willkürlich abgebrochen worden ist, resultiert meist ein Verlegenheitsstandpunkt, der zwischen den gängigsten Meinungen ausgleichen will. In der Ära chronischer Zeitnot begünstigt die Vielfalt der Websites einen hohen Grad an Konformität bei deren Auswertung (→**Forschen**). Aus einem Universum atemberaubenden Wissens wird Informationsschrott.

Wie unter ihm hervorkriechen? Ich darf das Gesetz der Recherche nicht bei *Google* selbst erlernen, sondern muss es mitbringen und einhalten. Zunächst gilt es in Büchern und archiviertem Material zu blättern, Eintrittsthesen zu revidieren, erneut geneigten Hauptes zu lesen und Befremdliches einzubeziehen (auch rasch aus dem Netz Geholtes) und schließlich der Maschine die genaue Richtung vorzugeben. Ich weiß dann schon, was auf mich lauert und behauptet, ich wüsste noch gar nichts. Falls sich aber Überraschendes einstellt, würde ich es offline, ausgedruckt, in der Sphäre des Vertrauens, prüfen. Der Suchende benötigt vor allem Vertrauen zu sich selbst, zu seinen teuer erworbenen Scheuklappen. Je näher ich der Antwort bin, desto ergiebiger ist die Internet-Recherche. Beim Einschätzen, Bewerten und Entscheiden nutze ich das Internet nur als *ergänzende* Fundgrube. Sonst würde ich im zufällig Angeschwemmten wühlen – eine schöne Sache, vorausgesetzt, ich habe unendlich viel Zeit.

Jobhopping ...

... verringert die Abhängigkeit des Arbeitnehmers vom Arbeitgeber und verstärkt seine Abhängigkeit von einer persönlichen Erfolgsgeschichte, die bei jedem Jobwechsel aufgetischt werden muss. Wen es beispielsweise vom Architekturbüro zur Gastronomie gezogen hat, von dort zum öffentlichen Dienst und zu einer Spedition und nach einem Zwischenspiel als Versicherungsvertreter zu einer PR-Agentur, der muss beim nächsten Zwischenstopp eine Wachstumskurve nachzeichnen können. Hinauf zu immer mehr Erfahrung und Sachkenntnis und Führungsfähigkeit im Team – weswegen nun eine weitere Bewährungsprobe auf der nächsthöheren Einkommensstufe ansteht.

Gegenwärtig bedarf Jobhopping noch einer Erklärung im Bewerbungsgespräch (→**Bewerbung**): Not oder Tugend? Die Kandidaten verkörpern entweder das Bewegungsgesetz der →**Karriere** oder das der verzweifelten Stellungsuche. Der Jobwechsel sollte nicht zu häufig – höchstens dreimal in zwei Jahren – und auch nicht zu selten erfolgen und am besten im Alter von etwa 40 Jahren durch eine bilateral zufriedenstellende Daueranstellung beendet werden.

Doch dies wird immer weniger Springern gelingen. Zunehmend mehr Erfolgsgeschichten werden sich so anhören, als ob sie auch von Versagern, Querulanten oder Charakterlosen handeln könnten. Unter dieser Zweideutigkeit leiden schon heute die Mitarbeiter von Zeitarbeitsfirmen auf allen Qualifikationsstufen. Wenn jedoch die Jobwechslerkarriere erwartungsgemäß zum Normalfall wird, sinkt der Bedarf nach Rechtfertigung überhaupt.

Nimmt außerdem die demografische Entwicklung den angekündigten Verlauf, werden es in zehn Jahren die Unternehmen sein, die sich vor Stellungsuchenden als seriöse Zwischenstationen zu bewerben haben.

Joggen ...

... ist keine Sportart, sondern eine regellose Fitness-Übung wie der Besuch eines entsprechenden Studios, die Morgengymnastik oder das Bahnenschwimmen im Freibad. Zumindest gelegentlich joggen in Deutschland angeblich über 19 Millionen Menschen. Sie nehmen diese Mühe auf sich, weil sie im verschärften Wettbewerb um Erwerbschancen bestehen wollen. Joggen stählt und bezeugt das Durchhaltevermögen und ist häufig an andere Ertüchtigungsprogramme gekoppelt. Schlanke und straffe Körper halten sich für alle möglichen Aufgaben bereit (→**Fitnesstraining**).

Regelmäßig joggende Menschen gehen aber das Risiko ein, dass aus dem Ausgleichs- und Ausdauertraining ein organisierter Sportbetrieb wird. Nach dem Zweck der Übung befragt, äußern sie meist, Joggen mache insgesamt gesünder, leistungsfähiger und attraktiver (→**Anti-Aging**). Viele unterwerfen sich zeitraubender Jogging-Logistik: verbessern ihren Laufstil, konsultieren Sportärzte, ermitteln im Fachgeschäft ihre persönliche Bewegungsart und Körperstatik, das heißt, den perfekten Laufschuh, und lassen sich die relevanten Laufdaten – Tempo, Puls, Strecke – über satellitengestützte Navigationsgeräte auf die Uhr oder den Kopfhörer zuspielen. Sportliches Jogging ist auf Asphalt wie auf Waldboden mit ernsten gesundheitlichen Risiken verbunden (Arthrose, Knorpelschwund, Sehnen- und Bänderschäden, Herzrhythmusstörungen). Außerdem setzt Joggen einen Selektionsprozess in Gang. Dem Laufen treu bleiben nur solche, die schon Kondition besitzen oder rasch erlangen, somit überhaupt dazu fähig sind, laufend Gewicht zu verlieren. Die anderen »übersäuern«, überlasten die

Gelenke und machen schlapp. Binnen kurzem resignieren auch jene, die ihren Ansprüchen an das eigene Spiegelbild nicht genügen. Beim Joggen obsiegt die Unerbittlichkeit gegenüber der eigenen Statur und Schwäche (vgl. →**Coaching**).

Den Unerbittlichen kann Joggen leicht zur Sucht werden. Sie laufen widerwillig und mit entsagendem, griesgrämigem Gesichtsausdruck. Sie haben sich durchgebissen und laufen nun, um zu laufen. Die Frage nach Motiven wird dem selbstzweckhaften Kraftakt nicht gerecht. Konsequentes Joggen artet zum Leistungssport aus, zur Arbeit neben der Erwerbstätigkeit (→**Diät**).

Dann assistiert es aber nicht mehr der beruflichen Leistungsfähigkeit. Dieser zuliebe sollte das Joggen Nebensache bleiben und nicht täglich stattfinden, abgesehen davon, dass der versprochene Gewinn an Gesundheit und Lebenszeit durch Dauerlauf eine Leimrute der Jogging-Industrie ist. Auch empfehlen sich andere und angenehmere Arten des Ausdauertrainings und der Gewichtsabnahme: regelmäßiges Gehen (sofern es nicht zu Walking mutiert), die Einschränkung der Kalorienaufnahme, sämtliche Ballsportarten und häufiges Tanzen.

Karriere

In gewisser Weise befinden sich die Erwerbstätigen von heute in der Lage der früheren sowjetischen Bevölkerung, die hungernd und frierend gewaltigen Stolz über die kollektiv errungene Fähigkeit zum Weltraumflug empfand. Die faktisch und potenziell wirtschaftlich Überflüssigen, mittlerweile die große Bevölkerungsmehrheit, sind weltweit vernetzt und von Vergnügungen übersättigt, müssen aber für die Versorgung mit Energie, Luft, Wasser, Lebensmitteln, Medizin, Rente und Pflege einen wachsenden Teil ihrer Lebenszeit aufwenden. Die Erwerbstätigkeit allein kann uns nicht mehr sagen, wer wir sind und sein wollen; das entlastet von Ansprüchen, aber vergrößert die Unsicherheit. Mitten im Überlebenskampf haschen wir nach einer Idee von »Leben«, um wieder zu begreifen, wozu sich der Einsatz lohnt und welcher vonnöten ist. Daraus ergeben sich die neuen Risiken der Existenzsicherung. Für sie gibt es keine Präzedenzfälle, weder die Nöte der frühen Industriegesellschaft noch die Ängste der Opfer des Schwarzen Freitags von 1929.

Beruflicher Erfolg ist nicht mehr planbar. Strebsamkeit, Ehrgeiz, Fleiß, Loyalität und Verfügbarkeit rund um die Uhr sind löbliche Eigenschaften. Aber man sollte mit ihnen besser nicht prahlen – allein sichern sie noch keinen Punktevorsprung. In einer Wirtschaft der plötzlichen Fusionen, Insolvenzen und Sanierungspläne erwartet uns ein sprunghaftes Berufsleben. Als Hochschulabsolvent mache man sich auf mehrfachen Branchen-, Berufs- und Statuswechsel gefasst, sowie auf das Jonglieren mit Nebentätigkeiten, ergänzt durch freiberufliche Improvisation. Dazu raten erfolgreiche Laufbahnexperten (→**Karriereberatung**).

Wir haben verstanden. Haben wir? Aufstiegsaspiranten ignorieren gern die tägliche Angstmache, denn sie sehen keine Alternative zur Anreicherung des Lebenslaufs mit guten Zeugnissen, vielen Praktika, ehrenamtlicher Tätigkeit (vorzugsweise bei Amnesty International oder Greenpeace), Auslandsaufenthalten, Fitness-Nachweisen und erstklassigen Studienfächern. Sie meinen, am Ende siegten diejenigen, die sich noch weitere Glanzlichter aufstecken können. Sie wollen nicht fassen, wie vorgestrig das *recruiting* geworden ist: Ein begütertes Elternhaus garantiert schon den halben Erfolg, und für den Rest sorgen (sonstige) persönliche Verbindungen, geschicktes *networking*. Wenn jeder jeden kontaktieren kann, gibt wieder der direkte Schulterschluss den Ausschlag. Dem, der gut andockt, wird sogar eine niedrige Herkunft vergeben.

Bei Karriereberatern äußert sich die Rückkehr der Einfachheit in Elogen auf die Persönlichkeit, das Engagement und die Flexibilität. Die beruflichen Qualifikationen seien entwertet; was zähle, sei der »Mut zur Persönlichkeit«: »Mensch zu sein und Mensch zu bleiben«, sich »mit Ecken und Kanten« zu präsentieren und leidenschaftlich den eigenen Träumen zu folgen. Gesucht wird die geniale Impulsgeberin, die im richtigen Augenblick zufällig jenes Ideenpotenzial verkörpert, das die Firma rettet. Die authentische Macherin, der ungewöhnliche Quereinsteiger, der in verzweifelter Lage der Leitungsebene das Vertrauen zum Erfolg zurückbringt. Die Märkte sind verwüstet, die Karriereleitern zusammengebrochen (→**Jobhopping**). Die Wirtschaft sucht außerhalb ihrer Kreisläufe, im richtigen Leben, zu ankern. Die Bewerber jedoch haben nichts anderes getan, als ihr »Alleinstellungsmerkmal« herauszuputzen (→**Coaching**). Sie kommen von innen. Ihre Originalität ist marktorientiert.

In einem freilich irren die Personaler nicht. Im globalisierten Wettbewerb brauchen sie für ihre Unternehmen das Ungewöhnliche, den Zusatzfaktor, der nicht in Ansehung der Vermarktbarkeit gezüchtet wurde, sondern etwas vertritt, das Karrieristen ausgetrieben wird (→**Unternehmensgründung**). Sie suchen das ökonomisch Unverfügbare, Persönlichkeiten, die nicht nach Anerkennung schielen, sich vielmehr in politischen (wissenschaftlichen? religiösen? künstlerischen?) Netzwerken, online und offline, zusammengefunden und im Streit um die Sache furchtlos entwickelt haben. Die Wirtschaft sucht etwas, das sie nicht bekommt.

Im Umkehrschluss ist anzunehmen, dass nach der Entwertung von Qualifikation die Ausrichtung der Existenz auf Selbstvermarktung eine autonome Erwerbslaufbahn weniger begünstigt als das Leben »von der Hand in den Mund« (vgl. Kathrin Passig/ Sascha Lobo 2008), weniger als der Zusammenschluss Gleichgesinnter zur Änderung der Verhältnisse und zur gegenseitigen Unterstützung.

Karriereberatung

Wer heute einen Karriereberater aufsucht, geht das Risiko ein, die eigene Ratlosigkeit gegen die des Beraters einzutauschen. Die seit Ende 2008 auch Angestellte in Führungspositionen bedrohende Wirtschaftskrise zersetzt das Grundvertrauen in den Zusammenhang von Tüchtigkeit und beruflichem Aufstieg oder wenigstens der Sicherung des Arbeitsplatzes. Aber die Karriereberater (die sich von den Coachs darin unterscheiden, dass sie konkrete Hilfen für die Lösung eines bestimmten Problems geben sollen, etwa für das nächste Vorstellungsgespräch) bieten ihre Standardrezepte an, als seien diese eigens für das insolvente Prekariat geschaffen worden. Sie annoncieren »Lotsendienste in den neuen Job«, notfalls eine »berufliche Neuorientierung«. Ihr Job sei es, »die Stimmung des Klienten aufzuhellen«, denn grundsätzlich bestehe kein Grund zum Verzweifeln.

Da kommt etwa eine Hochschulabsolventin der Betriebswirtschaft zur Karriereberaterin. »Wo und wie kann ich mich aussichtsreich bewerben?«, will sie wissen. In der »Grundberatung«, die vier oder fünf Stunden umfasst, hört sie viel von ihren Stärken und Ressourcen und davon, welche Talente am Arbeitsmarkt derzeit besonders gesucht sind. »Haben Sie schon einmal überlegt, auch in einem Wohlfahrtsverband oder in einer Stiftung tätig zu sein?«, wird sie gefragt. Die Beraterin zeigt ihre erfinderische Seite. »Womit könnten Sie einen Personalchef verblüffen? Sie haben Charisma – wussten Sie das? Lassen Sie durchblicken, dass Ihnen eine gute Partnerschaft im Privatleben wichtig ist, aber der Beruf an erster Stelle steht. Besitzen Sie die nötige Durchsetzungskraft? Ich kenne da eine Trainerin ...« (→**Kommunikationstraining**).

Da kommt etwa ein frisch entlassener fünfundvierzigjähriger Teamleiter aus der Werbebranche zum Karriereberater. Unverdrossen führt der Berater das alte Kunststück vor, in der Niederlage eine große Chance zu sehen: Zunächst gelte es, das Ereignis der Entlassung neu zu bewerten. Jede Lebenskrise ermögliche einen Verantwortungsgewinn. Sie erweitere den kreativen Spielraum und biete Gelegenheit, bisher versteckte Stärken und Ressourcen zu mobilisieren, die im Trott jahrzehntelanger Routine nicht *umzusetzen* waren. Wie wäre es mit einer neuen Identität in einer umsichtig erschlossenen »persönlichen Marktlücke«? (→**Positives Denken**) Voraussetzung allerdings sei das Know-how für eine Selbstvermarktung nach neuesten Erkenntnissen. (Der Mann weiß ja gar nicht mehr, wie man sich bewirbt.) Dabei greift man schon wieder auf die Bestände zurück. »Was können Sie besonders gut? An welchen Problemlösungen waren Sie beteiligt? Wofür hat der Arbeitsmarkt Bedarf?« (Am Ende hat immer die Nachfrage größeres Gewicht als das aufpolierte Image.)

Um sich selbst zu behaupten, braucht die Beratungsbranche den Anstieg im Konjunkturbarometer, zumindest das Gerücht vom wirtschaftlichen Aufschwung. Sonst macht die Erzählung von der steilen Karriere durch das »Brechen aller Regeln« keinen Eindruck. Die Berater sind Fossilien. Dass die Erfahrungswerte aus Zeiten des Wachstums auch in Zeiten der Rezession Gültigkeit haben, nehmen ihnen die Stellungsuchenden nicht ab. Nur wenige wollen sich noch einreden lassen, über Aufstieg oder Abstieg entscheide vor allem die persönliche Einstellung (»Karriere ist das, was ich aus meinem Leben mache«). Erfolg erscheint nicht planbar, wenn nur noch in Ausnahmefällen der Markterfolg einer Firma ihren Personalbedarf erhöht. Auch unter den Hochqualifizierten und Hochentschlossenen gibt heute die plötzliche Gelegenheit den Ausschlag – warum also Zeit und Geld in die Aneignung *generell* vorteilhafter Fähigkeiten investieren? Die globale Krise entkräftet gerade die *generellen* Annahmen von der Wohlstandsplanung.

Mit dem Beginn der Wirtschaftskrise hat bei den *Consultants* Ernüchterung, ja Verzweiflung eingesetzt. Zu den vom Klientenmangel am meisten Betroffenen gehören die Karriereberater. In Zeiten wie diesen bleibt ihnen nichts anderes übrig, als sich von

Experten für Aufstiegshungrige zu Experten für Gestrandete umzuwidmen. Um jeden einzelnen Klienten wird gekämpft (→**Coaching**). Infolgedessen zielt Karriereberatung heute in erster und zweiter Linie auf die Existenzsicherung des Beraters ab. Da ihm Rezepte für ein Fortkommen in der großen Krise nicht zur Verfügung stehen, hält er sich an die Rezepte von gestern. Was zählt, ist nun erst recht die beinharte Entschlossenheit im Verdrängungswettbewerb.

Der Ratsuchende will den Druck, der auf ihm lastet, verringern. Aber die Beratung zementiert die Diktatur der Binsenweisheit im permanenten Verdrängungswettbewerb: Auf dich, dich allein kommt es an! (Gibt es nicht immer einige, die es geschafft haben?) Zu seiner Verwirrung beginnt oder endet die professionelle Beratung mit einer Neufestlegung des Beratungsgegenstands durch den Experten. Fremde Hilfe bringt ihn um seine persönliche Entscheidung und um die Sache, die zur Entscheidung steht. Der Klient erfährt, dass er eine naive Vorstellung von seinen Chancen und Risiken hatte, und definiert nun seine Ziele in den Begriffen des Experten. Zwar hat er diesen unter vielen Ratgebern selbst ausgewählt und damit eine Vorentscheidung über die Tendenz der Belehrung getroffen. Doch die Problemaufarbeitung durch einen Laufbahn-Experten führt unweigerlich von seiner Anfangsfrage hinweg. Der Ratsuchende hat seine Souveränität vergrößert, indem er sie abgetreten hat, und ein vertrautes Risiko gegen ein unwägbares getauscht. Ungleich größer als jedes berufliche Risiko ist das der Beratung selbst.

Die Pioniere des existenziellen Prekariats nannten sich zu Beginn des Jahrhunderts in anklagender Absicht »Generation Bachelor«, »Generation X« oder »Generation Bankrott« und einige Jahre später »Generation Praktikum«. Ihre Nachfolger – alle noch nicht Verrenteten und streng genommen auch diese – hoffen nicht auf die eine große wirtschaftliche Erholung und nicht auf systematisch ermittelte Marktlücken, sondern auf unabsehbare Gelegenheiten. Diese machen sie durch Herumhorchen in ihren Freundeskreisen und Seilschaften ausfindig. Vor ihnen liegt keine Laufbahn, aber sie wissen immerhin, dass der Bevölkerungsschwund in einigen Jahren die Arbeitslosigkeit beenden wird (→**Karriere**). Sie flüchten aus dem Utilitarismus des kollektiven Aufstiegshungers in die vielen, schwer durchschaubaren Utilitarismen kleiner Altersgruppen, in denen wechselseitiges Geben und Nehmen herrscht.

Solche Gruppen bieten keine Existenzgrundlage, nicht einmal belastbare Anerkennung. Die Abhängigkeit vom großen Geltungsmarkt bleibt bestehen, ebenso die Konkurrenz der Einzelkämpfer, ebenso die gewachsene Ungleichheit der Zugangschancen. Aber unter den vorübergehend Wahlverwandten beginnt ein Austausch über Erfahrungen auf der Suche nach alternativen Märkten der Kompetenzerweiterung und Wertschätzung (statt der Erwerbstätigkeit). So tritt neben den beträchtlich erweiterten *informellen Sektor* der Schattenwirtschaft und der Mikrounternehmen mit nischenartigen Service-Angeboten eine *informelle Selbstvermarktung*, welche die individuellen Stärken und Schwächen anders als nach den Kriterien des Kontostands und des öffentlichen Prestiges zuspricht. Nicht alle Suchweisen und Funde werden kompatibel sein; schon heute beobachten wir einen Krieg der Erfahrungsweisen unter urbanen Überlebenskünstlern.

Wir werden erst neue Erfahrungen machen, dann kurzfristig planen. Für professionelle Karriereberatung bleibt, genau betrachtet, keine Zeit und kein Sujet mehr übrig. Aber selbstverständlich können wir uns weiterhin beraten lassen, am besten auf die einzig sinnvolle Weise, nämlich untereinander.

Katzenhaltung

Wer mit Katzen zusammenlebt – im Regelfall in der eigenen Wohnung –, geht für 10 bis 20 Jahre weitreichende Verpflichtungen ein. Der menschliche Mitbewohner muss seine Lebensgewohnheiten den Bedürfnissen der Katze anpassen, viel Zeit zum Füttern, Streicheln, Pflegen und Spielen aufbringen, Kratzspuren an Sofas, Sesseln und Wänden, den Verlust zerbrechlicher Gegenstände und den Gestank von Urin und Auswurf ertragen und den Anspruch auf den Alleinbesitz der Wohnung aufgeben. Die schleichenden Wohngenossen wählen ihre Schlaf- und Spielplätze selbst und verabscheuen geschlossene Türen. Weil sie hauptsächlich aufs Territorium (und weniger auf bestimmte Personen) fixiert sind, sollten im Interesse ihrer seelischen Ausgeglichenheit Umzüge und Fahrten auf ein Mindestmaß beschränkt werden. Der katzentaugliche Mensch bewahrt seine Schutzbefohlenen mit steter Aufmerksamkeit vor Vergiftungen, tödlichen Stürzen und Erstickungstod und sorgt für Kletterbaum, Kratzbrett und Spielzeug. Zugleich bietet er sich selbst als Turngerät an.

Wenn er seine Pflichten vernachlässigt, seine eigenwillige Freundin gar aus niederen Beweggründen auf der Straße oder im Tierheim aussetzt, wird er fortan von der Ahnung belastet, ein Tierquäler zu sein, und nimmt Schaden an seiner Seele. Er ist, wie Michel Foucault gesagt hat, »selbst nicht mehr wert als eine Katze«, vielmehr ein Verräter, der vermutlich auch Menschen verrät. In Vereinen und im Internet gibt die der Katze geschuldete Fürsorge Anlass zu endlosen Debatten über die Vor- und Nachteile von Freilauf, Kastration, Miterziehung der Jungen und Rohfleischfütterung.

Warum nur nehmen so viele Menschen diese Bürden auf sich? Im Erfahrungsaustausch erscheint Katzenhaltung wie eine beliebige Bewährungsprobe für den tierpflegerischen Sachverstand. In Bilderbüchern und Foren hingegen werden die Tiere als »Kuschelsamtpfötchen« und »Stubentiger« zum Kinderersatz verniedlicht.

Worüber sich Experten und Besitzer ausschweigen: Der moderne Mensch ist dem wirtschaftlich nutzlosen Katzentier erotisch verfallen. Ihn faszinieren die Geschmeidigkeit des Wesens mit 250 Knochen und 500 beweglichen Muskeln, die absichtslose Anmut (→**Nichtstun**), die schnurrende Unabhängigkeit, der ebenso zärtliche wie herablassende Eigensinn, der in unbestimmte Fernen gerichtete Blick, die seidenweiche Wehrhaftigkeit und der geduldige Killerinstinkt. Mit allen Mitteln werben und konkurrieren die Mitglieder der Menschenfamilie um die Gunst der anderen Säugetierart, in begründeter Sorge, dass die verwöhnte Mitbewohnerin bei passender Gelegenheit das Weite suchen oder ein anderes Heim bevorzugen könnte (→**Seitensprung**) – oder plötzlich tödlich erkrankt. Gegenüber seiner Katze trägt der Mensch das Risiko des Liebenden.

Zur Risikoabwägung – Gewinn gegen Gefahr – kommt es nicht. Das Risiko, das der Liebende eingeht, wohnt der Anziehung inne, die vom geliebten Wesen ausgeht. Für die Liebe und die Gefahr des Liebesverlusts gibt es kein messbares Äquivalent. Unermesslich ist unser Gewinn, die Schwerelosigkeit, bei der Berührung mit einem fremden Leben in eigenen Bahnen (→**Hundehaltung**). Sie befreit uns bisweilen von der Vergleichsrechnung, der unser Leben verpfändet ist.

Kinderlosigkeit

Niemand bezieht seine Lebenschancen auf das, was ich ihm hinterlasse. Niemandem gönne ich es, meinen Tod einzuplanen. Die einzige Generation, gegen die ich mich abgrenze, stirbt aus. Immer noch bin ich im Kommen und arbeite daran, mich selbst zu überdauern. Ohne Jugend geht es auch. Zukunft habe ich selbst. Ich pflanze mein eigenes Leben fort mit sechzig und siebzig Jahren und vielleicht über achtzig und neunzig Jahre hinaus. Niemand verdankt mir seine Existenz außer die eigene Reproduktion. Ihr allein gilt meine Fürsorgepflicht. Ich mache weiter. Wer denn sonst?

Kindertagesstätten ...

... gelten als eltern- und kinderfreundliche Einrichtungen schlechthin. Da sie die Vereinbarkeit von Beruf und Familie gewährleisten sollen, erkennen Linke und Linksliberale in ihnen einen Beitrag zum sozialen Ausgleich, Feministinnen einen Fortschritt auf dem Weg zur Gleichstellung der Geschlechter und Konservative ein Bekenntnis der Politik zur Familie – wenn es nur genug Ganztagesplätze in Krippen und Kindergärten gibt. Der gemeinsame Nenner aller kopfstarken Gesinnungen scheint das Menschenrecht auf Erwerbstätigkeit zu sein (→**Karriere**). Zu deren Vorbereitung bringen Fachkräfte im Auftrag beschäftigter Eltern den Vorschulkindern und schon den Kleinkindern bei, dass und wie man »sozial« und »kommunikativ«, »unabhängig« und »selbstbewusst« zu sein hat.

Einer der Nebenwidersprüche des globalisierten Wettbewerbs ist es, dass unsere Wirtschaft den Geburtenrückgang zugleich fördert und bekämpft. Einerseits braucht sie Menschen, die nicht von Kindern abgelenkt werden, andererseits steigende Nachfrage bei sinkenden Arbeitskosten. Um diesem Widerspruch zu entkommen, macht sie auch Hausfrauen die Erwerbstätigkeit schmackhaft, insbesondere Teilzeit- und Niedriglohnjobs, mit denen der Lohndruck auf die Vollerwerbstätigen erhöht werden kann. Unisono mit allen großen Parteien und Verbänden fordert die Wirtschaft eine Vervielfachung der *Kita*-Plätze, damit endlich alle Frauen jobben können.

Frauenrechtlerinnen, Grüne, Linke und Konservative verwechseln den Ausbau des *Kita*-Angebots gern mit der Durchsetzung ihrer eigenen Forderungen. Wie dieser Ausbau den Kindern bekommt, ist dabei offenbar Nebensache. Eine gefällige Wissenschaft, die auch weiterhin mit Forschungsaufträgen bedacht werden möchte (→**Forschen**), liefert prompt entwarnende Befunde.

Die eigene Selbstwertschätzung an den beruflichen Erfolg zu

knüpfen, ist *eine* Sache, ihm auch die eigenen Kinder unterzuordnen, jedoch eine andere. Wer sogar kleine Kinder bis zu drei Jahren (nahezu) ganztägig betreuen lässt, sollte sich wenigstens die möglichen Folgen früher Trennungserfahrungen vor Augen führen. Eltern riskieren dann zu erkennen, dass die herrschenden Verhältnisse eine →**Mutterschaft** oder →**Vaterschaft** leicht zur Behinderung werden lassen. Sie überlegen dann vielleicht, wie man sich widersetzen könnte. Wer hingegen gar nicht erst nachfragt, riskiert lediglich, ein unwissender Diener der pädagogischen und erwerbsmäßigen Kollektivierung zu sein.

Klatschen

Die Lust am Lästern über gerade nicht anwesende Personen soll uns vergällt werden. Zunächst tauft man die genüssliche Boshaftigkeit in Funktionalität um: Klatschend handeln wir unsere Gruppennormen aus, festigen den Zusammenhalt und bewältigen unser Duckmäusertum. Außerdem erhalten wir angeblich 70 Prozent der firmeninternen Informationen per Flurfunk. So lautet die Botschaft aus der wissenschaftlichen Vogelperspektive. Alles hat seinen guten Zweck (→**Lügen**).

Dennoch riskiere ich als Klatschbase die soziale Ächtung, wenn meine Nachrede dem Opfer ruchbar wird. Jede Klatschrunde ist eine kleine Verschwörung, genießt den Schauder des Verrats. Die zum Schweigen Beschworenen müssen – das ist die Klatschregel – ihr Geheimwissen weitergeben. Gewiss tratschen sie dabei auch über mich. Dafür räche ich mich an ihnen beim nächsten Gespräch mit gemeinsamen Bekannten.

Diesen gruppendynamischen Sumpf versucht man durch Anleitung zur offenen Aussprache hinwegzurationalisieren. »Warum sagst du es mir nicht selbst, wenn du nicht feige bist?« Die therapeutisch angeleitete Inquisition bläst zum Angriff auf die Klatschkultur (→**Psychotherapie**). Wenn wir es schon nicht lassen können, soll der Klatsch wenigstens von trüber Einmischungslust und Schadenfreude gereinigt sein. »Richtig dosiert«, so meint man, rücke er das Ansehen der Klatschobjekte ins Menschliche, ohne es zu beschädigen.

Aber der Klatsch quillt aus dem Unaussprechlichen zwischen uns (→**Rechtsstreit**). Dem wird nun der Kampf angesagt. Die Böswilligkeit, die der Gehirnwäsche nachfolgt, ist reines, resistentes Gift. Vernünfteln wir nicht alles zurecht, dann ertragen wir es, verschieden, das heißt unstimmig und doppelbödig, zu sein.

Klonen

Bei den meisten geklonten, durch Zellkerntransplantation erzeugten Tieren (Schafen, Katzen, Mäusen u. a.) treten früher oder später schwere Fehlbildungen und Defekte auf: Herz- und Kreislaufstörungen, Leberschäden, Arthritis, Riesenwuchs, Wucherungen der Gebärmutter, Fettleibigkeit und vieles andere. Völlig gesund sind Duplikate eines tierischen Originals niemals. Vergleichsweise am leichtesten sind Rinder zu klonen; aber auch hier sind höchstens 25 Prozent der Versuchstiere überlebensfähig. Weil das Stadium der wechselseitigen Prägung von Eizelle und Samen *während der Reifung* übersprungen wurde, bewirkt das reproduktive Klonen eine abnormale Regulierung zahlreicher Gene.

Auch die meisten Menschenklone würden voraussichtlich schwer behindert sein oder schwer erkranken. Aber nehmen wir an, die Quote solcher »Fehlschläge« ließe sich bis zu einem geringen Prozentsatz verringern. Dann bevölkern in Zukunft vielleicht Millionen von eineiigen Zwillingen die Städte. Sie bemühen sich herauszufinden, ob sie das Ebenbild der Mutter oder des Vaters oder eines aushäusigen Musterexemplars sind. Das zerrüttet jede Familie. Zugleich unterlaufen die jungen Klone die Auseinandersetzung zwischen Kindern und Eltern (→**Mutterschaft**, →**Vaterschaft**) und setzen damit das Gesetz der sozialen Evolution – Varianz und Rekombination – außer Kraft. Ohne Anpassung an das Neue gibt es keine Zukunft (Matthias Horx). Epidemien breiten sich rasend schnell aus, weil immer mehr Menschen am gleichen Immunsystem partizipieren. Bei der Aufklärung von Verbrechen und Versicherungsbetrug verzweifeln die Detektive, und dem Heirats- und Liebesschwindel sind Tür und Tor geöffnet.

Jede künstliche Produktion eines menschlichen Embryos steht in der Nachfolge der legendären Schöpfer von »Frankenstein«, des »Golem« und anderer Homunculi (→**Genmanipulation**). Wird ein Klon in eine Gebärmutter gepflanzt, entsteht der Keim eines potenziell überlebensfähigen Menschen. Ein willkürlicher, höchst unwahrscheinlicher Prozess wird in Gang gesetzt. Das Endresultat darf sich zwar gewollt fühlen, ist aber nicht die Frucht eines einzigartigen Begegnungs-, Paarungs- und Zeugungsschicksals. Papst Johannes Paul II. hat unter diesem Gesichtspunkt dem Menschenklon jegliches Menschenrecht abgesprochen; Hollywood hingegen warnte bereits in mehreren Filmen vor Diskriminierung. Es ist nicht ausgeschlossen, dass Personenkopien schon unter uns leben. Menschenklone verdanken sich sowohl der Fortpflanzungstechnik als auch einem Körperzellenspender (→**Fortpflanzungsdesign**). Auf der Suche nach einer akzeptablen Herkunft durchstreifen sie ihre Jahre.

Zur Gewinnung von Stammzellen, aus denen Gewebe und Körperteile wachsen können, bemüht man sich bereits heute um das »therapeutische Klonen« von Embryonen mittels Einfügung von Haut-Zellkernen in entkernte Eizellen. Dabei wird jedoch wie in der positiven Eugenik jeweils eine sehr große Zahl von Eizellen verbraucht. Die Erfolgsquote liegt neuerdings, nach chinesischen Versuchen, bei 5 zu 135. Für die Eizellen werden »gesunde Spenderinnen« benötigt. Als solche dienen häufig Frauen in Entwicklungsländern. Je mehr Genfehler ausgeschlossen werden sollen, desto mehr Embryos werden verbraucht. Stammzellen auf direktem Weg aus Hautzellen zu gewinnen und dabei eine Mutation zu Krebszellen zu verhindern, ist im Vergleich bislang ein sehr aufwändiges und störanfälliges Verfahren.

Eine Variante des therapeutischen Klonens ist die Verpflanzung von Genen in Säugetiere zwecks Züchtung menschlicher Ersatzzellen und Ersatzorgane – Herz, Leber, Nieren und schließlich: Gehirne –, deren spätere Transplantation vom Immunsystem des Genspenders geduldet wird. Es handelt sich hier zwar noch um Planspiele, aber über den moralischen Status transgener Schweine, Ratten und Mäuse wird bereits diskutiert: Mit wie vielen Menschengenen oder menschlichen Nervenzellen oder mit welchen überraschend in Erscheinung tretenden Hirnfunktionen erlangen sie Anspruch auf Menschenwürde? Immerhin ist es bei Stammzellforschern schon Routine, aus menschlichem Erbgut und Eizellen von Kühen und Kaninchen Misch-Embryos, *Chimären* genannt, zu erzeugen. Um Horrorszenarien zu dementieren, wird mitgeteilt, dass man keineswegs beabsichtige, Mensch-Kuh-Hybriden zu erschaffen. Spätestens nach vierzehn Tagen seien die Mischwesen zu zerstören. Auch sei es untersagt, sie in die Gebärmutter von Frauen einzupflanzen.

Aber noch gar keine Gedanken macht man sich bisher über den Hybridcharakter des Menschen, der sich aus tierischen Ersatzteilkörpern bedient. Schweinemensch, Rindermensch, Rattenmensch … Fällt die Artenbarriere zum Übermenschen hin, bröckelt sie auch hin zu den Säugetieren.

Kokain

Geschnupft, geraucht oder gespritzt bahnt Kokain den Weg in den flüchtigen Himmel und die bleibende Hölle purer Selbstbespiegelung. Die Ego-Droge zaubert die Gewissheit kalter Allmacht herbei. Der Gipfelstürmer genießt in praller Geistesgegenwart – und mit aufs Äußerste gereizten Geschlechtsorganen (→**Potenzmittel**) – das Vollgefühl unbändiger Schöpferkraft. Doch in ihrer Vollkommenheit bleibt diese Kraft steril. Sie möchte nicht portioniert werden, keine Kostproben von sich abgeben.

Nach dem euphorischen Sprint auf die Höhen der Alleinherrschaft schmilzt der Rausch grausam rasch dahin und hinterlässt untröstlichen Jammer. Das nimmt der zur Erfüllung gebrachte Geist übel. Er besteht auf seinem Selbstgenuss und steigert die inhalierte Dosis. Vergebens – das Potenzial ist bald ausgereizt. Doch schon nach einmaligem Konsum nistet die Sucht im zentralen Nervensystem. Bestimmte Schlüsselreize – Musikfetzen, Gerüche, Gestalten, Szenen, Überdruss – provozieren zeitlebens die Gier nach Kokain. Häufiger oder regelmäßiger Konsum bei sinkendem Lustgewinn erhöht die Abhängigkeit. Die Risiken sind bekannt; ihre Aufzählung, insbesondere die des Rauchens (von *Freebase* oder *Crack*), gleicht einer Gebetsmühle. Nahezu keine Höllenstrafe wird ausgelassen. Hier nur zehn Stichworte: Hirninfarkt, Schädigungen der Organe, Durchlöcherung der Nasenscheidewand, Atemlähmung, Störung des Abwehrsystems, Wahrnehmungswahn (der Kokser hat das Gefühl, Insekten kröchen unter seiner Haut, und zwar chronisch), stereotype abrupte Bewegungen, Eintrübung des Kurzzeitgedächtnisses, soziale Aggressivität und Isolierung, Abmagerung.

Trotzdem schniefen sie ihre Lines, die zeitlich und gehirnlich Überforderten vor dem Computer, die freien Medienmitarbeiter, Selbsterreger vor und auf der Erfolgsleiter, die Aspiranten und oben Angekommenen in Showbiz und Wirtschaft, sowohl auf Partys als auch im Beruf. Einmal oder wenigstens alle paar Wochen einmal wollen sie die volle Ernte einbringen. Das nach Bestätigung süchtige Ich will eine Stunde lang seine Potenziale voll auskosten (→**Extremsportarten**). Sonst gibt es ja kein Innehalten. Endlich ungehemmte Selbstbetrachtung, konzentrierter Triumph, Ankunft in der Glorie. Wem dieser Augenblick die Lebensstrecke aufwiegt, der nehme Kokain. Und spreche es im Kokser-Forum aus: »Du bist halt im 500prozentigen Zustand geistiger Kräfte. Topfit, ultraselbstbewusst. GOTT.«

Der Lebensrest ist Schinderei. Die meist sehr umsichtigen, sozial integrierten und finanziell gutgestellten Abonnenten von *Schnee* und *Crack* büßen den Augenblick, um ihn selbstbeherrscht wiederholen zu können, auf giftspezifische Weise ab: mit Pausieren und Aufschieben, nahezu übermenschlicher Disziplin, gleichsam lebenslangem einsamem Rauschentzug. Wie den Alkoholikern und sonstigen Drogensüchtigen entgehen ihnen die seligen Räusche, die sich drogenfrei einstellen. Sie verspielen die Chance auf Selbstvergessenheit, indem sie die komplizierten Regeln von *Safer Sniffing* einhalten, den eigenen Leichtsinn zügeln, niedrig dosieren, Unfällen vorbeugen, täglich den Kampf gegen das Verlangen führen, den Stoff vor sich selbst (etwa bei der Freundin) verstecken, einen Konsumplan erstellen, das Koksfest umständlich vorbereiten (den Tag freihalten, Besucher abwimmeln, für frische Luft, Wasser, gesundes Essen und Schlaffähigkeit sorgen, Alkohol meiden und Gegenindikationen beachten). Notfalls verlagern sie befristet ihre Sucht auf eine andere. Und schützen sich intelligent vor gierigen und kranken Dealern und deren schlecht gestrecktem Koks.

Die Sehnsucht nach dem Gift, der Rausch ebenso wie die Logistik der Beschaffung und Dosierung, enthüllt sich als die Sucht nach schrankenloser Selbstverfügung (→**Designerdrogen**). Enthemmung und Selbstkontrolle verschmelzen. Das Hauptrisiko der Kokser übertrifft alle gesundheitlichen Risiken. Ihr Himmel findet in der Hölle statt.

Kommunikationstraining (Rhetorikschulung)

Für das, was zwischen kontaktgeschulten Menschen vorgeht, hat ein Systemtheoretiker in den achtziger Jahren den Begriff »Spiegelsturm« vorgeschlagen. Eine treffsichere Wortschöpfung. (Leider ist mir der Name des Autors entfallen.) Ein *Account Executive Manager* bei *Siemens* beispielsweise fühlt sich nach unzähligen Verhandlungsrunden und vielen öffentlichen Auftritten ganz schön selbstbewusst, gerät aber mit seinem abgeklärten Gebaren (auf konziliante Weise die anderen einschüchternd) immer häufiger in den »Spiegelsturm«. Bei Gesprächen unter Auftragnehmern und -gebern fragt er sich, gemächlich Blickkontakt aufnehmend, ob die anderen nicht auch gerade jetzt ihre kommunikative Kompetenz reflektieren und sich dasselbe fragen, wenn sie ihn mustern. Wahrscheinlich waren bei den meisten Kollegen ebenfalls jeweils schon mehrere Kommunikationstrainer am Werk. Wenn so viel selbstreflexives Aufeinander-eingehen-Können zusammentrifft, kann es dann noch um etwas anderes gehen als um die Bestätigung dieses Könnens? Eine verwirrende Situation. Der Bedarf nach Unreflektiertheit steigt, wird aber immer seltener gedeckt.

Wir begegnen im Alltag immer mehr Angehörigen von Kontaktberufen – Managern, Verkäufern, Sprechern von Unternehmen und Institutionen, Trainern, Lehrern, Therapeuten, Repräsentanten, Heil-Praktikern aller Art, Politikern und Veranstaltungsleitern und überdies den Heerscharen der Selbstdarsteller im eigenen Auftrag. Wir haben immer mehr Gelegenheiten und Pflichten zum Auftreten vor Mitarbeitern, Kunden, Journalisten, Teilnehmern, Gutachtern. Und es mehren sich die Forderungen nach Gesprächskompetenz, Redegewandtheit, Verhandlungsgeschick, optimaler Körpersprache, argumentativer Glaubwürdigkeit, Lockerheit und sympathischer, möglichst leicht angerauter Stimme.

Bei Gesprächen oder Veranstaltungen linkisch herumzuhampeln, wäre demnach eine der neuen Todsünden. Nur das nicht! Irgendeine bezahlte oder unbezahlte Art von Kommunikationstraining bzw. Rhetorikschulung ist also zumindest in Kontaktberufen unverzichtbar, mittlerweile auch fast unvermeidlich (→**Sprechen vor Publikum**). Insofern erwächst das erste Risiko des Kommunikationstrainings aus dessen zunehmender Verbreitung. Die Teilnehmer wollen ja einen Vorsprung vor den Nichtteilnehmern erlangen. Wenn nun aber (fast) alle im Sprechen und Überzeugen ausgebildet sind, gewinnen die Kursteilnehmer keinen Vorsprung mehr, vermeiden allenfalls das Zurückfallen. Obendrein stehen die gelernten Kommunikatoren im »Spiegelsturm«. Aktionen und Reaktionen sind nicht mehr zu unterscheiden.

Und wie immer, wenn wir lernen sollen, etwas Alltägliches,

fortwährend Ausgeführtes – Atmen, Essen, Gehen – endlich *richtig* zu tun, wird uns das zu Erlernende ausgetrieben. Wir haben uns ja schon immer auf ganz verschiedene Weise, je nach Gegenüber, »untereinander verständigt« (also, laut *Duden*, kommuniziert), aber im Kommunikationskurs trainieren wir, wie man es *besser* und *am besten* tut. Es wirklich gut zu tun, bedeutet, von den tausenderlei Verständigungsweisen abzulassen und so aufzutreten, dass man *überall* und möglichst *bei allen* gut ankommt. Das Kommunizieren nach den richtigen, allseits bewährten Regeln tritt an die Stelle der persönlichen Begegnung (die, zugegeben, im Rohzustand oft genug unglücklich verläuft).

Was heißt es, richtig zu kommunizieren? Es heißt etwas ganz Spezielles, derzeit routinemäßig Nachgefragtes, nämlich anderen einen bestimmten Artikel, eine bestimmte Auffassung oder eine bestimmte Verhaltensweise zu verkaufen. Die trainierten Techniken der Kommunikation sind Überredungstechniken. »Kommunikation« ist ein Synonym für erfolgreiches Werben. Stets begehren wir die Kenntnis von Tricks und Kniffen, Regeln und Geheimnissen einer gelungenen (Selbst-)Präsentation, ob wir nun das »kleine 1 x 1 der Gesprächsführung« beherrschen, per Transaktionsanalyse und »Feedback-Techniken« die Kontrolle über andere gewinnen, das Lampenfieber verlieren, die persönliche Souveränität und das berufliche Ansehen sichern, die nonverbale Kommunikation aufrüsten oder die Körpersprache der anderen dechiffrieren wollen (→**Positives Denken**).

Wer aber einmal im Geschäftsleben zu wissen glaubt, wie es gelingt, »Menschen für sich zu gewinnen«, möchte seine Erfolgserlebnisse wahrscheinlich in keiner Lebenslage missen. Die Anbieter von Seminaren für »richtige Kommunikation« zählen in ihren Werbeanzeigen stets die Bereiche auf, in denen die »wirkungsvollen Fragetechniken«, der »souveräne Umgang mit Einwänden« und der »optimale Stimmeinsatz« fruchten, und verzichten dabei selten darauf, die Partnerschaft zu erwähnen. »Wie häufig kam es schon vor, dass Sie Ihren Partner oder Ihre Partnerin etwas gefragt haben und Ihre Partnerin / Ihr Partner hat die Frage als Angriff verstanden« (www.rhetorikseminare.com). Hören wir also gut zu, blicken wir dem Gegenüber ins Gesicht und bleiben wir »fair und freundlich«, damit das Gegenüber »sich ernst genommen fühlt«. Schließlich handelt es sich immer um »zwischenmenschliche Beziehungen« und »Konfliktregelung«, mit Kunden und Geliebten, Mitarbeitern und Parteifreunden, Konkurrenten und Kindern.

Im Gespräch möchte der Geschulte Recht behalten, sonst wäre das Ganze ja umsonst gewesen, freilich so, dass der andere sich nicht überwältigt, sondern persönlich angenommen fühlt. »Wer die Körpersprache (...) beherrscht und versteht, der lässt sich von seinen Mitmenschen nicht täuschen«, heißt es auf einer Website des Kursveranstalters *Malte Engler*. Als überlegener Körpersprachler jedoch ist er offenbar befugt, selbst zu täuschen. Über die Intimsphäre breitet sich die Diskursratio; unbegründete Regungen gelten als aufklärungsbedürftig. Beim sensiblen Aushebeln der Partnerargumente bringen männliche und weibliche Kommunikationsexperten ihr Schlagfertigkeitscoaching zur Anwendung (→**Coaching**). Sie praktizieren ihre Unangreifbarkeit. Sie müssen dafür nicht einmal Rhetorikkurse besucht haben, denn deren Didaktik ist auch in die Ratgebersendungen und Talkshows sowie in die Internet-Foren eingesickert. Häufig wird nun Verführung als eine Spielart von Marketing missverstanden. Aber hier ist das Risiko der rhetorisch und körpertechnisch Souveränen weit höher als das der Unterlegenen. Es besteht im Verlust der Privatsphäre.

Wohl dem, der weiß, wann er mit Werben und Verkaufen aufzuhören hat. Und dies nicht nur gegenüber Lebenspartnern, Kindern und Freunden. Beruflich, politisch, pädagogisch, in sämtlichen Kontaktberufen wird Glaubwürdigkeit nur dadurch gewonnen, dass die kompetenten und einfühlsamen Sprecher sich von anderen abheben. Die heute vorherrschende rhetorische Glätte erzeugt Überdruss. Im Wetteifer um Reibungslosigkeit erweckt derjenige mehr Sympathie, der bei seinem Auftritt auch Brüche und Schwächen zeigt (solange nicht die Brüchigkeit als Kunstmittel im Seminar trainiert wird und Versprecher in die freie Rede gestreut werden). Das kommt den Nichttrainierten zugute; das Lernen aus eigener Erfahrung beim Verhandeln und Vortragen ist dem Rhetorikkurs allemal vorzuziehen. Finden wir uns also mit rhetorischer Unbeholfenheit ab. Sie hat mehr Ursachen und Zwecke, als die Kommunikationstrainer sich träumen lassen.

Schon raten hellhörige Berater dazu, beim Debattieren »keinen allzu selbstbewussten Eindruck zu machen«. Rhetorisch perfektes Verhalten – wie alles Künstliche und Angelernte – provoziere Ablehnung und Aggression, warnen sie. Allerdings droht hier ein Missverständnis. Zwischen Echtem und Angelerntem wird nie präzise zu unterscheiden sein. Umkämpft sind jedoch die Grenzen der werbemäßigen Belehrung. Jeder Versuch, diese Grenzen zu leugnen oder zu verschieben und das Privatleben oder die politische Auseinandersetzung wie Seminare zu absolvieren, versandet in der Erfahrung des Unbelehrbaren. Das Wechselspiel von Sympathien und Antipathien, Anziehung und Abstoßung ist immun gegen eine geschäftsmäßige Argumentation, die *überall* durchschlagen soll.

Kommunikationstraining kommt über Autosuggestion nicht hinaus, wenn es zur Effizienz in allen Lebenslagen ermuntert. In der Erinnerung ans Gelingen und Scheitern – nichts anderes ist Lebensklugheit – verweigern wir uns der Diktatur der Kommunikation. Wir alle brechen morgens in einer Sphäre des Nicht-erst-zu-Begründenden auf und kehren wenigstens zum Wohnen, Begegnen und Schlafen in sie zurück. Ertragen wir es, mehreren unterschiedlichen, einander missverstehenden Sphären anzugehören. Bleiben wir mehrsprachig.

Kreuzfahrt

Eine oder zwei Wochen Rundumversorgung auf See, Essen und Trinken nonstop, Casino, Captain's Dinner und vor allem: tägliche Landausflüge. Der Traum und das Erwachen. Auf der klassischen Kreuzfahrt durchs Mittelmeer oder die Karibik schröpft man die älteren Herrschaften, die sich zu ihren Sehnsuchtsorten verfrachten lassen, um zu entdecken, dass es nichts zu entdecken gibt (→ **Fliegen**). An Bord herrscht die Logistik anspruchsvoller Dauerdienstleistung. Beim Versuch, dem Anspruch zu genügen, degradieren sich die Passagiere zu armen Würstchen. Das professionelle Lächeln der Stewards und Animateure duldet keinen Widerstand (vgl. David Foster Wallace 2002). Alle Wünsche werden erfüllt unter der Bedingung, dass man nichts davon hat, außer dem Bewusstsein, es sich leisten zu können (→ **Glücksstreben**).

Dagegen lassen die neuen riesigen Clubschiffe mit mehr als 5000 Betten das Drama von Erwartung und Enttäuschung hinter sich. Man besteigt sie einzig deswegen, um Spaß zu haben, nicht um alte Träume zu verwirklichen und von fremden Ländern Kostproben zu nehmen. Die schwimmenden Hotel-Komplexe mit ihren Shoppingmeilen, Prachtboulevards, Fitness-Arealen und Freizeitparks sind selbst das Reiseziel. Der Gast wohnt außerterrestrisch.

Hier werden die buchenden Singles, Paare und Familien als potenzielle Nutzer unzähliger Angebote nur mit sich selbst konfrontiert. Man hat deshalb schon vorgeschlagen, die Luxusfahrt im Überall-und-Nirgends als Chance der Selbsterfahrung zu nutzen. In einer Zufallsgemeinschaft ohne Termindruck platziert sich ein jeder dort, wo er charakterlich hingehört, in den Rummel oder ins Abseits, in der Anonymität oder der Intimität, so wie »in anderen hermetischen Gesellschaften: Gefängnissen, Klöstern, Internaten« (Zora del Buono 2007).

Nur startet das Clubschiff eben nicht in einer sozialen Nullposition, sondern in einem dichten Netzwerk aus Konsum- und Konsenspflichten und ist deswegen kaum geeignet zur Revision des Charakters. Die Passagiere zahlen reichlich für die Vorstellung, sie entkämen ihrem Alltagsleben durch die Verfügung über tausend Möglichkeiten (→ **Urlaubsparadies**). Dieser Vorstellung anzuhängen, ist selbst eine Art von Zwangsarbeit – wie eine Fahrt auf dem Riesenschiff. Um auszusteigen, müsste der Urlauber 999 Möglichkeiten fahren lassen und eine einzige wahrmachen, etwa durch eine anstrengende Reise über Land oder übers Meer zu einem Traumziel.

Lotto

Nach den Gewinnchancen zu urteilen, sind alle Glücksspiele Hasardspiele, jene eingeschlossen, die das Können der Profis belohnen (→**Pokern**). Frech flehen die Spieler um die Gunst der Götter, entweder der olympischen, die den Draufgänger schätzen (→**Sportwetten**), oder barmherziger Schicksalsverwalter.

Der niedere Glücksgott Lotto sammelt die Bitten derer, die schon lange nicht mehr begünstigt wurden. Für ein paar Euro erhält jeder Bürger die gleiche Außenseiterchance; da stört es keinen, dass nur 50 Prozent der Einsätze ausgeschüttet werden und die Chance auf einen Hauptgewinn geringer ist als das Risiko, vom Blitz getroffen zu werden. Lotto praktiziert die Gleichberechtigung der verstohlenen Träume. Ohne am Ort der Entscheidung anwesend sein zu müssen, wahren die Benachteiligten ihr Anrecht auf das Ganze. Volltreffer gleichen Gnadenakten aus heiterem Himmel.

Doch das zermürbende Wechselbad von Hoffnung und Enttäuschung erschüttert die Glaubwürdigkeit der Chancen-Demokratie. Samstags und mittwochs, mit oder ohne Super 6, Spiel 77 und GlücksSpirale, harrt man vergeblich eines Wunders. Die ständige Abfuhr kränkt insbesondere Systemspieler und Tippgemeinschaften – alle, die mit der Wahrscheinlichkeit zu handeln versuchen.

Lottospielern sei daher empfohlen, die Lotterie an den Rand des Vergessens zu schieben (→**Glücksstreben**). Man ordere zu diesem Zweck ein Lotto-Abonnement nebst Bankeinzugsermächtigung. Zur Maximierung des Gewinns im Falle des Falles tippe man antizyklisch. Man bevorzuge selten gewählte – nicht selten *gezogene* – Zahlen (40 und 41, Zahlen am Rand und Zahlenpaare) und vermeide die (Geburtstags-)Zahlen 1 bis 31 sowie alle »Strickmuster« wie Linien, Treppen und Kreuze. Dann weichen Misserfolg und Erfolg in die ihnen gebührende Ferne zurück. Die Anonymität der Teilnahme verstärkt sich, und die virtuelle Überraschung.

Lügen

Hat eine neue Ära der Gewissenserforschung begonnen? Jedenfalls schmücken sich Foren und werbefinanzierte Magazine gern mit Ethik. Wann kränkt Ehrlichkeit, wird gefragt, wann denunziert sie, vernichtet gar ein Leben? Wann ist Lügen geboten aus Taktgefühl und Barmherzigkeit, wann als Notwehr entschuldigt, als Flunkerei unerlässlich, wann aber verwerflich? Wir ersparen uns hier eine erneute Aufzählung plausibler Beispiele, denn das ethische Turnier endet stets in weltkluger Relativierung: Lüge oder Nicht-Lüge sei »Jacke wie Hose«, selten klar zu entscheiden, schließlich »logen Wörter schon immer« (Klaus Theweleit), siehe Politik. Die Wahrheits-Übung wird zur Beute der Lebensberatung. Ihr übergeordnet erscheint die Kompetenz, Konflikte zu schlichten (→ **Klatschen**). Wie alles in der Kommunikationswelt wird auch die Unterscheidung zwischen Wahr und Unwahr zur Verhandlungssache (→ **Wissenschaftsgläubigkeit**).

Vorsicht, Risiko! Lüge oder lüge nicht, du wirst beides bereuen. Aber noch mehr würdest du den Verzicht auf Unterscheidung bereuen. Davon abgesehen nimmt jede Lüge einen Kredit auf, der langfristig zu bedienen, nämlich mit anderen Konstruktionen abzugleichen ist. Wahrheit und Lüge sind Leiden an der Welt, die wir uns von keiner Sozialtechnik entwinden lassen dürfen (→ **Kommunikationstraining**). An ihnen hängt die Chance zu erkennen, was ich bin: in welchen Affären mein Leben verläuft, anders gesagt, wofür es sich verbraucht.

Mitarbeiterführung

Unter einer bewährten Führungskraft in der Wirtschaft hat man sich einen Ausbund an Charakterstärke vorzustellen. Ihren Untergebenen gegenüber wandelt sie gelassen auf dem schmalen Grat zwischen Unnahbarkeit und Anbiederung. Gegenüber der Chefetage behauptet sie sich durch erfahrungsgesättigte Hinweise zur Durchsetzbarkeit von Entscheidungen. Sie weist ihren Mitarbeitern Aufgaben zu, an denen sie wachsen können, hält keine sachdienlichen Informationen zurück und spendet ermutigende Anerkennung und Kritik. Schmeichler, Petzer und Intriganten können bei ihr nicht landen. Tagtäglich verdient sie sich neu ihre persönliche Autorität. Wie diese zu erlangen und zu bewahren sei, lehrt eine Unzahl coachender und gedruckter Ratgeber (→**Coaching**, →**Karriereberatung**).

Doch obwohl die meisten Führungslehren eine breite Erfahrungsbasis haben, sollten wir ihnen nicht mehr trauen. Sie stammen aus einer verlässlich nach Kompetenzen gegliederten Welt gesicherten bzw. erwartbaren wirtschaftlichen Wachstums auf relativ stabilen Märkten. Viele Führungskräfte verlieren heute ihre Ermessensspielräume und können kein Vertrauen geben und erhalten, weil von oben gleichsam per Notverordnung regiert wird (→**Karriere**). Dieser brachiale Führungsstil breitet sich in fast allen mittelständischen und großen Unternehmen aus.

Über die Schulter des Vorgesetzten greift das Controlling. Zudem will die oberste Leitungsebene immer häufiger direkt, etwa per Mail, die Belegschaft auf einen neuen Kurs verpflichten. Wachsender Druck zur Leistungserhöhung und Kostenminderung geht vom Renditehunger oder von den Verkaufsinteressen der Anteilseigner aus (→**Zeitmanagement**). Auch Mitarbeiter, die »Leistung bringen«, sind nicht davor gefeit, in die Scheinselbstständigkeit entlassen zu werden. Die Pflege der »Unternehmenskultur« ist in erster Linie eine PR-Maßnahme. Engagiert die Leitung Motivationstrainer, um die Eigenverantwortung der Mitarbeiter zu wecken, fühlen sich diese durch die erklärte Absicht entwürdigt. Denn »paradox ist es, zu etwas motivieren zu wollen, was freiwillig getan werden soll« (Dirk Baecker 1994). Kommt man desillusionierten Führungskräften und Mitarbeitern pädagogisch und psychologisch, verdeutlicht man ihnen, wie disponibel sie sind. Vertrauen an unsicheren Arbeitsplätzen entsteht nur durch klare Worte. Diese machen heute aber wenig Hoffnung, und ohne viel Hoffnung erübrigt sich Mitarbeiterführung.

Mobiltelefon

In ihrer reizvollen Unaufdringlichkeit sind Handys nur mit Handschmeichlern vergleichbar. Wozu sie uns verführen, beginnt aber ein symbiotischer Dauerzustand zu werden. Bei ihrem vielseitigen Gebrauch überlagern und bündeln sich verschiedenartige Risiken. Die Absicht der Kunden, ihre Nutzungszeit zu begrenzen, zersetzen die Handys mit immer neuen Lockungen.

Als vordringliches Risiko erfahren die Kunden den hohen *Kostendruck*. Der Hauptzielgruppe, den unter 30-Jährigen, werden Statussymbole und Anschlusszwänge geboten: Klingeltöne und Logos, Spiele und Musik können heruntergeladen, SMS verschickt, Konferenzschaltungen hergestellt werden. Dazu kommt das Bedürfnis nach der neuesten unverzichtbaren Technik. Und die Ausgaben steigen ….

Aus nackter finanzieller Not müssen die Tipper und Chatter irgendwann ausscheren. Den Schock beim Lesen der monatlichen Rechnung aber könnte nur eine drastische Senkung der Kosten mildern. Im Zeitalter der »mobilen Privatisierung«, so wird argumentiert, sei mobiles Fernsprechen und -schreiben eine unverzichtbare Kontaktebene. Die müsse zu Niedrigstpreisen zugänglich sein.

Eine fatale Logik, denn sie klammert das Gesamtrisiko des Daueranschlusses aus, die Verwandlung von Kunden in Vollzeit-Terminals. Bedenkt man es, erscheint der Kostendruck eher als Notbremse. Wenigstens noch die Furcht vor der monatlichen Abrechnung zwingt die Gebannten dazu, den Blick aus dem Sprechtunnel oder vom Miniatur-Bildschirm loszureißen.

Unfreiwillige Passivraucher haben die Sympathie der Gesetzgeber, unfreiwillige *Mithörer* nicht. Mobile Telefonie vereinnahmt den öffentlichen Raum. Immer noch irritiert es Passanten, wenn sie zwischen monologisierenden Laut-Sprechern hindurchschreiten, immer noch belästigt es Reisende und Speisende, wenn sie plötzlich zu Ohrenzeugen privater Mitteilungen werden. Die Irritation steigert sich durch die wachsende Zahl von wandelnden *Rezitatoren*, Besitzern von *Head-Sets*. Hochaufgerichtet blicken sie in die Ferne und sagen ihre intimen Texte auf. Dabei müssen sie einen gewissen Trotz aufwenden, um den Unmut der Umgebung auszublenden. Wohl auch vor diesem Hintergrund hat bei den Jugendlichen der *Short Message Service* das Telefonieren, gemessen am Zeit- und Kostenaufwand, schon weit überflügelt.

Man solle sicherheitshalber nicht das Gerät ans Ohr pressen, sondern lieber SMS verschicken oder per *Head-Set* sprechen, empfehlen Ärzte den Personen, die über das potenzielle *Krankheitsrisiko* der Handy-Nutzung besorgt sind. Ergebnisse von Studien in mehreren Ländern lassen den Schluss zu, dass durch langjährigen und intensiven Handy-Gebrauch das Auftreten bestimmter Arten von Hirntumor und Augenkrebs geringfügig begünstigt wird, und zwar ausgerechnet auf der jeweiligen »Nutzerseite« des Kopfes. Die ausgedeuteten Werte bewegen sich im Promille-Bereich. Die medizinischen Experten wollen sich aber nicht festlegen und halten auch fehlerhafte Datenauswertung als Erklärung für Befunde »signifikanter Risiken bei intensiver Handynutzung« für möglich. Und selbstverständlich mischt im Hintergrund die Mobilfunkindustrie mit. Der vorsorgliche ärztliche Rat geht nun dahin, beim Handy-Gebrauch den Abstand zwischen Antenne und Gehirn möglichst zu vergrößern. Ein weiterer Punkt für SMS.

Als regelmäßiger Absender und Empfänger von Briefchen im *Short Message Service* aber gerät man unweigerlich unter Fortsetzungszwang. Ursprünglich war SMS als billige Zusatzfunktion gedacht. Sein unerwarteter Erfolg ist gleichsam vorbewusst eingetreten. Im Vergleich zum bewussten Sprechen und zum Schreiben von →**E-Mails** mutet die SMS-Nachricht wie eine unwillkürliche Reaktion an – unmittelbar und authentisch, eine Art von Gedankenübertragung, zur sofortigen Antwort drängend. So entstehen die speziellen Risiken von SMS. Mit zunehmender Dauer des Ping-Pongs fällt der Ausstieg immer schwerer. Die gespeicherten Botschaften werden häufig von argwöhnischen Partnern kontrolliert und gelegentlich an andere weitergereicht und wirken dann zerstörerisch. Der boomende SMS-Verkehr verhackstückt jeden Arbeits- und Lebenszusammenhang (→**Alterssicherung**). SMS ist das Überraschungs-Ei im Handy, eine »Killer-Applikation«, die den Abstand zwischen Antenne und Gehirn vergrößert, aber den zwischen *offline* und *online* verkürzt. Diesem Risiko entgeht man nicht durch Optimierung des →**Zeitmanagements.**

Als Multimedia-Maschine, angereichert durch Foto-, Radio-, Fernseh-, Spiel- und Internetfunktionen, verschmilzt das Mobiltelefon mit dem Computer und wird konsequenterweise wie dieser von *Viren und Spams* heimgesucht. Ein Vorläufer dieser Heimsuchung war der Missbrauch von Handys mit *Bluetooth*-Funktion (kabellosem Anschluss an Laptop oder Freisprecheinrichtung) durch Netz-Parasiten, Hacker, Spitzel und Verbreiter unerwünschter Werbesendungen (→**Überwachtwerden**).

Ebenfalls nahezu unbemerkt baute das Mobiltelefon die von Überlieferung und Rücksicht errichteten Barrieren der Unverfügbarkeit ab, noch effektiver, als es das alte Telefon und selbst die E-Mail vermochten. Wenn ich als verlässlicher Mitarbeiter pflichtbewusst eine Handy-Nummer hinterlasse, schulde ich Vorgesetzten, Kollegen und anderen Bezugspersonen meine *ständige Erreichbarkeit*. Schließlich verfüge ich ja über eine diskret zu füllende Mailbox. Diese nicht regelmäßig zu leeren, wäre entlarvend. Also quillt Arbeitszeit in die disponible Zeit, insbesondere in den Berufsverkehr: Im Auto wird am meisten telefoniert. Zugleich quillt Privates auf den Schreibtisch. Stets kann etwas geschehen, das ich besser nicht verpassen würde. Die Mailbox vertritt mich persönlich und nimmt auch nachts und im Urlaub meine Rückmeldung vorweg.

Als einziger Ausweg bietet sich an, meine Unerreichbarkeit zu organisieren: mittels mehrerer Handys zwischen Bevorzugten und Ferneren zu unterscheiden, die Nachrichten der weniger Nahestehenden nur alle zwei oder drei Tage zu beantworten, notfalls Zeitnot oder Abwesenheit vorzutäuschen. Die Unerreichbarkeit zu organisieren, unterwirft sie jedoch ebenfalls der Zeitökonomie. Auch wird sie dann immer wieder von Ausnahmefällen durchlöchert. Krampflösend wäre es zu wissen, in welche Lebensbahn die fragmentierte Zeit eingebettet ist (→**Multitasking**). Wenn ich Kontakt halte, weil ich nach Anschlüssen in »Echtzeit« hungere, gleichgültig, wer sich zuschaltet, bin ich – im wörtlichen Sinn – verloren.

Über das Mehrzweckding gebeugt oder es ans Ohr pressend, verharre ich fortwährend in meiner privaten Zelle. Das Mobiltelefon ist mein Alibi, nie dort zu sein, wo ich gerade bin. Ich bewege mich in einer Sphäre ohne Orte und Grenzen und ohne Weite und Nähe. Ich hause in meinem Kommunikationsnetz, so wie der Jogger, der auf dem Boulevard Dehnübungen absolviert, im Programm seiner Exerzitien. Schon heute erlaubt mir das *Head-Set*, die Arme frei hängen zu lassen, während ich mit aller Welt Kontakt halte; in Zukunft werden vielleicht Brillen und Kontaktlinsen genügen, um allgegenwärtig zu sein. Risiko? Vielleicht will ich es so? Mein persönliches und unpersönliches Handy-Risiko ist es, in der globalisierten Welt nichts Neuem und nichts anderem zu begegnen, sondern nur irgendwelchen Duzfreunden, die miteinander im Slang der Telefonie verkehren.

Multitasking

Von Zeit zu Zeit erhält die schrumpfende Gemeinde der Zeitungsleser einschüchternde Kunde von einer fußwippenden und Stummelsätze spuckenden Spezies, *homo sapiens distractus*. Die überwiegend jugendlichen Angehörigen dieser Spezies sind ständig an verschiedene elektronische Netze angeschlossen und damit offenbar für den Rest ihres Lebens bedient. Sie blicken und tippen und hören gleichzeitig Musik, die sie über Radio oder Ohrstöpsel zugespielt bekommen, summen und surfen gleichzeitig, *chatten* und und *simsen*, bearbeiten zwischendurch →**E-Mails**, sagen hin und wieder etwas ins Mobiltelefon oder ins Videospiel-Mikrofon und empfangen nebenbei das visuelle Rauschen des im Hintergrund laufenden Fernsehers. Dabei schieben sie sich ab und an einen Happen vom Snack-Teller in den Mund.

Doch auch in vielen Büros ist inzwischen wechselseitig integriertes Telefonieren, Mailen, Terminplanen und Besprechen der Normalzustand (→**Zeitmanagement**). Sogar im Straßenverkehr werden die Fahrer zu hochkonzentrierten Mehrfachleistern geschult, als säßen sie im Cockpit eines Flugzeugs. Sie fügen fortwährend aus mehreren Kontrollanzeigen ein Gesamtbild zusammen, achten gleichzeitig auf den Verkehr und sprechen häufig mit dem Beifahrer oder in die Freisprechanlage, wenn nicht gar unerlaubterweise ins Handy. Dieses hochriskante Tun wird *Multitasking* genannt.

Der Begriff stammt aus der Computersprache und bezeichnet den »Mehrprozessbetrieb«, das heißt, die Fähigkeit eines Betriebssystems, mehrere Funktionen gleichzeitig zu erfüllen. Auf den Menschen übertragen, versteht man unter *Multitasking* ebenfalls die Fähigkeit zur synchronen Bewältigung verschiedenartiger Aufgaben. Streng genommen aber ist *Multitasking* eine Täuschung. Im Betriebssystem kann ein Prozessor jeweils nur eine einzige Leistung erbringen, allenfalls blitzschnell von einer zur anderen wechseln. Psychologen haben herausgefunden, dass auch der Mensch verschiedene Aufgaben nur nacheinander und nicht synchron ausführt. Das Öffnen und Schließen von Aufmerksamkeitsfenstern nimmt jeweils mindestens drei Sekunden in Anspruch (Ernst Pöppel 2008). Ohnehin ist die Aufmerksamkeit der »Flaschenhals der sogenannten Wissensgesellschaft« (Florian Rötzer). Sie lässt sich weder ausdehnen noch vervielfältigen.

Dabei dient die Optimierung der Software demselben Ziel wie die Beschleunigung der Parallelarbeit: Ungenutzte Kapazitäten sollen nicht brachliegen. Wir streben nach Vollauslastung der Gehirne. Aus diesem Grund ist *Multitasking* seit Ende der neunziger Jahre ein großes Thema der Betriebswirtschaft und der Arbeitspsychologie sowie der Verkehrswissenschaft. Wie viele Leistungsquanten können in eine Zeiteinheit gequetscht werden? Sämtliche Experten geben der angestrengten Parallelarbeit eine schlechte Note. Wenn den Mitarbeitern zugemutet wird, »gleichzeitig« zu lesen, zu sprechen und zu schreiben, und dies in immer kürzerer Zeit, sinkt die Effektivität des Gehirns und damit die Arbeitsleistung um 20 bis 40 Prozent, abgesehen von Arbeitsausfällen und Behandlungskosten für Sodbrennen, Kopfschmerzen, Bluthochdruck und Schlafstörungen. Die Mitarbeiter leiden unter der »Hetzkrankheit« (*Hurry Sickness*), bleiben im »Entscheidungsstau« stecken und behalten fast nichts mehr im Gedächtnis. Im Straßenverkehr droht dem überlasteten Fahrer die »Aufmerksamkeitsblindheit« in Form eines Tunnelblicks, vor allem, wenn er telefoniert. Dann erhöht sich die Unfallhäufigkeit um etwa das Vierfache. Hier wie dort spart also eine serielle Bearbeitung der Aufgaben in der Reihenfolge ihrer Wichtigkeit Nervenkraft, Zeit und Geld.

Die jungen Reizabhängigen wiederum fürchten sich vor Sendepausen. Mit ihnen kündigt sich die Gattung der dauerhaft Vernetzten an. Digital zusammengeschaltet sind sich die Gehirne näher, als es die Menschen jemals waren. Es gelingt ihnen aber nicht, im Netz zu wohnen (→**Computerspiele**). Das ständige Hinein-

und Hinaustreten und das ständige *Zappen* zwischen verschiedenen Übertragungsmedien verwandeln das leidige analoge Dasein in eine Sphäre der Raserei. Drüben hängt alles zusammen; hier fällt es auseinander (→**Social Networks**). Die üblen Folgen dieses Defizits reizen die Psychologen zu überholten Diagnosen wie »Konzentrationsstörung«, »Verlust des Kurzzeitgedächtnisses« und »schizoider Denkstil«.

Warnungen vor solchen Gehirnschäden sind aber in den Wind gesprochen. Hinter der Beschleunigung des Arbeitstempos steht keine Fehleinschätzung. Es ist der abendländische Drang nach Entbindung aus den Zwängen von Zeit und Raum, der in bisher letzter Konsequenz zur Konkurrenz vieler Prozesse und Medien um die Sekunde (die »Echtzeit«) geführt hat. Daher rechnet die Zeitökonomie in immer kleineren Einheiten, daher findet immer mehr gleichzeitig statt und will die junge Generation – und nicht nur sie – immer und überall kommunizieren. Das Ergebnis ist eine hochgradige Informationsverdichtung, was nichts anderes bedeutet, als dass die immer und überall Erreichbaren den Apparaten der Erreichbarkeit ihre Aufmerksamkeit verpfänden müssen (→**Mobiltelefon**). Mittlerweile wünschen sie es auch; sonst langweilen sie sich und verschärfen das mediale *Multitasking*. Sofern sie sich dabei überfordert fühlen, suchen sie wieder nach technischen Lösungen, beispielsweise der Integration von Internet, Fernsehen und Telefonie. Dagegen erscheint der Wunsch, sich auf *eine* Sache zu konzentrieren, schon fast verdächtig (Peter Matussek), als Luxus von Schriftstellern und anderen Einzelgängern.

Da freiwilliger Verzicht nicht aus dem Zwang zum *Multitasking* befreit, sind wir alle potenziell in der gleichen Lage wie die Süchtigen. Dem zunehmenden Druck, die Angebote abzuarbeiten, entkommen wir nicht durch Verweigerung, sondern nur durch eine Aufgabe, die der Aufspaltung von Aufmerksamkeit entgegenwirkt. Welche Aufgabe könnte das sein? Jedenfalls keine Leistung nach den Kriterien der Zeitökonomie und keine Liebhaberei im heimischen Gehäuse (→**Hobbys**). Es wäre eine Aufgabe, die uns Lakaien der Effizienz langfristig in Bann schlüge, wie etwa das Aufziehen eigener Kinder oder die Arbeit in der eigenen Produktivgenossenschaft. Oder eine, die sich infolge eines überwältigenden Geschehens plötzlich aufdrängte. Vor eine solche Aufgabe stellt uns weder der Arbeitgeber noch das Schweifen im Netz. Die Aussicht, dass sie sich stellt, ist in Krisenzeiten wie diesen allerdings weit besser als in den vergangenen Jahrzehnten. Bis es so weit ist, helfen gegen ausferndes *Multitasking* immerhin die Tücke des Objekts (Gerätepannen), die psychische und physische Überforderung und der alteuropäische Überdruss.

Mutterschaft

Ist es in Ordnung, dass ich existiere? Oder wäre ich besser nie geboren worden? Eine absurde Frage. Aber so viel ist richtig an ihr, dass Mutterschaft ausgespielt hat, wenn Mütter der Forderung nachkommen, Schwangerschaft und Geburt als Folgen einer abwägenden Entscheidung zu rechtfertigen (→**Schwangerschaftsabbruch**). Oder wenn sie von Elternlobbys die Zulieferung hinreichend guter Gründe erwarten. Denn solche Abwägungen münden in eine Aufrechnung von Gewinn und Verlust, gemessen in Euro. Sämtliche Kosten und sämtliche vergebenen Aufstiegschancen eingerechnet, zahlen sich Kinder fast niemals aus. *Vorsicht!* steht unsichtbar auf den Arbeitsverträgen und Gehaltsabrechnungen. *Kinder gefährden Ihre Unabhängigkeit.*

Der allseits geforderte vernünftige Ausweg, nämlich Erwerbstätigkeit und Mutterschaft miteinander zu vereinbaren, sichert den Vorrang der Erwerbstätigkeit. Die Vernünftigkeit sagt, dass Frauen bereit seien, Kinder aufzuziehen, wenn sie deswegen nicht verzichten müssten. Nicht auf Berufsleben und Einkommen. Mutterschaft benachteilige die betroffenen Frauen, könne aber familienpolitisch tragbar gemacht werden (→**Kindertagesstätten**). Als finanzielles Risiko wird sie gefürchtet, als Liebhaberei geduldet, als Rentensicherungsprogramm sogar gefördert. Aber was bleibt dann von ihr?

Alles bleibt von einer Mutterschaft, die der Diskriminierung durch die Lebenszeitökonomie standhält. Den Müttern (und Vätern) bleibt das Außerordentliche: Verbindlichkeit. Ihnen bleiben leibhaftige Zeugen humaner Vereinigung, bleibt der Gewinn an Geduld, der Stolz über Selbsteinschränkung und Fürsorge und die Erinnerung an Glück, das sich selbst genügte. Ihnen bleibt der gleitende Gang in einer Schicksalsspur, bleibt die fantastische Vorstellung, in Kindern fortzuleben (→**Kinderlosigkeit**). Das Wagnis der Mutterschaft ist die Begründungsfreiheit.

Allerdings lauert im furchtsamen Eifer, bei der Betreuung der Kinder keinen Fehler zu machen, die Vernünftigkeit den Müttern erneut auf (→**Reisen mit Kindern**). Zeitarme Mütter scheinen ihren Anspruch auf eigenes Gespür zu verlieren. Sie geraten unter Rechtfertigungsdruck und damit unter die Aufsicht professioneller Ratgeber, d. h. weiterer Zeitnot- und Kostenproduzenten. Bändigen lässt sich die Ökonomie der Zeitknappheit nur durch Rückfälle in jenen Eigensinn, dem die Kinder ihr Leben verdanken. Im Zeitüberfluss gebadet, erfahren Kinder die Einführung von Regeln als Zuwendung und Spiel. (Übrigens heben sich aus diesem Überfluss überraschend Schneisen freier Zeit hervor.) Willfährigkeit quengelnden Kindern gegenüber schädigt diese auf Dauer. Kinder haben sich zu fügen, und sie fügen sich unwillkürlich, wenn die Eltern von Anfang an Freude an ihrer Elternschaft haben (→**Vaterschaft**).

Aber lässt sich das denn mit der mütterlichen und väterlichen Erwerbstätigkeit vereinbaren? Mit ihr vielleicht schon, nicht aber mit der totalen Bewirtschaftung des Lebens. Es lebe die Unvereinbarkeit.

Naturheilkunde …

… ergänzt die Pharma- und Apparatemedizin und lindert die Folgen der in den Universitätskliniken gelehrten Effizienzvorstellungen durch pflanzliche Wirkstoffe, die Reize der natürlichen Außenwelt, Gymnastik und Massage, Anleitung zu Atmung, Bewegung und Ruhe sowie adaptierte Verfahren chinesischer und indischer Heilkunst wie Akupunktur, Yoga und Ayurveda. Enttäuschungen riskieren die Patienten der Naturheilpraktiker vor allem durch ihre eigenen Konsumansprüche. Bei deren Erfüllung droht sich das lukrative Geschäft mit Naturheilkunde wie die Alternativmedizin insgesamt (→**Homöopathie**) in die Wunscherfüllungsbranchen →**Wellness** und →**Esoterik** einzugliedern. Als Kunden saisonal wechselnder Lebensstil-Moden erwarten die Patienten sowohl eine Kombination von Runderneuerung und Freizeitspaß als auch präzise und rasch wirkende Gegenmittel zu fast allen Krankheitsbildern.

Die Anteilseigner des Naturheilkunde-Marktes neigen zur moralischen Entrüstung, wenn getestet wird, ob ihre Angebote halten, was sie versprechen. Als die *Stiftung Warentest* im Jahr 2005 ermittelte, nur für ein Drittel von gut 50 untersuchten alternativen Diagnose- und Heilverfahren lasse sich »ein sicherer und messbarer Effekt für die Gesundheit belegen«, brach ein Proteststurm los. Plötzlich rügten die Vertreter der »sanften« Medizin wieder jenes lebensfremde Modell von punktgenauer Wirksamkeit, mit dem sie mittlerweile selbst ihre Klientel umwarben.

Doch als bloße Glaubenssache möchte die Komplementärmedizin ihre Diagnosen, Therapien und Effekte auch nicht dargestellt wissen. Sie verbreitet selbst gern Erfolgsmeldungen. In den vergangenen Jahren trumpften die Anbieter von Kuren insbesondere mit Akupunktur und Ayurveda, aber auch mit heimischen Kräuterkuren auf. Ihre Hauptzielgruppe sind Patienten mit chronischen Beschwerden und jenen Volksleiden, bei denen die Schulmedizin seit Jahrzehnten nicht recht vorankommt (Knie- und Rückenschmerzen, Rheuma und Arthrosen, Akne und Ekzemen, Diabetes und Parkinson, Herz-Kreislauf-Erkrankungen und Depressionen).

Im Bereich des Chronischen, Unheilbaren und Massenhaften aber sind überraschende Erfolge einzelner Therapien stets fragwürdig. Prompt erklären Medizinforscher die nachweislich positiven Effekte der Naturheilkunde zu besonderen Placebowirkungen (→**Homöopathie**). Für die Naturheilkunde als Branche sind solche Deutungen geschäftsschädigend. Für eine Naturheilkunde jedoch, der weniger an der einzelnen Krankheit als am Kranken und seinen Selbstheilungskräften liegt, sind Belege dafür, unabwägbare Einflüsse gefördert zu haben, durchaus ein Ruhmestitel.

Es gibt doch zu denken, dass traditionelle Heilverfahren immer eine Änderung des Lebensstils verlangen und die erwünschte Einzelwirkung in langfristige Gesamtwirkungen einbetten. Dass Akupunktur erstaunlich oft wirkt, auch wenn der Arzt nur einfach *irgendwohin* sticht. Dass für den Verlauf von Depressionen die Arztperson offenbar von größerer Bedeutung ist als der jeweilige Wirkstoff. Dass die Behandlung hartnäckiger Leiden, um erfolgreich zu sein, eine Prozedur mit rituellen Zügen und einem imposanten Medizinmann in der Hauptrolle erfordert. Und ist es nicht merkwürdig, dass fernöstliche Heilverfahren im Westen trotz aller Fragmentierungen, Umdeutungen und Missverständnisse noch das Befinden der Patienten verbessern können?

Jedoch hilft eben nur das, von dem auch Zweifler glauben dürfen, es habe schon vielen geholfen. Selbstheilungsprozesse lassen sich zwar vorschriftsmäßig einleiten, aber nicht befristen und präzise lenken, somit auch nicht für ein Gesundheits-Design vermarkten. Die Naturheilkunde repräsentiert Zugänge zu unkontrollierbaren Heil- und Schadkräften. Ob, wie, warum und in welche Richtung das Immunsystem, das vegetative Nervensystem und weitere, unerforschte Systeme naturheilkundlich angeregt werden, erschließt sich nur teilweise. Naturheilkunde verlangt daher von ihren Patienten langen Atem, ein gewisses Maß an Ergebenheit und Aufgeschlossenheit für Zusammenhänge, die überraschend sichtbar werden, etwa die zwischen Hirn und Darm. Wer sich über Wunschziele hinaus geduldet und der täglichen Tuchfühlung mit virtuellen Placebo-Kräften einen zeremoniellen Eigenwert einräumt, scheint Naturheilkunde richtig anzuwenden.

Nichtstun ...

... ist mir fremd. Sobald die Arbeit, das Zusammensein und andere nützliche Umtriebigkeit aufhören, wähne ich nichts mehr zu tun. Aber welche Sorte *Nicht* hebt nun an? Meine Verwirrung im Zustand des Müßiggangs fordert zwei Risiken heraus.

Das erste wäre es, mir einreden zu lassen, das wahre Nichtstun bedürfe professioneller Hilfe, um nicht in Faulheit auszuarten. Wenn man nicht einmal wie die Amerikaner über einen *National Do Nothing Day* verfügt, könnte man eine meditative Auszeit im Kloster oder im Schneidersitz nehmen und durch Dosen zweckfreien Nichtstuns topfit werden (→**Wellness**). Atemtechnisch erzeugte Ruhe stärkt die Entschlossenheit, alles zu erreichen (→**Positives Denken**). Wahrscheinlich macht Leere außerdem schön. Aber dadurch, dass Nichtstun vom Therapieprogramm reklamiert wird, verdirbt es.

Dem zweiten Risiko erliege ich regelmäßig, weil ich glaube, ich könnte mich ins Nichtstun – als das Unangestrengte – planlos fallen lassen. Dann zieht mich die Schwerkraft zum Ölwechsel für die nächste Schicht: Naschen, Spielen, Schlafen, Wollust. Das Entkommen reduziert sich auf Arbeitslosigkeit. Wenn ich nur einfach die Bedürfnisse abdiene, entsteht ein Vakuum, das durch Arbeit gefüllt werden will.

Mit dem Nichtstun beginnt ein anderes Leben (→**Glücksstreben**). Damit es nicht wieder nur ein Rest ist, habe ich in ihm etwas vor (→**Wanderschaft**). Ich gönne mir einen Zeitplan, je präziser, desto märchenhafter. Zu festgelegter Zeit bin ich an einem Ort, den mein Zeigefinger über dem Stadtplan ausgependelt hat, und lausche eine halbe Stunde den Geräuschen der Straße. Von 11 Uhr 15 bis 13 Uhr betrachte ich Passanten durch die Fensterfront eines Cafés. Gegen 13 Uhr 12 folge ich dem ersten Menschen, der die Straße quert. Zufallsgespräche, wehmütiger Rückblick, Abdriften, Monotonie. Tags drauf gehe ich ahnungsvoll durch eine Vorstadt, protokolliere die Strecke und gehe sie zurück.

Aber Sie folgen dieser Anregung nicht. Sie machen es ganz anders.

Parteimitgliedschaft, aktive

Politikerschelte ist ein behagliches Fernsehvergnügen. Aber wir haben die Politiker, die wir verdienen – Generalisten, die für alles und nichts kompetent sind. Kritiker der Parteiendemokratie erkennen im opportunistischen Treiben der Berufspolitiker vielfach die Hauptursache der grassierenden Politikmüdigkeit. Aber dieser Menschenschlag setzte sich bereits Ende des 19. Jahrhunderts gegen die nebenberuflich oder ehrenhalber tätigen Amtsträger durch. Im Jahr 1919 beschrieb Max Weber noch wohlwollend jene Postenjäger und Karrierebeamten, die nicht mehr hauptsächlich *für* die Politik, sondern fast vollständig *von* ihr zu leben versuchen (*Politik als Beruf*), lösten sie doch eine rein »plutokratisch« rekrutierte Führungsschicht ab.

Allerdings haben die »Stellenjägerparteien« mittlerweile den Rahmen gesprengt, der ihre Vertreter bis in die sechziger Jahre hinein zur Loyalität gegenüber bestimmten politischen Heimaten verpflichtete. Sie haben ihre weltanschaulichen und Klassen-Bindungen abgestreift. Eine parteiübergreifende *politische Klasse* kontrolliert heute alle drei Staatsgewalten und hat dem Fachbeamtentum die Führung der staatlichen und öffentlich-rechtlichen Institutionen abgejagt. Oberstes Anliegen der großen Parteien ist es, die Wettbewerbsfähigkeit des jeweiligen Wirtschaftsstandorts zu sichern (*Ökonomisierung* bzw. *Privatisierung der Politik*), erst recht *nach* dem Ausbruch der Finanz- und Wirtschaftskrise. Außerdem ist moderne Politik ein Wettbewerb der Markenpersönlichkeiten. Die Berufspolitiker entwickeln sich nicht nur zu rhetorischen, sondern auch zu theatralischen und – im Internet – zu dauerpräsenten Figuren.

Warum geht jemand heute in die Politik? Aus politischen Gründen offenbar nicht. Der Entschluss, Politiker zu werden, gleicht heute gewöhnlich keiner Berufswahl, auch keinem Wunsch, der Arbeit aus dem Weg zu gehen. Er ist ein früher, aber altersloser Lebensentwurf. Der Kandidat widmet dem Anspruch auf Dabei- und Wichtigsein (dort, wo Macht, Posten und Geld verteilt werden) seine ganze Zukunft, bevor er überhaupt weiß, was er wollen kann. Er zieht gleichsam die Protektion dem Leben vor. Um von seinem Potenzial nichts zu vergeben, wählt er sich bereits im Alter von fünfzehn bis siebzehn Jahren eine Partei als zuverlässige Aufstiegsbasis (→**Karriere**). Er verbucht erste Meriten beim Kampf um Themen, Funktionen und Mandate in einer Vorfeldorganisation (Schule, Hochschule, Parteijugend). So hält er sich als Sprecher und Mandatsträger für alle Aufgaben offen.

Die altklugen Nachwuchshoffnungen wachsen im Schmollwinkel der Jugendkultur auf. Während ihre Altersgenossen feiern, jobben und suchen, sitzen sie an vier oder fünf Abenden pro Woche ihre Termine ab, basteln an Zweckbündnissen gegen innerparteiliche Rivalen und sind ansonsten überall dort präsent, wo es sich hinsichtlich der Kandidatenaufstellung als vorteilhaft erweisen könnte. Lebenserfahrung und Reputation gewinnen sie dabei nicht. Junge ideenreiche Leute, die hier und jetzt ihr Glück machen wollen, schrecken vor den »innerparteilichen Riten« und dem Immobilismus der Funktionäre zurück (Hans Herbert von Arnim).

Auf dem Karriereweg des Politikers wächst die Abhängigkeit von der Gunst derer, die sich bereits nach vorn geschoben haben, sowie vom Wahlerfolg der eigenen Partei und vom Interesse der Medien. Den mit Leib und Seele auf Absicherung Bedachten droht stets der Absturz in die Bedeutungslosigkeit (→**Berufliches Schei-**

tern). Ihm zu entgehen und die Wiederaufstellung zu sichern, ist das Hauptziel der Mandatsträger und hauptamtlichen Mitarbeiterstäbe. Man tendiert folglich zu mehrheitsfähigen Auffassungen. Daraus resultieren »Profillosigkeit und Positionsverschwommenheit, taktische Loyalitätsschwankungen und Opportunismus, leerer Politikerjargon und Reden mit gespaltener Zunge« (Elmar Wiesendahl). Nicht zu vergessen die Bekundung von Gesinnungsfestigkeit und das Ausströmen von »Stallgeruch« im Orts-, Bezirks- und Landesverband, deren Mitglieder man als Hausmacht in Beschlag nimmt. Hauptsächlich um die Anhänglichkeit der eigenen Leute zu sichern, sind Medienauftritte für die Abgeordneten Pflicht.

So wie die Parlamentsparteien den Bürgern vormachen, dass sie gegeneinander um die Zukunft des Landes ringen, obwohl sie bei der Ausschöpfung der machtpolitischen Pfründe »in kartellförmiger Absprache« (Klaus von Beyme) miteinander verbunden sind, so täuschen die Berufspolitiker vor, Politiker zu sein. Dies ist freilich keine Charakterfrage, sondern resultiert aus der Gleichsetzung von politischer und wirtschaftlicher Entwicklung. Junge Leute sollten es nicht riskieren, um des Einflusses willen den Einflussträger – die unabsehbare eigene Person – in Sitzungsräumen zu verspielen.

»Mach mit, anstatt zu meckern!«, ermahnen die Parteispitzen uns Fernsehbürger. Zur Beatmung der Demokratie sollen wir pflichtschuldigst in irgendeine Partei eintreten. Aber die Rolle der Engagierten in den Nominierungs-Agenturen ist trostlos. Ihre Anfangsgesinnung verkommt beim Abnicken immer neuer taktischer Linien. Die verbrauchten Altparteien bringen sich gegeneinander jeweils als das kleinere Übel in Stellung. Die Grünen verinnerlichen gerade die Lehre vom Vorrang der berufsmäßigen Besitzstandswahrung, und die alt-neue Partei der Linken kämpft um die volle Anerkennung als Kartellpartei.

Benötigt werden die einfachen Mitglieder bald nicht einmal mehr zur Legitimierung der Kandidaten. Das Ende der Mitglieder- und Massenorganisationen steht kurz bevor (→**Vereinstä-**

tigkeit). Auf Mitgliedsbeiträge sind die professionalisierten Serviceparteien nicht mehr angewiesen. Schon heute lassen sie sich größtenteils staatlich finanzieren. Außerdem findet demnächst die Binnenkommunikation der Parteigliederungen überwiegend nicht mehr im Hinterzimmer, sondern im Internet statt, wo das Parteimanagement den Ton angibt (→**Bloggen**). Den Parteien bleibt ohnehin keine andere Wahl, denn ihre überalterte Mitgliedschaft schrumpft in dramatischem Ausmaß. Der Nachwuchs beschränkt sich weitgehend auf Karrieristen. Die große Mehrzahl der Jungen will ihre Freizeit nicht ausgerechnet im Ortsverband an der Kletterwand opfern.

Vom Beitritt ist bis auf Weiteres abzuraten. Das Parteibuch verbessert heute nicht einmal mehr die Chance auf kommunale Aufträge. Viele kommunale Einrichtungen wurden privatisiert, und auf den wenigen einträglichen Posten in den Vorfeldorganisationen müssen ehemalige Spitzenfunktionäre untergebracht werden (→**Alterssicherung**). Als wäre das noch nicht genug, erwirbt man sich durch den Parteieintritt auch keinen Respekt mehr. Der Ruf des Politikbetriebs ist kaum noch zu unterbieten. Tritt man bei privaten Veranstaltungen als Parteimitglied auf, sind die Leute peinlich berührt, und das Gespräch versiegt. Warum also Mitglied werden? Werden wir lieber politisch. Umso rascher werden es dann auch wieder die Berufspolitiker.

Partnersuche im Internet

Fast 50 Prozent der Singles in Deutschland fischen nach Liebespartnern über digitale Kontaktbörsen, Partnervermittlungen, Blind-Date- und →**Seitensprung**-Agenturen. Hier lernen sie, sich selbst so darzustellen, dass jeweils Dutzende, Hunderte oder Tausende anderer Teilnehmer reagieren. Mit einem oder gleich mehreren Profilen an einer oder gleich mehreren Börsen finden die meisten Kandidaten binnen eines Jahres Anschluss, binnen weniger Tage, wenn sie hübsche Fotos anhängen. Kunstfiguren fragen großräumig an, welche Männer bzw. Frauen der jeweils gesuchten Merkmalsverbindung zu ähneln glauben. Avatare flirten mit Avataren. Zwischen Avataren kommt es zu heißen Mailwechseln im Chat und Stimm-Übungen am Telefon, schließlich zur Verabredung für ein Treffen »in der realen Welt«.

In der Sphäre virtueller Kontakte erlebt der einzelne Teilnehmer seinen größten Erfolg. Nur hier kann er unbeschränkt seinen Marktwert testen und sich immer wieder als Neuling präsentieren, nachdem er seine alten Profile gelöscht hat. Hier ist sein Erfolg mit dem der Agenturen identisch. Nach jedem Realkontakt und auch während einer Realbeziehung sehnt er sich hierher zurück. Die Chance und das Risiko von Online-Dating bestehen in der digitalen Promiskuität. Behaglich auf dem Hintern im eigenen Gehäuse thronend, begegnet der Einzelne unzähligen *Leuten,* die er sonst *nie im Leben* kennengelernt hätte. Die Auswahl ist schwindelerregend groß (→**Heimvideothek**). Wer – besser *was* – ins raumzeitlose Knüpfwerk schlüpft, riskiert, ihm verhaftet zu bleiben. Die »Nutzer« profitieren von entgrenzten Suchdiensten nur als deren Personal.

Am erfolgreichsten flirten jene, die auch im nichtvirtuellen Dasein die besten Kontaktchancen haben: junge Frauen, gut Gebildete und Verdienende, Fotogene, Erfahrene und Selbstbewusste. Sie entsprechen den Börsen-Postulaten – Wandelbarkeit, vielsagende Unverbindlichkeit, *Wirtschaftlichkeit* – generell besser als die Scheuen und bescheiden Ausstaffierten.

Bei Offline-Begegnungen schrumpft die Wahlfreiheit drastisch. Seltsame Überraschungen aus einer anderen Welt erwarten die Suchenden. Es kommt dann auch zu Körperkontakten. Bereits 2007 sollen in Deutschland etwa 1 Million netzgenerierte Beziehungen länger als eine Nacht angedauert haben, unter ihnen viele glückliche.

Zwar fühlen sich auch die zufriedenen Kunden betrogen. Ihr kleines Glück ist dürftig, gemessen am Glückspotenzial (vgl. →**Pornografie im Internet**). Doch sie lieben ja gleichsam mit Netz.

Die Chance auf Revision aller Mängel durch eine weitere digitale Suche begleitet sie durch die Partnerschaft. Wenn die leibhaftigen Beziehungen (nach durchschnittlich sieben Monaten) an Unverträglichkeit scheitern, kehren fast alle Partner zum virtuellen Ausgangspunkt zurück. Manche hatten ohnehin nie aufgehört, gelegentlich die große Spielwiese zu besuchen.

Alle digital gestifteten Liebschaften haben ein Manko. Es fehlt ihnen eine Gründungsgeschichte. Es fehlt der Faktor des Ungeplanten und Unerwarteten, das die Zweisamkeit von der Wertung nach Idealmaßstäben befreit und auf das man sich in Krisenzeiten besinnt. Was bequem und schmerzlos, nach dem Rezept der Risikoverringerung, zustande kommt, ist mit Austauschbarkeit infiziert. Das Ergebnis eines Abgleichs von Merkmalen verführt nicht. Ohne Gründungsgeschichte sind die Partner dazu verdammt, sich zu fragen, ob es nicht viele andere gibt, mit denen sie im Sinne ihrer Profile noch besser zusammenpassen würden. Jeder Auswahlpartner muss befürchten, dass es der andere wieder tun wird. Nur eine Begegnung, die so erzählt werden kann, als ob sie den beiden *zugestoßen* wäre, sagt ihnen, wer sie sind. Liebe kommt absurderweise. Obwohl sie praktisch unmöglich ist.

Mit der Anklickbarkeit von Lebensalternativen erhöht sich der Wert des nicht Verfügbaren. An der Kontaktbörse wächst der Bedarf nach Einmaligkeit, möge sie auch dürftig und schäbig sein. Zeitnot drängt uns zur Börse. Wir wollen alles, und zwar sofort (→**Single-Dasein**). Aber Gleichgültigkeit lockt das Missgeschick an. Die seriell fabrizierten Partnerschaften sind dazu prädestiniert, verraten zu werden. Von einer Begegnung auf dem Boden des Vertrauens im Bekanntenkreis, unter Kollegen, von einem Gespräch in der Warteschlange, einem Blickwechsel im Krankenhaus oder in der Drehtür.

Patientenverfügung

»Was dann nach jener Stunde / sein wird, wenn dies geschah / weiß niemand, keine Kunde / kam je von da ...« (Gottfried Benn). Bis zum letzten bewussten Augenblick muss ich mit irdischer Vorahnung auskommen. Dann soll es auch bis dahin mein höchstpersönliches Sterben unter selbst gewählten Umständen sein. Mein Leben soll nicht nach medizinischem Hochleistungsstandard abgewickelt werden.

Nach jahrelangem Grundsatzstreit trat in Deutschland am 1. September 2009 ein Gesetz zur Regelung der Patientenverfügung (PV) in Kraft, das dem Selbstbestimmungsrecht größtmögliche Geltung verschafft. Aber warum wurden die Themen PV und →Sterbehilfe gerade zu Beginn des neuen Jahrhunderts politisch vordringlich? Bei steigender Lebenserwartung, deren ganzes Ausmaß noch nicht abzusehen ist, keimt der Verdacht, dass der drohende Finanzierungskollaps im Gesundheitssystem die Legalisierung eines selbstbestimmten Behandlungsabbruchs auf die Tagesordnung gesetzt hat. Wird folglich die Vorlage einer PV in Pflegeheimen, Kliniken und Kassen bald obligatorisch sein?

Gegen diese Vermutung spricht freilich ein anderer, ebenfalls ökonomischer Faktor: Der »Sterbeverlängerungsindustrie« in privaten Heimen und Kliniken ist an einem frühzeitigen Ende der Fürsorge gerade nicht gelegen.

Wie dem auch sei, eine mögliche unumkehrbare Schädigung (Organversagen, Wachkoma, Demenz) und ein langes Siechtum zwischen Apparaten und Schläuchen vor Augen, versuche ich natürlich, dem Schlimmstmöglichen rechtzeitig vorzubeugen. Leider bleibt der Versuch kümmerlich (was ihn nicht sinnlos macht). Die Selbstbestimmung *jetzt* stochert im Nebel der unsäglichen Umstände *einst*. Mit jeder Verfügung laufe ich Gefahr, das Gegenteil dessen, was ich anstrebe, heraufzubeschwören.

Für den Fall, dass ich mich im Endstadium einer unheilbaren Krankheit befinde oder mein Gehirn auf Dauer schwer geschädigt ist, bestimme ich schon jetzt: Es sollen keine lebenserhaltenden Maßnahmen durchgeführt werden, die das Ende unabsehbar hinauszögern. Ich will dann auch nicht mehr künstlich ernährt werden, sondern möglichst schmerzlos und in Würde sterben. Aber weiß ich denn, wie es sich anfühlt, bei auf- und niederflackerndem Bewusstsein zu verhungern? Ist die Lebensdauerprognose bei jeder Krebserkrankung zuverlässig? Ist das, was ich jetzt als unerträglich einschätze, auch noch dann der Ausdruck meines Willens, wenn nur der Unterschied von Sein und Nichtsein bleibt? Kann ich mir vorschreiben, was ich in Todesangst fordern und verweigern darf? Und kann ich sicher sein, dass die ärztliche Fürsorgepflicht nicht doch meine Anweisung sabotiert?

Nein, ich wünsche, dass um mein Leben bis zum Letzten gekämpft wird. Mittels künstlicher Beatmung, künstlicher Blutwäsche, Antibiotika, künstlicher Ernährung und künstlicher Flüssigkeitszufuhr. In meiner sturen Lebenshoffnung habe ich aber keine Vorstellung davon, was es heißt, »gewaltsam am Sterben gehindert zu werden« (Robert Spaemann). Künstliche Ernährung ist von Entzündungen und Schmerzen begleitet. Flüssigkeitszufuhr beseitigt nicht das – physiologisch bedingte – Durstgefühl, und Sauerstoffzufuhr verstärkt es noch. Da beim Todkranken meist schon die Nieren versagen, dringt die Flüssigkeit ins Lungengewebe und sonst wohin. Aus Angst vor dem Verdursten und Ersticken begünstige ich letztlich ebendieses.

Nein, bitte nicht. Ich verzichte auf eine PV und begnüge mich mit einer Vorsorgevollmacht für einen Angehörigen oder eine andere Vertrauensperson. Diese soll dann jeweils flexibel entscheiden. Aber weiß ich, ob der Bevollmächtigte nicht die letzte Verantwortung scheuen und mich sicherheitshalber lange leiden lassen wird? Oder der Belastung bald überdrüssig sein wird? Oder dann, wenn sich die Sache hinzieht, die Sympathie für meine Erben mit seinem Pflichtgefühl mir gegenüber verwechselt?

In der langjährigen Debatte über den Sinn und die Ausgestaltung von Patientenverfügungen mühten sich alle Teilnehmer an der Frage ab, wie der freie Wille des Patienten richtig zu deuten sei und das von ihm Verfügte vor Anfechtung, Fehldeutung und Missachtung geschützt werden könne. Dabei geschah etwas Merkwürdiges. Das Thema war ausschließlich die Selbstbestimmung (mit dem Risiko ihres Scheiterns), nicht aber die Selbstbestimmung angesichts des Todes. Der Weisheit letzter Schluss war das Prinzip der Nichteinmischung beim Sterben – so wie ja auch niemand das Recht haben soll, mir meine Lieblingsserien, meine religiöse Überzeugung, meinen Ehepartner und den Inhalt meines Testaments vorzuschreiben.

Gewiss, dieses Prinzip darf weder von Ärzten noch Gesetzgebern noch Seelsorgern angetastet werden. Doch mit dem Beharren auf ihm nehme ich noch nicht das Unabwendbare zur Kenntnis. »Jeder will heute seinen eigenen Tod sterben« (Jochen Taupitz). Doch wann beginne ich, von meinem Willen abzulassen (der am Tod zerschellt) und das Heft aus der Hand zu geben? Sterben und Tod »nicht zu verdrängen«, kann nicht bedeuten, sie in Planungssicherheit zu ertränken (→**Positives Denken**). Wenn ich das Nahen des Todes durch Rechtbehalten aufzuhalten versuche, ist mein Sterben nicht mündig, sondern ein verzweifelter Überlebenstrip, der auch die Schmerzfreiheit zur Qual macht.

Wozu meine Selbstbestimmung vor dem Tode taugt, misst sich letztendlich daran, ob sie es mir erleichtert hinzunehmen, was stärker ist als jede Zurüstung. Entweder übergebe ich mich dem Unbekannten oder ich konzentriere mich trostlos darauf, dass nichts falsch gemacht wird (→**Wissenschaftsgläubigkeit**).

Die übergeordnete Frage ist also: Welche Regelung stärkt meine Bereitschaft, mich anzuvertrauen? Das muss, wie es so schön heißt, ein jeder selbst entscheiden. Ich bitte mir etwas aus, das mich dem Zutrauen nähert. Ich erteile einem Menschen, dem ich gern vieles von mir erzähle, eine Vertrauensvollmacht, ergänzend zu einer knappen PV oder ganz ohne sie. Mit all seinen Stärken und Schwächen vertritt er mich dann, wenn ich nicht mehr einwilligen und ablehnen kann oder mag.

Pokern

In der Schwundform eines Online-Ratespiels bleibt vom Pokern nur die Schröpfung dummdreister Glücksritter durch berufsmäßige Abzocker. Die Anbieter von Pokerrunden leben vom Ausverkauf der Nostalgie. Für jedes neu geworbene Mitglied zahlen sie hundert Euro. Dann melken sie die Gier der Anfänger nach Selbstbewährung. Alle Übungskoffer, Strategiehilfen und Gebühren und die Vermeidung von Anfängerfehlern sind verlorene Liebesmüh (→**Sportwetten**). Online erhält niemand Gelegenheit, sein Pokerface zu erproben und das der Mitspieler auf unterdrückte Reaktionen hin zu mustern.

Gelegenheit dazu gibt es nur im realen Casino. Abgesehen von den Gewinnen der Champions ist hier alles Kult: die abgleitenden Blicke, die aufgesetzte Wurstigkeit, das Halbweltgetue mittels Goldketten, Rolex, Siegelring, Sonnenbrillen und teurer Handys, die Wortkargheit und das kontra-kontrafaktische Bluffen. Auch die Zuversicht der Chancenlosen ist aus Hollywood-Filmen abgeguckt, auch ihre Gefasstheit nach der Niederlage.

Im Gegensatz zu Sportbetrieb und →**Bodybuilding,** zum Eifer des →**Sammelns** und zum Börsenspiel (→**Geldanlage**) bleibt aber die Ästhetik männlichen Wagemuts beim Pokern heute so virtuell wie Las Vegas. Sie steht für nichts anderes mehr als die unendliche Annäherung an eine Pose, das Blickduell, das den Augenblick der Wahrheit ankündigt und im Showdown endet. Der Kult wiederholt zwanghaft eine Geste der amerikanischen Selbstbespiegelung. Vergebens versuchen sich europäische Mitspieler einzureden, dass sie dazugehören: »Andy checkt sein Top Paar mit mittlerem Kicker. Joe bet sein Nuts Flush Draw und 2 Overcards. Carl movte shortstacked vor dem Flop all-in …« Das Pokerritual ist längst endgültig abgespeichert. Hinausgeworfenes Geld.

Pornografie im Internet

Beim Verschlingen von Pornografie wird heute nicht mehr hastig umgeblättert, sondern vor dem Monitor in einem immensen Bilder- und Film-Arsenal fahrig nach Funden gewühlt. Nach letzter Messung haben wir Zugang zu 4,2 Millionen Internet-Pornoseiten weltweit. Nichts Menschliches, was hier nicht flugs aufzurufen wäre, außer der Zeit, Begierde zu entwickeln. Das eilige Masturbieren vor dem Bildschirm erscheint wie ein Vorwand, wie eine billige Rückversicherung, man könne beim Vorbeihasten an Millionen Vitrinen mit Appetitanregern auch etwas für sich selbst abzweigen.

Doch der schwer erkämpfte Lustgewinn bleibt kläglich hinter dem Angebot zurück. Die internierten Kunden erleben die »Antiquiertheit des Menschen« (Günther Anders) gegenüber einer sexuellen Parallelwelt, in der alle Körper gelungener sind, als wir sie im Alltag je zu Gesicht, geschweige denn zu fassen bekommen (→**Partnersuche im Internet**). In einem labyrinthischen Angebot befleißigen sich die Besucher, rasch ortskundig zu werden. Das virtuelle Panoptikum gibt ein Maß von Präsenz vor, das nun auf immer gültig sein wird (→**Multitasking**): Dies also ist der ganze, der bannende, der allgegenwärtige, der hyperauthentische Sex, leider oder glücklicherweise einer, bei dem die ausgewählten Objekte (noch) nicht zurückblicken, und unerwartet einer, der die Sexualität verabschiedet. In aseptischer Deutlichkeit, auf Tatsächlichkeit reduziert, werden die entblößten Körper auf immaterielle und selbstgenügsame Weise real. Online-Sex ersetzt Sehnsucht und Lust durch Verfügbarkeit. Die Gründe, die uns Liebe machen lassen, verschwinden in Transparenz. Hier eintreten heißt potenziell unbefristet anwesend sein. Der Grund abzuschalten muss von außen kommen (→**Computerspiele**).

Angeblich gut 80 Prozent aller Deutschen über 15 Jahre sehen Online-Pornos, und viele Millionen von ihnen, in Sonderheit männliche Studenten, können das Ausmaß ihres Konsums nicht mehr kontrollieren. Wie kommt es überhaupt, dass Internet-Pornografie von bestimmten Menschen mit Netzanschluss *nicht* aufgesucht wird? Jeweils nach kurzer Probezeit wird das Wandern durch die Pornografiewelt zum Selbstzweck. Die Intensität des Nervenkitzels beim Schauen verflacht allmählich. Abstrakte, kalte Lüsternheit setzt ein. Online-Sex ist ewiger Aufschub. Er verlangt den ganzen Mann bzw. die ganze Frau, möglichst 16 Stunden täglich. Darin besteht sein Hauptrisiko. Als Risiko lässt er sich aber nur bestimmen, indem man unter Missachtung der Netzwirklichkeit auf Außenfolgen achtet: Zeitmangel, Depressionen, Angstzustände, Stress, Schuldgefühle, soziale Isolierung, Beziehungsunfähigkeit. Offenbar sind Online-Sex und Sexualität nicht miteinander zu vereinbaren.

Es gibt keine Alternative zum Internet-Sex. Er bleibt uns erhalten. Ich kann ihn meiden, aber die anderen partizipieren, also mittelbar auch ich. Der einzige Ausweg ist, ihm etwas entgegenzusetzen, indem ich draußen erkunde, was meine Einbildungskraft entfacht.

Positives Denken

Das Angebot ist verlockend: Ich überwinde die Lähmung, die mich von Zeit zu Zeit überfällt, jage den »inneren Schweinehund« in die Flucht, schöpfe meine unbewussten Kraftpotenziale aus und habe mit gestärktem Selbstvertrauen endlich Erfolg im Beruf, in der Liebe und bei öffentlichen Auftritten. Ich ziehe mich an meinen eigenen Haaren aus dem Sumpf. Mein positives Selbstbild macht die Bahn frei.

Das wachsende Interesse an Perfektionierung und Selbststeuerung wird uns nicht von der Werbewirtschaft eingepflanzt, sondern folgt notwendig dem Verlust fast aller Gewissheiten. Wir möchten auf einnehmende, lässige Weise tüchtig und wendig werden, zugleich teamfähig und sozial kompetent (→**Designerdrogen**). Und auf dem unabschließbaren Weg dorthin sollten wir wenigstens nicht arm, krank, dick und krisenanfällig sein. Wir sind Einzelkämpfer, ob wir es wollen oder nicht. Daher fürchten wir zu versagen, und daher heuern wir Lotsen an, die uns gegen gutes Honorar eröffnen, wo es langgeht: dorthin nämlich, wo wir an allem, was geschieht, selber schuld sind. Denn dies bedeutet ja auch, dass wir alles werden können, was wir zu sein wünschen (→**Karriereberatung**).

In den Vereinigten Staaten haben die Motivationstrainer mit ihren Techniken der Selbststeuerung schon in den späten vierziger Jahren die Seelsorger und Psychoanalytiker weitgehend abgelöst. Nachkriegsklassiker waren u. a. die Bücher »Sorge dich nicht, lebe!« von Dale Carnegie, »Die Macht Ihres Unterbewusstseins« von Joseph Murphy und »Zum Gewinnen geboren« von Norman Vincent Peale. Seit den achtziger Jahren expandiert auch in Deutschland und anderen westeuropäischen Ländern das Angebot an Motivationskongressen, Persönlichkeitsseminaren und Ratgeberliteratur. Viele derjenigen, für die es zur Karriere keine Alternative gibt, lassen sich auf die Macht der Autosuggestion einschwören. »Sprenge Deine Grenzen!« – »Denke nach und werde reich!« – »Körperhaltung verbessern!« – »Begeisterung behalten!« Schon nach wenigen Stunden suggestiven Trommelfeuers geben viele Teilnehmer zu Protokoll, sie hätten sich grundlegend verändert. Radikale Aufbaukurse wie der Methodenmix des Neurolinguistischen Programmierens (NLP) wagen sich sogar an eine Neuformatierung des Gehirns im Schnelldurchgang. Diese Entwicklung erscheint folgerichtig. Wir haben die Welt instrumentalisiert und machen uns nun endlich auch die widerspenstige eigene Psyche dienstbar.

Zweifel an der Wirkung der Wundergläubigkeit werden auf dem Motivationsmarkt geradezu verteufelt, umso mehr, als es die Seminarteilnehmer ja nicht geschafft haben, sich selbst zu helfen. Das vage Bewusstsein von den Risiken des Positiven Denkens erscheint nun selbst als das größte Erfolgshindernis und wird energisch bekämpft. Über diese Risiken besteht unter distanzierten Beobachtern jedoch Einigkeit:

- Autosuggestion putscht die Überzeugung auf, beliebt und erfolgreich zu sein, untergräbt aber den Erfolg (denn sie verzerrt die Wahrnehmung). Der Praktikant des Positiven Denkens tappt in die »zirkuläre Falle«: Wenn du keinen Erfolg hast, dann liegt die Schuld bei dir selbst, weil du es offensichtlich nur halbherzig versucht hast. Am Trainer und an der Umwelt kann es nicht liegen. »Es gibt keine unverschuldete Armut«, hat Murphys deutscher Apostel Erhard Freitag verkündet. Der selbstverantwortliche Einzelne versucht gleichsam, die Welt zur Hochstrecke zu bringen. Insgeheim weiß er, wie dieser Kraftakt endet (→**Glücksstreben**).
- Die konsequente Leugnung eigener Grenzen und Schwächen leistet einem Zustand tiefer Erschöpfung und Depressionen Vorschub.
- Die Klienten der Erfolgstrainer streben nach Unabhängigkeit, aber fallen in einen frühkindlichen Zustand vollkommener Abhängigkeit (vom Trainer) zurück (→**Coaching**).
- Keine schlimmere Knechtung ist vorstellbar als der Versuch, die eigenen Gedanken und Gefühle unter Kontrolle zu bringen, oder sogar die Handlung der eigenen Träume. Der Ertüchtigte unterzieht sich selbst einer Gehirnwäsche und opfert seine Unbefangenheit einem fortschreitenden Kontrollwahn (→**Prüfung**). »Träume vom Erfolg, Tag und Nacht!«, befahl Jürgen Höller, der »Mister Motivation«, im Jahr 2001 seinen Klienten, zwei Jahre bevor er wegen Untreue, vorsätzlichen Bankrotts und eidesstattlicher Falschaussage zu drei Jahren Haft verurteilt wurde.

Aber diese Malaisen benennen noch nicht einmal das Hauptrisiko. Es besteht darin, dass die Dressur des Positiven Denkens ihren eigenen Träger, die eigensinnig scheiternde Person, schrittweise abschafft, und damit die Voraussetzung für möglichen Erfolg. Das glücksuchende Individuum verliert sich im leeren Selbst (vgl. →Glücksstreben). Es sperrt das nicht beliebig Verfügbare aus. Um sich nicht irritieren zu lassen, sucht der angelernte Karrierist weitmöglichst zu verhindern, dass etwas von »außen« eindringt, obwohl die Möglichkeit des Glücks an ein Moment des Hinzutretenden, Überwältigenden gebunden ist. Das standardisierte Selbst errichtet eine Welt aus seinem Dauerthema, der Arbeit an sich selbst. Er verliert sich in einem Gehäuse des Als-ob. Um Erfolg zu haben, tritt der Einzelne wie ein erfolgreicher Mensch auf, so, wie er glaubt, dass ein erfolgreicher Mensch sich verhalte.

Das Hauptrisiko besteht somit nicht darin, dass der Erfolg nur in der Sphäre suggerierter Selbstsicherheit stattfindet, sondern darin, dass diese Sphäre den Platz der Welt einnimmt und ihren Gefangenen nicht freigibt. Das Hauptrisiko ist das einer letzten, unüberbietbaren Verarmung. Kenntlich wird die Person erst wieder im Unglück und im Eingeständnis der eigenen, unwiderruflichen Beschränktheit. Denn das Leben ist nicht zu ertragen ohne Anerkennung des Unglücks.

Potenzmittel

Die sexuelle Potenz des Mannes gleicht in gewisser Weise ihrem äußersten Gegensatz, der Fähigkeit einzuschlafen. Sie entzieht sich dem bewussten Willen. Nur indirekt, durch Zuwendung zu reizenden Objekten und Einbildungskraft, lässt sie sich lenken, hat aber stets ihre eigenen Kaprizen. Ein Leben lang verwechseln Männer ihr Begehren mit Entschlusskraft oder tun so, als seien sie die Herren ihrer Potenz. Dabei werden sie von ihr, wie vom Schlaf, gewissermaßen übermannt. Zu erlernen sind allenfalls bestimmte Techniken, sich der aufkeimenden Erregung hinzugeben. Manneskraft ist demnach die Fähigkeit, im Liebesspiel gekonnt *abzuschalten* (was für Machos und andere Kontrollfreaks Schlimmes ahnen lässt).

Potenz ist auch ein Kulturprodukt, hat aber gleichwohl – und gerade deswegen – eine starke unpersönliche und schweifende Komponente. Frauen, die von ihren Liebhabern erwarten, ausschließlich um ihrer Persönlichkeit willen begehrt zu werden, betrügen sich selbst. In einer Zeit der Verklärung von Selbstreflexion und Selbstbestimmung sind heterosexuelle Männer gezwungen zu heucheln. Die Frauen übrigens auch.

Dem Geschlechtsverkehr wie einer Art von Leistungstest entgegenzusehen, ist zwar ein Missverständnis. Aber bestimmte Lebenslagen drängen es geradezu auf. Männer jeden Alters erliegen ihm, der Sechzehnjährige, der für voll genommen werden möchte, der Dreißig- oder Vierzigjährige bei der Premiere mit einer neuen Geliebten und der Siebzigjährige, dessen Libido und Erektionsfähigkeit lahmen. Wenn nun eine neue Generation von Potenzmitteln – gemeint sind die Hemmungshemmer Viagra, Cialis und Levitra sowie die Aminosäure Arginin (als Blutgefäßerweiterer) – die männliche Bürde zu erleichtern verspricht, ist ihre Verlockung fast unwiderstehlich (→**Anti-Aging**). Diese Mittel sollen das Begehren als Fitness dem männlichen Belieben unterstellen, auch wenn sie streng genommen keine Potenzmittel sind, da sie nur Erektionen aufbauen, die verlorene Lust aber nicht herbeizaubern können (und im Übrigen lästige und gefährliche Nebenwirkungen haben).

Es geht hier wohlgemerkt nicht um den Zustand einer erektilen Dysfunktion*, wie sie nach Operationen, durch Übergewicht, Rauchen oder andere körperliche Belastungen entstehen kann. Sie ausgenommen, schafft erst der Gang zum Urologen den Tatbestand einer behandlungsbedürftigen Impotenz. Die erektile Dys-

---

* Beispiel einer Definition: »Erektile Dysfunktion ist die vollständige oder teilweise Unfähigkeit, über einen Zeitraum von mindestens sechs Monaten eine für einen befriedigenden Geschlechtsverkehr oder andere sexuelle Aktivität ausreichende Erektion zu erreichen und aufrecht zu erhalten« (Definition des Urologen Dr. med. Alexander Eijsten, Leiter eines Schweizer »Anti Aging Zentrums«, am 01.09.2007 auf einer von Bayer Schering Pharma gesponserten Tagung).

funktion dient der Pharmaindustrie als Alibi. Die große Rendite wird mit Erektionsschaltern als Luxusdrogen erwirtschaftet. Mit ihnen droht der Intimität ihr Glück, die Unwillkürlichkeit, zu entschwinden. Der Rest ist schal. Man leistet sich Sex wie Kaviar und →**Kokain**. Wenn ältere Männer (und auch jüngere) beginnen, Potenzpillen zu schlucken, wollen sie fortan stets auf Nummer sicher gehen, weil sie sich ein weiteres Übel, das Absturz-Risiko, eingehandelt haben.

Unaufhaltsam anschwellen wird jedenfalls das Geschäft mit präzise einstellbaren Funktionshilfen für beide Geschlechter. Die Empfänger von Spam-Mails können bereits ein Lied davon singen. Bald wird man Salben und Gels anbieten, die mit stimulierenden Nanopartikeln angereichert sind und auf dem Penis eingerieben werden. Wie der Arbeitsfleiß, die Konzentrationsfähigkeit und die Seelenruhe bei öffentlichen Auftritten verwandelt sich auch die Koitusbereitschaft in eine Frage der persönlichen Gewissenhaftigkeit (→**Designerdrogen**). Wer nicht will oder kann, wenn es erwartet wird, entlarvt sich dann als nachlässig, wenn nicht als asozial. Zu den Sexualpartnern gesellt sich die Pharmakologie als ständige dritte Bettgenossin.

Es empfiehlt sich, hier nicht zu moralisieren, denn leicht ließe sich zeigen, dass es mit der sexuellen Unwillkürlichkeit schon heute nicht mehr weit her ist (→**Wechseljahre**). Doch auch der dabei unentbehrliche Zynismus befreit die Männer nicht von der Entscheidung, entweder dem Wandel des eigenen Begehrens zu trauen oder das Körper-Selbst einer losgelassenen, das heißt heute: ökonomisierten, Selbstbestimmung auszuliefern. Erst mit der Potenz auf Bestellung hält die Impotenz Einzug, nämlich der orientierungslose Zustand nach dem Abflauen des angeknipsten Blutandrangs. Nichts schlimmer, als immer wieder befristet alterslos zu werden. Der *übrige* Körper und seine geballte Intelligenz sind strikt dagegen.

Prominenz

Die Bewunderung für Prominente ist vergiftet, seitdem die Bewunderer hoffen dürfen, irgendwie selbst prominent zu werden. Fachkundig bewerten sie im Fernsehen das Schaulaufen der Stars von Pop und Politik, Kunst und Körperkult und verfolgen wenig später mit bigotter Schadenfreude den Absturz ihrer ehemaligen Favoriten.

Über den Grad der Berühmtheit entscheidet heute nur noch potenziell und mittelbar das Verdienst, die Macht oder das Vermögen, aktuell jedoch die Kunst des Reitens auf den Wellen spektakulärer Ereignisse. Zwar sind die Chancen, oben zu bleiben, in der Bevölkerung höchst ungleich verteilt. Doch je nach der Gunst des Tages finden sich bei Angehörigen aller sozialen Gruppen publicityträchtige Merkmale: Mordlust und Aufopferung (je nachdem), Darben und Prassen, Distinktion und Massengeschmack, Opfer- und Siegerstatus, Ehrbarkeit und Ruchlosigkeit, Verschwinden und Wiederkehr. Als positiver Indikator für die Selbstwertschätzung hat die Trefferzahl bei *news.google.de* größeres Gewicht als persönliche Machtfülle, etwa die des Präsidenten einer Bundes- oder Landesbehörde. Auf den »kurzfristigen Gelegenheitsmärkten« (Sighard Neckel) der Medien, des Showgeschäfts und der Internet-Plattformen gibt der richtige Auftritt den Ausschlag (→**Kommunikationstraining**). Bei einer bundesweiten Umfrage im Jahr 2004 nach den »größten Deutschen aller Zeiten« landete Daniel Küblböck, der Drittplatzierte des Vorjahres in der Casting-Show *Deutschland sucht den Superstar,* auf dem 16. Rang – deutlich vor Mozart, Friedrich II., Kant und Claus Schenk Graf von Stauffenberg.

Aber welcher Auftritt ist der richtige? Die meisten derer, die es zu Schlagzeilen und hohen Einschaltquoten brachten, verdankten den Durchbruch ihrer Fähigkeit zur provokanten Selbstdarstellung (→**Talkshows**). Der Umkehrschluss verbietet sich jedoch. Trotz tollkühner Bereitschaft zur Selbstentblößung und zum Gedemütigtwerden scheiden 99 Prozent der Bewerber(innen) bei Schönheitskonkurrenzen, *Topmodel-* und *Superstar*-Castings sowie 99 Prozent der literarischen Exhibitionisten, der Poetry Slammer, aus, bevor sie ins Scheinwerferlicht des großen Publikums oder wenigstens unter die Laterne einer einmaligen *Performance* bzw. Publikation treten können.

Selbst wenn alle Anwärter die Kunst des erfolgreichen Medienzugangs beherrschten, wäre der Erfolg – wie im →**Lotto** – schon aus statistischen Gründen nur wenigen Glücklichen beschieden. Ebenso wenig, wie sich Bestseller gezielt fabrizieren lassen, lässt sich vorhersagen, wonach die Gelegenheitsmärkte morgen und übermorgen verlangen. Erfolgreiche Methoden werden sofort millionenfach kopiert und dadurch entwertet. Je entschlossener ich zum Sprung ansetze, desto mehr Kredit an Zuversicht muss ich aufnehmen und höchstwahrscheinlich in Selbstverachtung zurückzahlen. Ich stimuliere einen Narzissmus, der zuverlässig gekränkt wird und mich zu Missgunst und Schadenfreude gegenüber denjenigen zwingt, die in den Charts jeweils vor mir – und irgendwann vielleicht hinter mir – liegen.

Das gesellschaftliche »Sozialprodukt an Beachtung« (Georg Franck) bleibt knapp. Am Wettbewerb um seine Verteilung partizipieren nun aber weitaus mehr Anwärter als in den Zeiten vor der massenhaften Fernkommunikation. Noch fataler wirkt sich aus, dass die ersehnte Beachtung nicht zugunsten eines Zieles (Glück, Lust, Nation, Revolution), sondern um ihrer selbst willen angestrebt wird. Nun lassen sich Enttäuschungen nicht mehr durch Solidarisierung unter Ähnlichen und Gleichgesinnten überwinden.

Die Kosten-Nutzen-Rechnung beim Prominenzstreben geht nicht auf. Wollen wir in Anbetracht dessen überhaupt noch weithin bekannt werden? Wohl oder übel. Nachdem uns weder Familie und Nachbarschaft noch Kollegen, Repräsentanten oder Priester und auch nicht die flüchtige Clique sagen können, was wir sind und wert sind, hat sich das von den Medien verteilte Prestige zum

Selbstwert gemausert. Wir können es nicht lassen zu achten, worauf alle anderen achten (Georg Franck 2005). Wenn wir uns inmitten der großen technischen Zusammenschaltung überhaupt noch selbst spüren wollen, müssen wir um den Anteil unserer Gesichter und Namen an der Gesamtmenge der Aufmerksamkeit kämpfen. Die weniger Beachteten sehen in schriller Auffälligkeit den letztmöglichen Katapultstart zum persönlichen Ansehen, dem Inbegriff aller Chancen.

Die Bekanntesten der Bekannten betreten weitere Risikozonen. Viele der gut Beachteten – nach oben gibt es keine Grenze, nach unten ebenso wenig – sprechen sich zu Recht bestimmte seltene Talente zu. Doch viele Hochtalentierte waren und sind nahezu unbekannt, anders gesagt, bleiben von Prominenz verschont. Die Prominenten sind Günstlinge der Beachtungswirtschaft. Sie haben daher alle Hände voll zu tun, um sich und den anderen weiszumachen, sie seien diejenigen, als die sie gelten. Ihre ständige Befürchtung ist es, beim Mogeln erwischt zu werden. Sie kennen das angestaute Ressentiment derer, die nach Skandalen gieren und ihren Platz einnehmen wollen.

Das Schlimmste aber ist – sie schaffen es nicht, über wenige Stunden hinaus, sich am Triumph zu erfreuen, auch wenn sie ausposaunen, es zu tun. Durch Überwindung von Angst und Hemmungen haben sie ihre Trophäen erworben, doch die Trophäen bedrohen sie wie der Weltmeistergürtel den Boxer, der weiß, dass er demnächst wieder antreten muss. Die Trophäen führen eine »Sonderexistenz« (Otto Fenichel); in ihnen schwelt die besiegte Angst. Um nicht tiefer als die meisten anderen zu stürzen, müssen die Berühmten sich kasteien, als wären sie noch im Handgemenge um ein bisschen Respekt und die eine, kleine Aufstiegschance. Nur so ist es zu begreifen, dass die Missachtung durch das Nobelpreiskomitee den gefeierten Poeten nicht weniger quält als das Ausbleiben einer Beförderung den Angestellten. Immer noch und immer wieder geht es ums Ganze.

Gibt es einen Ausweg aus dieser Falle, in der die mehr oder weniger und die gar nicht Prominenten gemeinsam sitzen? An Therapien zum Erlernen vernünftiger Entsagung glaube ich nicht. Es wäre schön, doch auch im bewussten Selbstwertverlust liegt nicht das Glück. Wer sich ironisch als Versager feiert, hofft auf einen Seiteneinstieg zur Prominenz. Einen möglichen Ausweg sehe ich aber in der glaubwürdigen Selbstüberlistung: Suchen Sie Ihren spezifischen Erfolgsweg, das Talent, das Sie allein oder mehr als andere oder auf ganz besondere Weise zu besitzen glauben (→**Unternehmensgründung**), und verlieren Sie sich auf ihm. Verwickeln Sie Ihre neidische Aufstiegshoffnung in Händel, die der eifernde Aspirant noch nicht absehen konnte. Büßen Sie dabei, sofern die unbekannte Welt sich einmischt, einen Teil Ihrer Selbstverfügbarkeit ein. Verlieren Sie sich an Orte, in Kämpfen und an Menschen, die sich Ihnen zugesellen.

Prostatakrebs-Früherkennung

Niemand ist gefeit vor einem grausamen Schicksal. Männer ab 45, die ihre Prostata nicht jährlich durch rektales Abtasten, Bluttest und Ultraschall – und bei unklarem Befund durch Biopsien – untersuchen lassen, gehen das Risiko ein, irgendwann an einem Karzinom, das bereits in den Knochen metastasiert, qualvoll zu sterben.

Den ärztlichen Ratgebern zu folgen, rettet uns nicht. Wer sich einem Früherkennungstest beim Urologen unterzieht, geht ein hohes Risiko ein, monate- oder jahrelang grundlos und nutzlos in Krebsangst zu leben. Alle Befunde sind letztlich unklar. Die weitaus meisten verdächtigen Werte beim Bluttest auf Prostata-spezifisches Antigen (PSA) führen zu einem Fehlalarm. Präzisere Urintests, die bald zur Verfügung stehen werden (z. B. auf das Stoffwechselprodukt Sarkosin), erlauben nur eine sichere *Späterkennung*. Biopsien spüren mit hoher Wahrscheinlichkeit Krebsherde auf; die meisten dieser Herde haben aber keinen Krankheitswert (vgl. Jörg Blech 2005 und Werner Bartens 2008). Der zermürbenden Diagnostik folgt im Regelfall die *präventive* radikale Entfernung der Prostata mit Impotenz und Inkontinenz als Nebenwirkungen bei – je nach Studie – 20 bis 75 Prozent der Patienten oder eine Strahlentherapie mit ähnlichen Risiken (wobei die Operierten dennoch vor einer Rückkehr des Karzinoms bangen müssen). Immer häufiger werden heute Prostatakarzinome entfernt, die ihren Trägern nie Beschwerden gemacht hätten.

Fazit: Altern ist für Männer – wie für Frauen – ausnahmslos hochriskant.

Auf Tagungen und Pressekonferenzen, mit obligatorischen Interviews in Tageszeitungen, Werbekampagnen und mit Hilfe gefälliger Medien sowie mit Leserbriefen geretteter Patienten und aufgebrachter Ordinarien verteidigen die organisierten Urologen und die Pharmaindustrie ihre quasi amtliche Vorsorge-Doktrin gegen renitente Wissenschaftsjournalisten und Ärzte, die sich seit Beginn des Jahrhunderts zunehmend Gehör verschaffen. Mal geben sie sich robust wie in der Münchner Broschüre »Männersache« von 2008 (»Die Männlichkeit hängt von der Prostata glücklicherweise nicht ab!«), mal rechnen sie aus, wie viele Patienten ihr Leben der Früherkennung verdanken. Man muss die Angaben nicht in Frage stellen, um zu erkennen, dass ihre Aussagekraft auf der Ausklammerung bestimmter Faktoren gründet (insbesondere des Ausmaßes von Fehldiagnosen, unnötiger Operationen und der statistischen Lebenserwartung der Probanden).

Für oder gegen die Ratio der Vorsorge-Medizin – vor diese Entscheidung wird jeder ältere Mann gestellt. Lässt er sich vom Schlimmstmöglichen leiten oder von der Wahrscheinlichkeitsrechnung, die ihm sagt, dass er voraussichtlich ungeschoren davonkommt? Nach den Ergebnissen einer großen europäischen Studie mit 162 000 Männern (die vielen Urologen als Argumentationshilfe dient) »müssten 1410 Männer auf PSA untersucht und 48 Tumorkranke behandelt werden, damit ein Todesfall durch Prostatakrebs verhindert werden kann« (Werner Bartens in *Süddeutsche Zeitung* vom 20.03.2009, S. 16).

Würde man geduldig suchen, fände man Krebszellen im Körper fast aller Menschen. Speziell der Prostatakrebs hat sich bereits eingenistet bei: 8 Prozent der Männer unter 30 Jahren, jedem dritten Mann über 50, jedem zweiten Mann in den Sechzigern und 80 Prozent der über 70-Jährigen. Doch bevor dieser Krebs krank machen würde, sterben die meisten Männer – aus anderen Gründen. Frühzeitig Operierte überleben nicht häufiger und länger als die Unbehandelten. Daher raten heute etwa die Urologen der Universität Yale beschwerdefreien Männern von Routinetests auf Prostatakrebs ab.

Aber geben wir nun der Wirklichkeit Raum. Nahezu kein Mann zieht Statistiken zurate, bevor er sich für oder gegen eine Untersuchung auf Prostatakrebs entscheidet. Wer als reifer Mann beschwerdefrei und ohne familiären Präzedenzfall seinen Unterleib sichten und testen lässt (→**Darmkrebs-Früherkennung**), wird vermutlich nicht zum ersten und nicht zum letzten Mal zur vorbeugenden Wartung seines Gesamtkörpers neigen (→**Check-up**) und wird in den Ärzten vermutlich so etwas wie die Verkörperung einer neutralen, fürsorglichen Vernunft sehen. Er will Gewissheit haben, obwohl oder gerade weil sein Körper *möglicherweise* schweigt. Wer dagegen das Früherkennungs-Angebot ausschlägt, wird vermutlich grundsätzlich den Gang zum Urologen scheuen und nicht zum ersten Mal die Inspektion seines Unterleibs durch Fachleute gemieden haben. Bei solch folgenreichem Tun und Lassen geben jahrzehntelang eingeprägte Verhaltensmuster den Ausschlag.

Die Einen unterwerfen sich einem Konzept von Vernünftigkeit, die auch den eigenen Körper auf Distanz hält und/oder ein generelles Vertrauen gegenüber der Autorität des Arztes einschließt. Die Anderen, die *Vorsorgemuffel*, wittern beim Urologen Gefahr für ein männliches Selbstbild, das sich dagegen sträubt, vollständig in Worte gefasst zu werden. Die Einen gehorchen dem vorherrschenden moralischen Imperativ, überall vorzubeugen, wo es möglich ist (→**Früherkennung, genetische**); die Anderen zögern instinktiv. Die Einen sprechen gern über ihre Entscheidung, um sich der Allgemeingültigkeit ihres Handelns zu vergewissern. Die

Anderen folgen der Ahnung, dass Gesundheit ein Zustand der Selbstvergessenheit ist (Klaus Dörner). Die Einen sind Manager ihrer selbst im Sinne der Maximierung von Lebenschancen. Die Anderen leisten passiven Widerstand, um eine Entscheidung in der gefürchteten Frage, was schlimmer sei: der Tod oder die Kastration, hinauszuzögern.

Man spricht hier oft von »Feigheit«. Aber Feigheit oder ihr Gegenteil könnte sich erst zeigen, wenn sichtbar wäre, was bei der Vorsorge mitspielt und auf dem Spiel steht. Die Verweigerer fürchten, dass eben dies nicht der Fall sei. Also schieben sie auf. Andere lassen sich regelmäßig testen. Aber ist dies eine Frage des Mutes oder aber eine des Verhältnisses zum eigenen Körper bzw. der Ergebenheit gegenüber den »Halbgöttern in Weiß«?

Für die Vorsorger und die Verweigerer jedoch bestünde das höchste Risiko darin, mit einem Lebenskalkül, von dem sie lange Zeit geleitet wurden, *ohne Not* zu brechen. Dies wäre Willkür und würde sich auf unabsehbare Weise rächen.

Prüfung

Für Menschen, die einer wichtigen Aufnahme-, Abschluss- oder Zwischenprüfung entgegensehen, sind zwei tückische Fallen aufgestellt: die Verführung zu einem Drama der Ohnmacht und die zu einem Drama der Allmacht. Häufig tappt der Kandidat in beide Fallen zugleich.

Zum einen sind ihm Tag und Stunde eines Gerichtsverfahrens über seine Person und Zukunft mitgeteilt worden. Eine fremde höhere Gewalt wird seine Fähigkeiten testen. In einem radikalen Sinn wird sie seiner Lebens- und Fortzeugungstauglichkeit ein Zeugnis ausstellen. (»Zeugnis«, »Zeugen« und »Zeuge« sind eines Stammes, und das lateinische Wort für Zeuge, *testis*, bedeutet zugleich »Hoden«. Die männlichen und weiblichen Kandidaten sollen zeigen, ob sie »Eier« haben.) Dem Prüfling wird offenbart, wer er ist. Das hohe Gericht wird ihn aufnehmen oder ausstoßen, und dagegen wird kein Einspruch möglich sein. Erfolg oder Schande. Hysterisierte Prüflinge phantasieren vom »Scheiterhaufengang«, der Hölle des Scheiterns.

In seinem ganzen Ausmaß ist dieses Ausgeliefertsein nicht zu ertragen. Daher ist die Versuchung groß, ins Drama der Ohnmacht auszuweichen. Dort werden die Qualen der Ungewissheit aufgeschoben oder verdrängt. Typische Praktiken des Aufschubs sind das Schulschwänzen, einst die Verlängerung des Studiums (bis zu vierzig Semestern oder mehr), die wiederholte Vertagung der Abschlussarbeit und -prüfung, letztendlich der Studienabbruch. Verdrängt wird in tagträumerischer Versunkenheit, in Lern- und Buchphobien, im Eskapismus der →**Computerspiele,** des »Abtanzens« und stundenlangen Telefonierens, in manischer Erfüllung von Alltagspflichten, im Alkoholismus und Drogenkonsum bis hin zum Selbstmord – da man im Voraus befürchtet, nie wieder lebenstüchtig zu sein.

Zum anderen wird dem verängstigten Prüfling eingeredet, dass alles in seiner Hand liege, weil er Herr seiner selbst sei und nichts und niemand ihm diese Verantwortung abnehmen könne. Der zugrunde liegende therapeutische Gedankengang manifestiert sich etwa folgendermaßen: Fragen Sie sich, wie stark Ihr Wunsch ist, die Angst in den Griff bekommen. Stark genug? Gut, machen Sie sich bewusst, dass Prüfungsangst die Angst vor Bewertung ist. Woher kommt diese wohl? (Wir ahnen es: aus der Kindheit ... Und wurde später auf andere, symbolische Väter und Mütter übertragen ...) Somit ist die Prüfungsangst nicht angeboren, sondern erlernt – und lässt sich folglich wieder beseitigen. Sofern Sie es wirklich wollen. Gewinnen Sie aus dieser Einsicht die Kraft zur Kontrolle Ihrer Gedanken und Vorstellungen. Dann bestehen Sie. Wenn nicht, sind Sie selbst schuld (→**Positives Denken,** →**Coaching**).

Aber deswegen, weil die Prüfungsangst hausgemacht ist, ist sie nicht unbegründet. Sie gründet auch in einer, meiner Geschichte des Unabsehbaren. Mit diesem sollte ich mich anfreunden, mich besser nicht ans Absehbare klammern. Als erfolgsgewisser Alleskönner reagiere ich verdattert auf die Zufälle und Unfälle des Tages, z. B. auf törichte Prüfungsfragen weit unterhalb meines Leistungsstandes oder auf Marotten der Prüfer.

Der Ohnmachts- und der Allmachtsfalle entgehe ich durch skeptischen Pragmatismus. Ich tue das Meine im Bewusstsein der unentrinnbaren Unsicherheit. Damit ich während des Examens weiß, dass ich es getan habe, konzentriere ich mich auf den Stoff, den zu beherrschen mir mit gewisser Wahrscheinlichkeit abverlangt wird. Ich komme geduldig seiner Eigenart auf die Spur und bewege mich in ihm. So gelange ich an weitaus mehr *Eselsbrücken*, als wenn ich zu *pauken* versuche. Den unvermeidlichen Fluchtversuchen beuge ich mit einem Minimalarbeitsplan und regelmäßigen Frage-und-Antwort-Spielen vor. Ich lerne nicht alles, dafür aber täglich. Freiwillige Überstunden sind erlaubt, im Übermaß untersagt. Ich habe den Mut zur Lücke, respektiere die Grenzen meiner Merkfähigkeit und nehme mir die Angst nicht übel.

Jede Prüfung ist der Versuch eines Tauschhandels. Ich mache der Welt ein Angebot und warte auf Antwort. In meiner Situation – dass ich überhaupt in sie geraten bin –, im Gegenstand, im Ablauf der Prüfung und in der Bewertung meines Angebots spielen viele unkontrollierbare Faktoren mit. Ich würdige sie, indem ich mein Gelingen und Scheitern als den Schlag empfange, den die launische Welt mir versetzt und der mich an einen unbekannten Ort verschlägt. Denn ich verfüge nicht vollständig über mich; eben deswegen habe ich mich der Prüfung ausgesetzt (→**Wissenschaftsgläubigkeit**). Eben deswegen habe ich keine Beruhigungsmittel geschluckt. Nicht mein faktischer Wissensstand, sondern meine Standfestigkeit in jäh wechselnder Lage wurde erprobt. Vielleicht wollte ich versagen, ohne es zu wissen – dann wird sich zeigen, wohin mich das führt. Vielleicht ist mir der Erfolg geradezu in den Schoß gefallen, so dass ich auf die nächste Bewährungsprobe warten muss. Ich versuche, den Erfolg zu ertragen. Ich nehme ihn nicht allzu persönlich und träume nicht von der Missgunst und Revanche der Gewalten, die meinen Absturz wollen.

Psychotherapie

Unwirksamkeit – Im goldenen Zeitalter der Psychoanalyse, als begüterte Neurotiker vor einem unnahbaren Fragesteller frei assoziierten, wäre die Frage nach Kosten und Nutzen derselben grob ungebührlich gewesen. Der Weg der Kur war unabsehbar. Es galt, geduldig zu erkunden, was und warum verdrängt worden war. Auf der Couch rang der Patient um Selbsterkenntnis. Aus dieser mochte bei günstigem Verlauf so etwas wie Heilung reifen. Aber schon in den dreißiger und vierziger Jahren verkam in den Vereinigten Staaten die Psychoanalyse in Gestalt schmalspuriger Therapieangebote laut Theodor W. Adorno »zu einem Stück Hygiene«. Ihre Reparaturen an »Störungen« reichten nicht »in die Hölle hinab, in der die Deformationen geprägt werden, die später als Fröhlichkeit, Aufgeschlossenheit, Umgänglichkeit, als gelungene Einpassung ins Unvermeidliche und als unvergrübelt praktischer Sinn zutage kommen« (Theodor W. Adorno: Minima Moralia).

Worin besteht nun das größere Risiko für den von unbewussten Konflikten in seiner »quicken Lebendigkeit« Gestörten: im Versagen der Psychotherapie oder in ihrer Wirksamkeit? In Westeuropa tauchte die Wirkungsfrage in den siebziger Jahren erst lange nach der Proklamation neuer Glücksansprüche auf: Die aus kulturellen Bindungen Befreiten stellten erbost fest, dass sie immer noch daran gehindert wurden, unverzüglich Erfüllung zu finden. Es galt also, seelischen Ballast abzuwerfen, wobei nicht nur Angst-, Sexual-, Ess-, Schlaf- und depressive Störungen zu überwinden waren, sondern auch die ungeahnten Leiden der satten Gesellschaft: *Frust* und *Stress* ohne Ende, Selbstwertschwächen, Kontaktarmut, Beziehungsstörungen, Sinnleere, Anerkennungsdefizite und Körpervergessenheit oder einfach ein schmerzlicher Mangel an Selbsterfahrung. Das Angebot an Sofort- und Langzeittherapien explodierte geradezu. Ende der siebziger Jahre stieß der neue Markt erstmals an seine Grenzen. Tausende von Diplompsychologen und selbsternannten Heilern sowie die Zentren spiritueller Meister wurden von Auslastungs- und Nachwuchssorgen geplagt; die approbierten Therapeuten hingegen hatten lange Wartelisten. Inmitten der expandierenden selbsttragenden Psychokultur rumorte unversehens das Finanzierungsproblem. *Hilft es denn überhaupt?* Diese Frage beherrschte plötzlich die Ratgeberseiten der Wochen- und Stadtmagazine.

Soweit es die Analytische Psychotherapie und die tiefenpsychologisch fundierte Psychotherapie betrifft, lautet die Antwort auch heute noch: Wir wissen es nicht. Zumindest die Effizienz der Psychoanalyse entzieht sich jeder systematischen Prüfung. Analytiker behandeln praktisch nur noch Gläubige. Rigorose Kritiker wie Martin L. Gross (1978), Joel Kovel (1984), Klaus Grawe (1994) und Rolf Degen (2000) stellten die Psychotherapie als doktrinäre »Irrlehre aus der Frühzeit der Industrialisierung« an den Pranger und entlarvten »Erfolge« als Spontanheilungen und Placebo-Effekte, nicht einmal heranreichend an die Erfolge spontaner Laien-Helfer im jeweiligen Freundeskreis. Überdies wurden lange Listen von Diagnosefehlern, schädlichen Nebenwirkungen und »Verschlechterungen« publiziert.

Wird eine Behandlung erfolglos abgebrochen, ist es unter Therapeuten der Brauch, den Patienten die Schuld zuzuweisen, sie als »Therapieversager«, »Demotivierte«, »Interaktionsneurotiker« oder – in Gruppentherapien – als »Borderline«-Fälle zu brandmarken. Doch auf Befragen bekunden meist etwa die Hälfte aller ehemaligen Psychotherapie-Patienten, sie stünden nun besser da als zuvor – *nur* die Hälfte. Wenig, bedenkt man, wie stark die »Beistandseffekte« in beichtähnlichen Verhältnissen gewöhnlich sind und welche Verwüstungen das Eingeständnis eines Scheiterns im Selbstwertgefühl und in der Lebensbilanz der Patienten anrichtet.

Seitdem 1999 das deutsche Psychotherapeutengesetz in Kraft getreten ist, steht die tiefenpsychologische Behandlung von Kassenpatienten durch ärztliche und Psychologische Psychotherapeuten unter dem Gebot des Effektivitätsnachweises und der Sparsamkeit. Für die Gesamtkosten wurde eine Obergrenze festgelegt. Unter den zugelassenen Heilern tobt infolgedessen ein stiller Verdrängungswettbewerb. In der Praxis hat diese Drosselung mittelbar Einfluss auf die Indikation psychischer Störungen. Darüber, was vordringlich zu therapieren ist, wird nun im Sinne der Verteilungsgerechtigkeit entschieden. Die Psychotherapie findet sich mit ihrer Rolle als Reparaturbetrieb für die Wirtschaft und den sozialen Frieden ab und stellt bei jeder Gelegenheit ihre Effektivität und Nützlichkeit heraus.

Im Jahr 2008 präsentierte der Baseler Psychologieprofessor Jürgen Margraf eine Synopse über die Ergebnisse von 54 Studien mit über 13 000 Patienten aus den wichtigsten Indikationsfeldern (»Kosten und Nutzen der Psychotherapie«). Margraf zufolge belegten 89 Prozent der Studien eine »Netto-Einsparung«, bezogen auf die sonst mutmaßlich fälligen Kosten von Krankheiten, Fehlzeiten und Kuraufenthalten. Am 26. November 2008, kurz vor dem Erlass einer »Psychotherapie-Richtlinie«, durften Margraf und der Stellvertretende Vorsitzende der Deutschen Psychotherapeuten-Vereinigung (DPtV) sogar vor der Bundespressekonferenz in Berlin für ihre Zunft die Werbetrommel rühren. Beiläufig teilten sie indessen mit, die positiven Befunde beträfen »vor allem kognitiv-behaviorale Therapien, in geringerem Umfang aber auch andere störungsspezifische Kurzinterventionen und psychischdynamische Kurztherapien«. Mit anderen Worten, nahezu alle positiven Befunde resultierten aus Verfahren der →**Verhaltenstherapie.**

Im neuen Jahrhundert hat ein marktgerechter Etikettenschwindel eingesetzt. Unter der Bezeichnung »Psychotherapie« verbergen sich heute weit überwiegend Methoden der Verhaltenstherapie. Auch die DPtV ist im Wesentlichen ein Fachverband der Verhaltenstherapeuten. Da diese wirtschaftlich, d. h. kurzschlüssig, vorgehen, beansprucht ihr Verfahren heute, *die* Psychotherapie schlechthin zu sein.

*

Unbeendbarkeit – Dem Analyse-Kritiker Klaus Grawe zufolge steigt nach etwa fünfzig Stunden der Therapieerfolg »nicht mehr bedeutsam« an. Aber der Eingriff in unterbewusste Vorgänge ist unvereinbar mit Erfolgsmessungen pro Zeiteinheit. Die Psychotherapeuten wissen das am besten. Um den Nachweis der Wirtschaftlichkeit bestrebt, beziffern sie jedoch pro Behandlungsart eine Mindest- und Höchstdauer in Stunden. Die Folgen tragen die Patienten. Ein bestimmter Leidensdruck führt sie zur Psychotherapie, doch deren Eigendynamik überformt rasch die persönlichen Motive. Die meisten der indizierten Symptome sind nach einiger Zeit unter Kontrolle gebracht. Dafür beschäftigt die Patienten nun jeweils ein unerwarteter Folgekonflikt oder eine bedrohliche Entdeckung. Dann ereilt sie eines der latenten Risiken der Psychotherapie.

Sie riskieren nämlich zu wünschen, dass die Therapie niemals aufhören möge. Die tiefenpsychologische Kur war und ist immer auch Selbstzweck. Sofern das nötige Geld vorhanden ist oder die therapeutische Einrichtung Bedarf an abhängigen Hilfskräften bzw. angelernten Subtherapeuten hat (was häufig der Fall ist), verwandeln sich ambulant Behandelte in Dauerpatienten (*Woody-Allen-Syndrom*). Wer unter den Älteren kennt sie nicht, die Freunde – vor allem Freundinnen – und Mitstreiter, die in den siebziger Jahren begannen, »Therapie zu machen«, und zwanzig oder dreißig Jahre später damit immer noch nicht aufgehört hatten? Falls die Abhängigen noch die Kraft besitzen, irgendwann Schluss zu machen, ziehen sie damit nicht selten den Bannfluch narzisstischer Seelsorger auf sich, die in ihrem Allmachtsdünkel verletzt sind (→**Coaching**).

In Deutschland überschritten im Jahr 2008 weit über 90 Prozent der ambulanten Psychotherapien die jeweils für angemessen erklärte Stundenzahl. Für den Seelenzustand sind Langzeitanalysen gefährlich. Sie entziehen den Abhängigen das letzte Selbstvertrauen und verbannen sie in Ersatzwelten. Aber um die Seele geht es hier wohl nicht mehr.

Wird hingegen die bewilligte bzw. indizierte Stundenzahl eingehalten, erleben viele Patienten das Ende der Behandlung als schroffen Abbruch ihrer exklusiven Beziehung zum Therapeuten. Endlich hat man ihnen einmal richtig zugehört. Sie erleben, was sie schon wussten: dass die Fürsorge für das Selbstsein die einzig lohnende Lebensaufgabe sei. Selbstsorge will Ewigkeit, heckt immer neue brennende Probleme aus. Wir dienen heute alle einem Kult des öffentlichen Bekenntnisses zu Krankheiten, Defiziten und Hemmungen, die uns bei der Selbstverwirklichung (auf die wir Anspruch haben) stören. Um diesen Anspruch geltend zu machen, werden neben Selbsthilfegruppen, Gesprächsrunden, Beratungen und Foren auch gern Therapien aufgesucht.

Das gefühlt gestörte Selbst will am liebsten ständig über sich sprechen; nur wollen das die anderen ebenfalls. Es hungert nach besserer Orientierung, Beglaubigung seiner Identität, fortgesetzter Stärkung, einer zum Greifen nahe gerückten Deutung und – in einer Medienwelt der Beliebigkeiten – vor allem nach mehr Gelegenheiten zur Selbstdarstellung. Allerdings schwächt dies die kathartische Wirkung der therapeutischen Einsichten beträchtlich.

*

Zurück zum Drama mit Mama und Papa – Die schlechte, die erlösende Nachricht aus der Forschung ist: Weder können wir Ereignisse der frühen Kindheit dingfest machen, so wie sie uns ursprünglich beeindruckt haben, noch den entwickelten Charakter aus frühen Traumata ableiten. Was wir einst erlebt haben, Eindruck unter Eindrücken, Bild unter Bildern, wird unzählige Male *verschoben*. Es wird in Schweigen und Sprechen verdaut und fortgesetzt, nach Lust und Laune nacherzählt, für Anklagen dramatisiert, wird umdisponiert und ausgespielt. So zu tun, als gebe es das Ereignis als solches, erweist sich als notwendiger und eingebildeter (nach Bildern suchender) *Aufschub* von Lebenswirklichkeit. Was wir aufsuchen können, ist eine nachträgliche Kindheit. Mama und Papa waren bei weitem nicht die einzigen Erzieher. Der Stufenbau *oral – anal – ödipal – genital* wird von der Säuglings- und Entwicklungsforschung nicht bestätigt. Die Dinge überstürzen sich; zugleich entwickelt sich gar nichts. Denn abgesehen von Umwelt- und Erziehungseinflüssen pausen sich Erbanlagen in vielerlei Gestalt und Deutung immer wieder auf unser Verhalten durch.

Doch unbeirrt graben fast alle psychotherapeutischen Schulen ursprüngliche Schlüsselereignisse aus, um der Formung des Späteren durch das ganz Frühe auf die Schliche zu kommen. Dabei drängen sie den Patienten ihre eigene Erlösungsideologie auf – aus der Kindheitshölle zur kontrollierten Reife. Die Patienten werden auf den therapeutischen Diskurs verpflichtet: Schrittweise müsst ihr euch verwirklichen und uns als Allheilmittel gegen immer neue Störungen und Mängel abonnieren.

Unsere psychische Wirklichkeit jedoch ist nicht verursacht. Sie wird vielmehr aus kollektiven Bildern, zu denen auch die erzählten Taten von Eltern, Geschwistern, Freunden und Fremden (Übel- und Wohltätern) gehören, individuell hervorgerufen. Sie wird in unserem Tun und Lassen nachgedichtet und fortgesponnen. Aus dieser Einsicht heraus hat James Hillman, ein ehemaliger Jungianer, zu Beginn der neunziger Jahre die Entwicklungsdoktrin des isolierten Selbstseins verabschiedet und die Kindheit als Spiegel gegenwärtiger Wesenszüge, Wunden und Wunder aufgefasst: »Statt beim Kleinen (Kindheit) anzusetzen und zum Großen (Reife) fortzuschreiten, statt bei kausalen Traumen und äußeren Ursachen anzusetzen, die das Künftige bestimmen, beginnen wir mit der vollen Reife, damit, wo und was man in seinem persönlichen Umfeld heute ist, und lesen von den Blättern und Zweigen und vom abgestorbenen Holz des Baums rückwärts zu den jüngeren Phasen als Präfigurationen ...« (James Hillman/Michael Ventura 1993: 82).

Kinder werden tatsächlich missbraucht. Was aber »tatsächlich« bedeutet, ist eine Frage der Deutungsmacht. Therapeuten, die an Ursprungsereignisse glauben, riskieren es, ihr eigenes Grauen vor schändlichen Übergriffen den Missbrauchten dauerhaft aufzuerlegen. Schon Sigmund Freud hat erklärt, es komme darauf an, wie man sich erinnere, nicht darauf, was wirklich geschehen sei. Die amerikanische Psychologin Susan Clancy von der Harvard Universität gelangte nach Gesprächen mit Hunderten von Missbrauchsopfern zu dem Schluss, dass die schlimmsten psychischen Folgeschäden verzögert und indirekt einträten, nämlich dann, wenn die Opfer als Erwachsene einem öffentlichen Entsetzen über sexuellen Missbrauch konfrontiert würden und begännen, ihre – meist diffusen – Erinnerungen zu *verstehen*. Das gegenwärtige Verständnis sexuellen Missbrauchs schade den Opfern, stellt sie fest (Susan Clancy 2010). »Nicht das Trauma richtet den Schaden an«, sagt Hillman, »sondern die traumatische Erinnerung«, die Art und Weise, *wie die Therapie darüber denkt*. Grausame Erfahrungen sind keineswegs nackte individuelle Tatsachen, sondern kollektives, somit auch eigenes, Material für mythische Auslegung und Verrätselung. Wunden und Narben wie auch Wunder und Wollust sind der Stoff des Charakters eines jeden von uns (James Hillman/ Michael Ventura 1993: 37).

*

Psychotherapie in einer durchpsychologisierten Gesellschaft – Wie kann der Therapeut ein Verbündeter des Patienten sein, wenn sein Verständnis von Krankheit und Heilung die gesellschaftliche Konvention widerspiegelt – und umgekehrt? Es war die alte Forderung der Analytiker, die verdrängten Bedürfnisse und Wünsche bewusst zu machen. Das Verdrängte war stets verpönt, die Anleitung, es aufzudecken, somit latent umstürzlerisch. Doch auf ebendieses Programm beruft sich heute naiv eine Populärkultur der Offenheit. In →**Talkshows** und Doku-Soaps, Zeitschriften und Bekenntnisbüchern und auf den Podien der Wirtschaft und Politik tragen die Prominenten ihre persönlichen Empfindungen zur Schau. Glaubwürdig ist, wer seine Schwächen, Beschwerden und Beziehungskrisen bezeugt, und offenherzig, wer seine angeblich innerste Wahrheit, den Sexus, preisgibt. Am glaubwürdigsten erscheinen folglich jene, die ihr Selbst nicht ethnisch, nicht religiös und nicht sozial, sondern sexuell identifizieren (homo-, hetero-,

Inter- oder Trans-) und die Diskriminierung beklagen, die ihnen das Ausleben ihres Echtseins einträgt. Und noch immer kommt sich diese *Normalität* rebellisch vor.

Etwa seit Anfang der neunziger Jahre grassiert in den Paarbeziehungen wie in den Fernsehspielen die therapeutische Erzählung. Sie führt das Leben als Kette »verpasster oder vereitelter Gelegenheiten zur Selbstentwicklung« vor. »Erzählziele wie ›sexuelle Befreiung‹, ›Selbstverwirklichung‹, ›beruflicher Erfolg‹ oder ›Intimität‹ diktieren die Komplikation, die mich am Erreichen meines Ziels hindert, wodurch wiederum bestimmt wird, auf welche vergangenen Ereignisse ich meine Aufmerksamkeit lenke …« (Eva Illouz 2009: 290 f.).

Wenn aber schon überall psychologisiert wird, was geschieht dann in der Psychotherapie? Dort soll ja Verborgenes aufgespürt und eine persönliche Wahrheit befreit werden. Therapie ist Gespräch. Kann sie denn die permanente öffentliche Besprechung psychischer Leiden ausblenden? Wenn eine Person wegen Beziehungsproblemen in Therapie geht, sucht sie plausible Worte für das Ureigene. Sie will ihr Kommen begründen und verständlich sein, benennt daher Blockaden auf einem Lebensweg hin zu mehr Unabhängigkeit und Selbstbewusstsein. Sie platziert sich im Koordinatensystem von Richtig (frei-gleich-offen) und Falsch (fremdbestimmt-verborgen-verboten). Sie weiß, dass alles erlaubt ist, sofern die Partner freiwillig übereinstimmen. Der Therapeut wiederholt es trotzdem. Dann wird der Patient danach befragt, ob, wie und wie intensiv schon alles ausgesprochen worden sei. Seid ihr imstande, euch offen zu sagen, was ihr wünscht und vermisst? Oder ist der Partner vielleicht unfair in puncto Hausarbeit, Geld, Zuwendung, Zeit, Kinder, Abhängigkeit, Ehrlichkeit, Treue? Patient und Therapeut rationalisieren das Problem als Mangel an rückhaltloser verbaler Problematisierung.

Erklärte Maßregel von Beichte und Besserung ist heute die Gleichgewichtigkeit zwischen Partnern beim gegenseitigen Bewusstmachen. Krankheitsursachen werden als Argumente beim Verhandeln genutzt. Zu viel oder zu wenig Liebe, Einfühlung,

Gemeinsamkeit? Aller Leiden Grund wird in einem Mangel an Selbstbestätigung erkannt, alle Hoffnung auf die Entschlossenheit zum Selbstsein gesetzt. Die Patienten zappeln bereits in einem Zirkelschluss der öffentlichen Kommunikation, die nun auch für die Intimität zuständig ist, und gleiten zugleich in den Teufelskreis der bewirtschafteten Therapie. So riskieren sie, das *Andere* des Bewusstseins, das Unterbewusstsein, für immer zu verfehlen.

Nach dem Muster Dutzender Debatten und Bücher über Eifersucht erscheint es sympathisch, die eigene hartnäckige Eifersucht freimütig zu bekennen, aber verwerflich, am Ende der Therapie noch eifersüchtig zu sein. Für das Eingeständnis ödipaler Wünsche liegen Schablonen bereit. Das ist doch ganz natürlich und nichts Besonderes. Minderwertigkeitsgefühle, Fettleibigkeit, Missbrauch, Schüchternheit, berufliches Scheitern … Die Therapierten der Therapiegesellschaft sind die Geschöpfe der Erzählungen über richtiges Leiden, Mitgefühl, Gegenwehr und Reinigung. Sie ähneln den reuigen Sündern, die in religiösen Erweckungsmeetings nach vorn treten. Unter der Fuchtel der →**Verhaltenstherapie** mündet sogar die Analyse von Depressionen in eine Beschwörung der positiven Energien im Kranken. Fast immer handelt es sich dabei um die Energien der richtigen Kommunikation. Zugleich stellt sich der gesprächige Patient als reflektierendes Subjekt auf. Er weiß, dass Leidensoffenbarung und bekundetes Vertrauen in das Verständnis der anderen die Heilungschancen verbessern, jedenfalls diejenigen, über die man sprechen kann (→**Ratgeber, medizinische**).

Die routinierte Aufdeckung von Ängsten, Wut und Rivalität konfrontiert uns nicht mehr mit jener fremden Dimension, über die Sigmund Freud einst äußerte, das Ich sei nicht Herr im eigenen Haus. Aber das Unterbewusstsein ist deswegen nicht verschwunden (→**Klatschen**). Es hat sich dem Zugriff nur weiter entzogen, nicht in persönliche Tiefen, sondern ins unkontrolliert Kollektive, ins unfassbar Offensichtliche.

*

Hinaus in die Welt – Zaghafte erste Erwägungen, wie auf Leidensdruck denn anders zu reagieren sei als mit Bewusstmachen und Aussprechen, stammen aus der Erfahrung, dass Reden in einer Redewelt meine Empfänglichkeit für Selbstheilungskräfte schwächt und nichtsprachliche Lösungen verhindert. Genauer gesagt, verschließt es mein Empfinden dafür, was in meinem Selbstbezug Außenwelt, Fremde, ist, von anderswo herkommt. Mein Unglück ist keine rein individuelle Angelegenheit, wie es die Psychotherapie betriebswirtschaftlich voraussetzt.

Die gesprächige Vergötzung des Selbst entleert die Welt, indem sie suggeriert, ich müsste zuerst die eigene Dispositionsmacht stärken, dann erschlösse sich meinem Zugriff die größtmögliche Fülle (**→Wissenschaftsgläubigkeit**). Aber dieses *Zuerst* ist lebensfüllend. Was *sonst,* sofort, möglich ist und ständig geschieht, erfahren wir, wenn die kontrollierte Verrichtungskette reißt, wenn wir etwa einen Anschlussflug (-zug, -auftrag) verpassen und womöglich kein Handy zur Hand haben oder fiebernd im Bett liegen oder in einem Traum gefangen sind oder wenn wir morgens die Grenze zum Tag überschreiten und der Tag noch eine verwackelte Unbekannte ist. Oder uns beim Wandern verirren und im Wald auf eine anmutige Lichtung stoßen. Vielleicht geben wir dann hingerissen, leichten Herzens, alles Aufsparen, Anschaffen und Auswählen her für ein paar Schritte in einem dichten *unverantworteten* Kontinuum, das wir mit allen anderen teilen.

Ein alternatives Therapieprogramm wäre es, meine Psyche als Auswölbung eines gemeinschaftlichen Dramas in der Welt zu deuten. Der hier anklingende Gemeinschaftsbegriff fasst aber anderes und mehr als die Zusammenkunft von Individuen. Gemeinschaft meint hier – um mit James Hillman zu sprechen – »einfach das kleine System, in dem man gerade steht, manchmal im Büro, manchmal zu Hause bei seiner Einrichtung und seinem Essen und seiner Katze, manchmal auf dem Flur im Gespräch mit den Leuten von 14b« (James Hillman/Michael Ventura 1993: 54). Eine solche Psychotherapie nähme sich nicht meiner Separatpsyche an, sondern der Seele der Dinge, die mich gestalten. Statt in eine innere

Tiefe zu lauschen, erfassten wir die Merkwürdigkeit der Dinge und Orte, an denen unser Leben verläuft, als gemeinschaftlicher Erzählungen (Gesellschaft, Politik, Wirtschaft, Wissenschaft). Statt auf persönliche Ungleichgewichte und Minder- und Mehr-Wertigkeiten stießen wir auf unsere Genien, auf unsere Dämonen und Engel. Wir stießen auf hartnäckig fortgeführte Kämpfe und Werbungen, die man im Gegensatz zur Konkurrenz der Selbstdarstellungen gern als welthaft, als *wirklich*, bezeichnen würde.

Wir tauschten die äußerste Armut, das Selbst, gegen einen Reichtum, der sich erschließt, indem wir nicht *verfügen*. Wir beträten analysierend ein »kollektives Unbewusstes«, das aber nicht, wie bei C. G. Jung, eine Konstellation von Urbildern wäre, sondern ein Drama mit offenem Ausgang. Nach James Hillman umfasst es »die Wogen, die in der Stadt anschwellen und abebben, die Modeerscheinungen, die Sprache, die Vorurteile, die Choreographien, die unsere erwachende Seele ebenso beherrschen wie die unsere Seele beherrschenden Bilder« (James Hillman/Michael Ventura 1993: 100). Es umfasst auch die Bildung, Scheidung und Auflösung unversöhnlicher Parteien. Das große Thema der Therapie-Kultur, die sexuelle Faszination als Medium der Selbstbestimmung, enthüllte sich dann als »der Versuch der Seele, herauszukommen und in etwas anderes als sie selbst zu gelangen« und im anderen über dieses hinaus. Vornehmste Aufgabe einer welthaften Analyse unserer Phantasien wäre es, im Einzelnen wieder »die Begierde zur Welt zu entzünden« (Hillman). Die Phantasien gehören nicht mir und nicht dir. Sie sind das Medium, in dem wir leben. Sie individualisierend, setzen wir sie fort.

Ratgeber, medizinische

Beim beiläufigen Schütteln seiner Hoden, die lästig an den Schenkeln kleben, ertastet ein älterer Mann eine knotenartige Verhärtung. Der Schreck fährt ihm ins Glied. Unverzüglich setzt er seine

Standard-Suchmaschine in Gang und stochert in den aufgerufenen Seiten nach Wahrheit. Zunächst erfährt er Erleichterndes: Hodenkrebs ist eine Krankheit der *jüngeren* Männer. (In einer Wüste der Plagen des Alterns ein Sandkorn von Generationengerechtigkeit.) Dann kehrt das Grauen zurück: Dieser Krebs, der schnellstmöglich kastrierend behandelt werden muss, kommt nicht selten auch bei Sechzig- und Siebzigjährigen vor. Doch nun erinnert sich der Autodiagnostiker, vor Jahren des Nachts schon einmal jenes Knötchen an eben derselben Stelle gespürt, nachprüfend nicht wiedergefunden und in den folgenden Tagen als Irrtum abgetan zu haben. Wenn also die Hodentumore so rasch wachsen, wie überall angegeben, muss es sich folglich um etwas Verträgliches handeln. Eine geschwollene Ader vielleicht, die Folge einer Quetschung? Der Mann kann sich nun Monate der Angstlust, fortgesetzten Abtastens und Suchens, bereiten. Der Gang zum Arzt scheint ihm nur die letzte Option.

In Sekundenschnelle gibt das digitale Netz auf nahezu jede stichwortartige Anfrage unzählige Antworten. Krankheitsspezifische Portale medizinischer Fachgesellschaften öffnen sich. Checklisten für Amateure aller Körperteile. Informationsberge, die von Verbraucherzentralen, der *Stiftung Warentest* und staatlichen Stellen errichtet und immer weiter ausgebaut werden. Unsere nahe Zukunft heißt *E-Health*. Die einen wühlen sich durch, weil sie sofort erlöst werden wollen, die anderen, weil ihnen das Krankheitsrisiko zum bannenden Lebensinhalt geworden ist.

Während die Ärzteschaft alle Laiendiagnosen letztlich nur als Vorbereitung und Ergänzung des Arztbesuchs akzeptieren, ermuntern die Gesundheitspolitik, die Krankenkassen und die Pharmaindustrie zum fortlaufenden Auffüllen der Heimapotheke, zur Selbstmedikation bei Unwohlsein und leichten Verletzungen und zu gesunder Lebensweise (dem Synonym für dauernde Überwachung des eigenen Körpers mittels Kalorientabellen (→**Diät**), festgelegten Trainingseinheiten und einer nachwachsenden Gerätebatterie). Aber der Patient ist ohnehin dazu verdammt, *mündig* zu werden. Die Resignation der alten Autoritäten (Staat, Kirche,

Familie, Heiler und Lehrmeister) hinterlässt Bio- und Psycho-Potenziale zur eigenverantwortlichen Nutzung, beginnend während der Vorschulerziehung, endend mit der →**Patientenverfügung** und dem selbstbestimmten Sterben (→**Sterbehilfe**). Etwa zwei Drittel der erwachsenen Deutschen gehen zur Behandlung von Bagatell- und chronischen Krankheiten nicht zum Arzt, sondern direkt zur Apotheke. Ständig den Rat der medizinisch Zuständigen einzuholen, können wir uns schon rein finanziell und zeitökonomisch nicht mehr leisten. Die Ratgeber im Internet wollen natürlich ebenfalls auf die eine oder andere Weise Kasse machen und auf unsere Lebenszeit zugreifen. Das zwingt zur rigorosen Auswahl, auch wiederum mit Hilfe streng ausgewählter Ärzte.

Mehr Selbstverantwortung, mehr Sicherheit? Mit zunehmender Aufmerksamkeit den eigenen Körperregungen und Seelenzuständen gegenüber riskieren wir den Verlust der Reste kreatürlicher Unbefangenheit (→**Psychotherapie**). Wir hören auf, in uns zu wohnen. Wir beziehen gleichsam uns selbst gegenüber einen Beobachtungsstand, bringen den Körper allnächtlich sachkundig zum Schlafen und betreuen ihn wie ein Sorgenkind mit übermüdeter Liebe.

Was aber bleibt nun von diesem »Wir«, diesem »Ich«? Solange das Ich und die Willensfreiheit im Selbstverständlichen einwohnten, entzogen sie sich der empirischen Festlegung und feierten Triumphe. *Für sich selbst betrachtet,* zerplatzen sie wie Seifenblasen.

Und eben jetzt, da wir das ganze Sorgerecht für uns selbst anstreben oder, was auf das Gleiche hinausläuft, von den überlasteten Sozialsystemen schrittweise in die Eigenverantwortung entlassen werden, warnen die Netz-Doktoren vor dem Krankheitsbild der *Cyberchondrie,* der »übersteigerten Krankheitsangst« des Autodiagnostikers im Internet. Das Amt der Selbstsorge erfordert den Gleichgewichtssinn eines Seiltänzers. Den eigenen Körper täglich sorgsam zu beobachten, ist erwünscht, die erspähten Symptome gleich als Anzeichen schwerer Krankheiten zu deuten, unerwünscht. Verlangt wird eine gesunde, nüchterne, gelassene Dauerbesorgnis. Lernen wir also, die möglichen Erklärungen im Frage-

und-Antwort-Spiel distanziert zu überprüfen – gerade so, als seien wir jeweils unser eigener Arzt. Es hilft schon, heißt es, wenn man keine »ängstliche Person« sei und bei »normalen Veränderungen im Körper« den Krebs nur als eine von mehreren Ursachen betrachte.

Bedauerlicherweise ist dies ein Widerspruch in sich selbst, denn die Angst ernährt sich vorzüglich von der Ungewissheit, und diese ist der Dauerzustand des Ursachenforschers im Netz. An die Seite der klassischen Hypochonder treten die gewohnheitsmäßigen Selbstbetrachter, das heißt, fast die gesamte restliche Bevölkerung. Obwohl die Unsicherheit in allen Lebensbereichen wächst, wird auch noch jener Widerspruch dem Individuum aufgebürdet. Es hat nun auch seine Hypochondrie, seinen Narzissmus, seinen Verfolgungswahn oder seine »antisoziale Persönlichkeitsstörung« eigenverantwortlich zu schultern.

Wann ist sie »sinnvoll«, wann ist sie »übersteigert«, die uns aufgegebene Körper-Pflege im weiteren Sinn, einschließlich der Sorge um Ausdauer, Fitness, Attraktivität, Genussfähigkeit, Wohlbefinden, Flexibilität, Feinfühligkeit und Unempfindlichkeit (→**Fitnesstraining**)? Wenn der Weltlauf die Selbstfürsorge aufbläst, schaffen es Therapien nicht mehr, Grenzen zwischen Maß und Übermaß zu ziehen. Das gelingt auch nicht der gegen Hypochondrie gewöhnlich angeratenen »kognitiven Verhaltenstherapie«, die den Angstkranken lehrt, sich mittels exerzierter Einsicht selbst zu mäßigen (→**Verhaltenstherapie**).

Eine klügere Weisung ist es, die Sorge nicht abzutrainieren, sondern zu ersetzen: die für Selbstkontrolle aufgewandte Zeit mit Tätigkeiten zu füllen, die das besorgte Sensorium durch Anstrengung, Lust und Erschöpfung und deren Wiederholungsneigung fesseln. Wählen wir eine sportliche Betätigung, die den Körper vergisst, einen intellektuellen Langstreckenlauf, der dem Selbstreflexiven die eigene Erkenntnisleistung gleichgültig macht. Zum Ersten könnte etwa das Wandern beitragen, das aus den Trainingsstätten ins Weite und Kollektive hinausführt (→**Wanderschaft**), zum Zweiten das Aufgehen in langfristiger und einkommensneutraler Arbeit, mit anderen Worten, das Interesse an einem allmählich sich öffnenden und wandelnden Gegenstand.

Aber geben wir uns keiner Täuschung hin. Es fällt noch einigermaßen leicht, die Risiken einer ausufernden Selbstmedikation vor Augen zu führen, denn sie entstehen nur in einer Phase des Übergangs. Doch bald werden die Grenzen zwischen medizinischer Versorgung, allgemeiner Lebensführung und Berufstätigkeit verschwimmen (und von einem Gestrüpp einzeln abrechenbarer Leistungen abgelöst werden). Die Gesundheitswirtschaft reagiert auf steigende Kosten, die Schwellenängste vor dem Besuch einer Arztpraxis, zunehmende Zeitknappheit und den Trend zur heimischen Selbstbehandlung. Demnächst wird man dem einzelnen Patienten-Konsumenten eine elektronische *Lebensgesundheitsakte* anbieten. Sie begleitet ihn interaktiv bei der Selbsttherapie, beim Einkaufen im Supermarkt (→**Überwachtwerden**), bei kostensparenden kleinen Eingriffen durch Nicht-Mediziner oder Roboter und bei der Freizeit- und Urlaubsgestaltung (*remote onhealth control*). Arbeitgeber und Versicherungen werden verlangen, dass die Gehalts- und Leistungsempfänger regelmäßig per eingesandter Speichelprobe Genanalysen durchführen lassen (→**Früherkennung, genetische**). Das Ärztehaus verlagert sich ins Internet, und die tägliche Überprüfung des Körper- und Seelenzustands gestaltet das Individuum je nach dem Lebensstil, den es bevorzugt und bezahlen kann. Alles eine Frage der Selbstbestimmung.

Die Risiken solcher permanenten »Beratung« bemessen sich nicht mehr nach Maß und Übermaß von Intensität, Zeitaufwand und Sorge. Sie sind die Risiken des gesellschaftlichen Auf- und Abstiegs, des Ein- und Ausgeschlossenseins und der Verkürzung des Lebens auf jeweils *einen* Augenblick.

Der ältere Herr, von dem eingangs die Rede war, würde unter diesen Umständen seltener von bedrohlichen Symptomen als von Änderungen seines Dispokredits überrumpelt werden. Was ihn zur »Stunde des Wolfs« (nachts um vier) im Internet erschauern ließe, wäre beispielsweise die Information, seine jüngst angebahnten Sexualkontakte einschränken zu müssen. Über seine Disposition zum Hodenkrebs wüsste er seit Jahrzehnten Bescheid, einschließlich des Aufwands, das Risiko kleinzuhalten. Er hätte sein Körper-Selbst auf ausgewählte Kontroll- und Zubringerdienste erweitert und die Fähigkeit, an sich selbst Neues zu entdecken, an sie abgetreten. Immerhin, die Unbefangenheit würde zurückkehren, wenn auch auf Kosten der Persönlichkeitsgrenzen. So verschwände das Risiko gesteigerter Selbstbesorgnis in der Verallgemeinerung und Kommerzialisierung der Sorgen.

Rauchen

Tabak zu rauchen und zu spüren, dass man nur schwer davon ablassen kann, und gleichzeitig auf der Packung zu lesen, Rauchen sei tödlich, ist eine Farce. In schlechten Romanen dienen das Hantieren mit Zigarettenschachteln, das Anbieten, Feuergeben und Paffen der Zeilenschinderei. Im Tagesablauf dienen diese Handlungen oft als Alibi für ratlose Hände und Augen. Aus Langeweile, Verlegenheit oder um etwas aufzuschieben, legt man eine Kunstpause ein. Man tritt nur eben kurz beiseite – doch plötzlich soll dieses Beiseitetreten ein Kerntatbestand und eine unverzeihliche Sünde sein.

Abstrus ist es auch, dass eine im Wesentlichen spirituelle Erfahrung so grausam gerächt wird. Innezuhalten, sinnend ins Leere zu blicken, ohne sich etwas einzuverleiben, enthaltsame Lust zu empfinden beim Baden der Atemwege in aromatischem Rauch – das reicht, um den Zorn der Götter zu erregen? Gelernt haben wir das Tabakrauchen überdies von genügsamen Völkern, die sich in engem Kontakt mit Göttern wussten: »Die Indianer haben eine Pflanze, deren Rauch sie mit Entzücken und Wonne einatmen« (Bartolomeo de Las Casas im Jahr 1550).

Im großen Warn- und Strafdiskurs über das Tabakrauchen stimmt etwas nicht, obwohl die gesundheitlichen Risiken des Rauchens unbestreitbar sind. Das Rauchen wird ausschließlich nach seinen Folgen und seiner Lästigkeit für Nichtraucher beurteilt und als großes Übel erkannt, obwohl es, für sich selbst betrachtet, Ausdruck eines starken geistigen Verlangens ist (vgl. dagegen →**Cannabis**). Fast unbeachtet bleibt die Sache selbst, ein Tun, das in Sekundenschnelle anregend entspannt. Es fehlt die Besinnung darauf, dass die Leute trotz aller Gefahren und des bitteren Beigeschmacks weiterrauchen. Nur das Motiv der süchtigen Schwäche wird als Erklärung zugelassen. Was Rauchen *ist* und wie es Zwiesprache stiftet, wird beiseitegewischt; nur die Vernunft soll herrschen. Solche Aufklärung kann beim genießerischen Verzichten (nichts anderes ist Rauchen) und in Erwartung dieses Zustands kaum etwas bewirken, versagt somit in der Praxis. Instrumentalisieren wir etwa alle Lebensinhalte auf ähnliche Weise? Wie in der Kampagne gegen den →**Alkohol** wird in der Rauchverbots-Kampagne das Interesse an Gesundheit und hoher Lebenserwartung verabsolutiert, vermutlich mangels anderer Sinnhorizonte. Die doktrinären, scheinheiligen Kampagnen enden in Selbstbestätigung.

Tabakstängel und Pfeifen zu schmauchen, ist ohne Ansehung der Folgen eine heilsame neuzeitliche Meditationsübung. Ich unterbreche den erwartbaren Fortgang der Dinge und gelange in den großen Atem einer Sphäre jenseits von Raum und Zeit, allerdings befristet. Dieses Wunder lässt sich chemisch analysieren – Nikotin setzt Adrenalin, Dopamin und Beta-Endorphin frei.

Nach dem Ende der Unbefangenheit riskieren die aufgeklärten Raucher, für den zeitlosen Augenblick bewusst ihr Leben aufs Spiel zu setzen. Wenig statt viel zu rauchen, hilft ja nichts, und die vernünftige Zeitökonomie fordert jeden Augenblick zurück. Man bezahlt die Unterbrechung immer häufiger mit Reue. Im Visier der Verbots-Kampagnen geraten bedrängte Raucher in eine latent infantile Trotzhaltung. Dieser Trotz paart sich auf die Dauer mit Selbstverachtung. Masochistisch greifen viele Raucher weiterhin zum Glimmstängel und übernehmen zugleich die Maßstäbe der Gesundheitslogik. Wenn sie dies in einer Zigarettenpause erkennen, sollten sie tatsächlich besser versuchen, sich das Rauchen abzugewöhnen.

Es mag aber Menschen geben, die auch jenseits der Zigarettenpausen, mitten im Trubel, klarsichtigen Abstand vom Geschehen wahren. Sofern sie dies tun, haben sie Gegenwart und sind weder auf Gesamtlebensrechnungen noch auf Nikotin angewiesen (→ **Glücksstreben**). Insofern können sie auch ruhig weiterrauchen. Sie ertragen es nachsichtig, süchtig zu sein, und üben auch Nachsicht mit den Folgen.

Rechtsstreit

Der Deckel eines Briefkastens wurde aufgebogen. Eltern verweigern der Tochter die Finanzierung des Studiums in Amerika. Brüder rechnen die Schenkungen des verstorbenen Vaters gegeneinander auf. Im Rechtsstreit zwischen Personen, deren Verhältnis zueinander nicht vertraglich geregelt ist, kocht heiliger Zorn. Insbesondere Anverwandten, Freunden und Nachbarn ist schon so oft Unrecht geschehen, dass sie nun manchmal zur totalen Selbstbehauptung übergehen. Streitprognose: unabschließbar.

Im Zivilprozess ordnet ein guter Anwalt seine eigenen Interessen denen des Mandanten unter (→ **Coaching**). Dieser verlangt gewöhnlich die Ausschöpfung aller Rechtsmittel. Davon abgesehen steht der Anwalt selbst im harten Wettbewerb. In der Sphäre der Allgemeingültigkeit ist persönliche Einigung unangebracht. Berufung, Revision, Beschwerde. Das letztinstanzliche Urteil in Sachen Lärmbelästigung oder Sorgerecht ist der Treibsatz für die nächste Runde im Nervenkrieg.

Verhandelt wird hauptsächlich das Unverhandelbare. Ich stehe mit dem Rücken an der Wand und kann nicht zulassen, dass der Erbschleicher obsiegt. Er verkörpert alles Widrige, das mir jemals zugestoßen ist.

Aber meines Lebens wieder froh werde ich nur, wenn ich mir in letzter Instanz eingestehe, dass der Gerechtigkeit Grenzen gesetzt sind. Gerade Verwandten, früheren Geliebten, Freunden und

Nachbarn gegenüber trotze ich der allgemeinen Streitregelung (→**Scheidung**). Ich strebe eine außergerichtliche Lösung an. Misslingt sie, gebe ich nach: eine zeitgemäße Form der Askese.

Reisen in arabischen Ländern

Der Islam will uns vereinnahmen, und der Westen die Araber. Eine Vereinnahmungskonkurrenz. Durch die alten und neuen Berichte über Aufenthalte in der arabischen Welt geistert die Angst, entführt zu werden. In die Sklaverei, den Harem, das Militär, die väterliche Großfamilie oder (heute) in ein Wüstenversteck. Dort wird manchen westlichen Geschäftsleuten, Ingenieuren, Krankenschwestern oder Individualtouristen vor laufender Videokamera der Kopf abgeschlagen, wenn die erpressten Regierungen den Forderungen der Terrorbanden nicht nachgeben. Experten raten dazu, vor einem längeren Aufenthalt in gefährdeten arabischen Ländern geistig mit dem Leben abzuschließen. Dann könne man dem Tod gefasst ins Auge sehen und in der Gefangenschaft dem Wechselbad von Depression und Hoffnung entgehen. Im Übrigen solle man Verzweiflungsausbrüche vermeiden, den Geiselnehmern keine Fragen stellen und ihre Aggressionen möglichst auf einen anderen, gemeinsamen Feind lenken.

Vorwegnehmen lässt sich das Unfassbare dennoch nicht, und für nicht-islamische Ausländer ist das Entführungsrisiko selbst im Maghreb und im Jemen immer noch geringer als das eines tödlichen Unfalls. Aber die Stärkung der Fähigkeit, sich abzufinden, bereitet vorzüglich auf die arabische Lebenseinstellung vor. Wie es sich einrichten lässt, in fast jeder Lage schier unbegrenzt viel Zeit zu haben, können Geschöpfe der westlichen Zeitökonomie in Marokko oder Ägypten oder Saudi-Arabien studieren. Im Netzzeitalter (→**Multitasking**) ist dies der mögliche Hauptgewinn einer Reise im Nahen Osten oder in Nordafrika. Das Hauptrisiko der Arabienfahrer ist dementsprechend nicht die Enthauptung oder Ähnliches, sondern die hektische Sightseeing-Tour. Bleiben wir den Pyramiden lieber fern. Vertrödeln wir die Tage im Café bei hypnotischer Musik, verschieben wir lästige Termine auf übermorgen und sitzen wir die Probleme aus. Bevor sie uns über den Kopf wachsen, werden sie ohnehin nicht gelöst. Sich keine Zeit zu lassen, ist reine Zeitverschwendung.

Im Café allerdings werden die interessanten Westmenschen ständig angesprochen und eingeladen. Sie müssen auswählen und absagen, ohne zu verletzen. Unweigerlich kommen die Stunden, in denen man ihnen familiär auf den Leib rückt und ins Auge sieht, streng nach Geschlechtern getrennt. Dann flüchten die Gäste gern in ihre Tour von Weltoffenheit und Glaubwürdigkeit. Bei Verhandlungen machen sie unmissverständliche Aussagen und rücken höflich zur Seite, um zu signalisieren: Ich will dich nicht vereinnahmen und meine eigene Integrität wahren. Doch dies ist ein missverständliches Gebaren. Beide Attitüden haben individualistischen Charakter und erscheinen Arabern als Ausdruck von Schroffheit, Schwäche oder kalter Zurückweisung. In westlicher Direktheit verfehlen wir sie. Wer das Gespräch sucht, rette sich nicht in die Aufrichtigkeit, sondern lasse sich achtsam spontan auf sein Gegenüber ein.

Allein reisenden europäischen Frauen wird in arabischen Ländern zugemutet, ihre Errungenschaften unter den Scheffel zu stellen. Sich betont züchtig geben? Das Gleichberechtigtsein verbergen wie eine Schande? Einen abwesenden Ehemann und abwesende Kinder vortäuschen? Der Empfindlichkeit von *Rückständigen* zuliebe? Nun, die Frauen müssen das nicht tun. Sie müssen dann aber stark genug sein, gewisse Missverständnisse auszuhalten. Ein Grundrecht, richtig verstanden zu werden, gibt es nicht (**→Reisen in Lateinamerika**).

Das spezifische Risiko der *Deutschen* in arabischen Ländern besteht darin, eine Wertschätzung ertragen zu müssen, die sie um nichts in der Welt genießen wollen. Ahnungsvoll oder ahnungslos – viele Araber halten Nazideutschland und insbesondere den Judenausrotter Adolf Hitler in hohen Ehren und lassen diese Bewunderung gern auch deutschen Touristen zuteilwerden (→**Reisen in Russland und der Ukraine**). Diese sehen sich gezwungen, per Aufklärungsunterricht das Geschichtsbild der Gastgeber zu korrigieren. Doch eben diese Pflichtübungen – wie alle Predigten aus dem Westen und jede Demonstration von Selbstzerknirschung – provozieren bei Arabern gewöhnlich Zweifel und Misstrauen. Was tun? Sich uneindeutig geben, das deutsche Gesicht wahren, auf die Vorzüge des Gastlandes zu sprechen kommen und bescheiden bleiben, das heißt, die Wahrheit dahingestellt sein lassen.

Geradezu vernichtend wäre der Versuch, sich bei arabischen Gesprächspartnern anzubiedern, indem man Kritik am Christentum übt oder sich zum Atheismus bekennt. Keine Erklärungskosmetik kann bei Arabern das Schandmal der Religionslosigkeit überdecken. Ihnen beibringen zu wollen, wie erhellend es sei, in der »Finsternis« zu leben, hieße sie beleidigen. In einer islamischen Umwelt bleibt Ungläubigen aus dem Westen nichts anderes übrig, als den Glauben des Abendlands gelassen zu verteidigen (→**Interkulturelle Kompetenz**).

Reisen in Balkanländern

Schimmernde Hügel auf einer noch unberührten Erde neben strotzendem Schmutz, Lärm und Gestank. Stoische Bauernfamilien auf Pferdefuhrwerken zwischen Plastikbombern, virtuos Schlaglöcher umkurvend. Straßendörfer in entrückter Behäbigkeit, Kleinstädte voller architektonischer Geniestreiche, gigantische Plattenbauten mit Wäschebeflaggung. Pferdeställe neben Schrottbergen. Schafskäse, Schnaps, Honig und Kuchen am Straßenrand. Zug-, Bus- und Bildungsfahrpläne, ausgehängt, um missachtet zu werden. Synthesen aus Korruption und Nächstenliebe, Misstrauen und Gastfreundschaft, Trickbetrug und Frömmigkeit. Gelegenheitsüberfälle, Gelassenheit.

Quirlige Wochenmärkte und gesprächige Nonstop-Läden decken den gesamten Lebensbedarf. Gegen den bösen Blick einer Frau auf der anderen Straßenseite schützen Amulette, die ein Versandhaus im Internet anbietet. Orthodoxe Geistliche erteilen Bordellen und Sexshops gegen Schmiergeld Gottes Segen.

Das abendländische Europa begegnet auf dem Balkan einem zweiten, irregulären. Dieses teilt mit ihm die Antike, das frühe Mittelalter und die Gesichter- und Sprachverwandtschaft, hat aber mehrere Phasen in der Entwicklung des *Westens* ausgelassen: die Reformation, den technisch-naturwissenschaftlichen Fortschrittshunger, die Aufklärung, das bürgerliche Zeitalter und schließlich den Universalismus (→**Reisen in Russland und der Ukraine**). Rumänien, Bulgarien, Griechenland, Serbien, Mazedonien, Bosnien-Herzegowina, Montenegro, Albanien, Kosovo. Gemächlich durch diese Länder reisend, drohen wir unsere Maßstäbe zu verlieren. Was Aufgeklärte auseinanderhalten, das Zurückgebliebene und das Fortgeschrittene, stellt sich hier einträchtig nebeneinander in einem Karussell der Mythen.

Zum Schutz gegen solche Geistesverwirrung schreibt heute das aufgeklärte Europa den Balkanreisenden eine *vorurteilslose* Wahrnehmung vor. Wer in jenen Ländern eine rückständige, anarchische, despotische, gefährliche und korrupte Gegenwelt zu Westeuropa erkenne, müsse sich darüber im Klaren sein, dass er diese Welt mit seinen eigenen Stereotypen konstruiere. Mit anderen Worten, wir hätten sie uns selbst zurechtgemacht. Vor die einseitige Wahrnehmung schiebt sich deren Pädagogik. Die Empfänglichkeit für den Balkan wird durch die Verantwortung für den Balkan ersetzt. Dracula, Chaos, Korruption, Aberglauben, Zigeuner, Gewalt? Gestalten unseres eigenen Verdachts! Konsequent selbstkritische Westler riskieren es, außer ihren eigenen Skrupeln nichts mehr zu sehen.

Doch die Selbstkontrolle zerschellt bereits am öffentlich sichtbaren Elend von Menschen und Tieren. (Das westliche Menschen- und Tierelend ist meist unsichtbar.) Wenn bettelnde Zigeunerkinder an Mänteln und Taschen zerren, ausgemergelte Hunde die Straßen säumen und unter die Räder geraten und Tanzbären

Männchen machen, ist der Westeuropäer am Ende seines Lateins angelangt. Geld geben und füttern oder gerade nicht? Auszuhalten ist das Wissen um seine touristische Komplizenschaft nicht durch die Hoffnung, »dass es allmählich besser wird« und »die EU etwas tut«, sondern nur durch die Anerkennung des Balkans als des verleugneten Europas: Erbärmlichkeit und Zauber, die dem Fortschritt entgehen.

Zugeknöpftheit ist hier nicht weniger schäbig als Freigiebigkeit. Wer sein schlechtes Gewissen beruhigen möchte, der schenke den jungen Bettlern Münzen oder kleine Scheine, sofern sie allein kommen und irgendeine Leistung wie Scheibenputzen wenigstens symbolisch erbringen, und bereite sich entsprechend vor. Rücken sie in Banden an, weiche er ihren Blicken aus und entziehe sich (→Reisen in Indien).

Reisen in China

China ist ein Universum für sich und hat für Menschen aus dem Westen nichts übrig, es sei denn, diese bringen etwas mit, das von China einverleibt oder kopiert werden kann. Globalisierende Einordnungsversuche – ihr dort, wir hier – sind unchinesisch. Westliche *Individualtouristen* riskieren in China die Erfahrung ihrer eigenen Entbehrlichkeit. Zwar werden sie vielerorts freundlich behandelt, freundlicher sogar als chinesische Landsleute (denen man jede menschliche Schwäche zutraut) und aus ratloser Neugier wie beliebige Ortsfremde nach Herkunft, Alter, Familienstand und Monatseinkommen abgefragt. Aber die Reisenden drängen sich auf, und besser käme man ohne sie aus. Niemand erwartet, dass Ausländer Chinesisch sprechen und viel von menschlichem Umgang verstehen. Meist starrt man sie teilnahmslos an (→**Reisen in Indien**), so wie man eben Gestalten anstarrt, die weder Tier noch Mensch und weder Frau noch Mann sind. Außerhalb von Beijing, Hongkong und Shanghai begutachtet man Ausländer noch aus nächster Nähe wie Wesen, die den Blick nicht erwidern. Im Gemeinschaftsklo ist der westliche Unterleib ein Blickmagnet.

Reisende, die ihren fünf Sinnen trauen, können China nicht fassen. Sie taumeln durch ein Dickicht des Schmutzes, Gestanks, Radaus und Überlebenskampfes. Zugleich erleben sie, wie ohne Rücksicht auf Verluste, gleichsam auf kaiserlichen Befehl hin, eine futuristische Geschäftswelt aus dem Boden gestampft wird. Ausländer genießen die eine oder andere Sonderbehandlung, aber nicht weil sie irgendetwas an sich haben, was des Nacheiferns wert wäre. In gewisser Weise waren sie schon eingeplant, bevor ihnen der Grenzbeamte wütend den Stempel in die Pässe knallte. Nun und für alle Zukunft sind sie überflüssig. Weltbürger, auf das Maß der Erdenmitte zurechtgestutzt.

Westliche *expatriates* kommen mit China ebenfalls nicht zu Rande. Nach einigen Jahren in chinesischen Metropolen versuchen sie, ihre verwirrenden Beobachtungen mit Hilfe der Kennmarken »Traditionell« und »Modern« in eine Zeitreihe zu bringen (**→Wissenschaftsgläubigkeit**). Zwischen den chinesischen Unvereinbarkeiten wollen sie nach Globalisierungslogik mit westlichen Universalmaßen schlichten. Will China als künftige Supermacht nicht zusammen mit den Vereinigten Staaten die Welt von morgen beherrschen? Steht es nicht bis zum Hals in der globalen Finanz- und Klimakrise? Na also: Gesamtverantwortung, Freizügigkeit, Wettbewerb, Pluralismus, Toleranz, Gemeinsinn, Pressefreiheit, Demokratie. Doch China setzt sich mit diesen Postulaten nicht auseinander. Es absorbiert sie wie andere westliche Geschäftsmodelle. Denn der Universalismus war ja in China schon fertig. Jede Besinnung darauf, was alle Menschen bindet, erwächst hier aus der kollektiven Gewissheit kultureller Überlegenheit.

Westliche Geschäftsträger und Korrespondenten erklären uns das Fortwuchern der chinesischen Netzwerk-Gesellschaft: Der Einzelne sei nur den Vorfahren, der Familie und den ihm Gefälligen etwas schuldig. Dieser Gruppenegoismus müsste doch wohl der Modernisierung zum Opfer fallen. So wie der lebensfüllende Aufwand, den man betreibt, um »sein Gesicht nicht zu verlieren«.

So wie die Geschenkkultur, die borniete Abgrenzung der Zuständigkeiten, die konfuzianischen Werte, das Überwachungssystem und das tägliche Lavieren und Improvisieren bei Großprojekten. Indessen scheinen sich in China das Morgige und das Gestrige bestens zu arrangieren. Das Neue kommt eher von Apparatschiks als von Dissidenten, und der jugendliche Individualismus glänzt als massenhaftes Konsumangebot (→**Reisen in Japan**).

Der Experten-Status zwingt die China-Experten, das nicht miteinander Vereinbare für ein Übergangsphänomen zu halten. Daher droht ihnen China zu entgleiten. Allerdings bekommen sie es auch nicht mit wertfreier Betrachtung und voreilender Unterwürfigkeit in den Griff. China ist für Westmenschen zu viel.

Reisen in England

Wenn festlandeuropäische Geschäftsträger, Gaststudenten, Internatsschüler und Au-pair-Mädchen ihre englischen Zielorte erreichen, wissen sie nur zu gut, dass ihnen eine Prüfung bevorsteht, die tagtäglich abgenommen wird: die Bewältigung *britischer Höflichkeit*. Man hat sie über die Pflicht zum Herunterspielen eigener Leistungen instruiert, über das Abstandhalten beim Schlangestehen, das Lächeln und Lobhudeln und die *thanks*-und-*sorry*-Orgie, das Angebrachte und nicht Angebrachte, den Parcours des Edelmuts, die Herrschaft des Konjunktivs (*this could be said to be, doesn't it*), den Dress-Code und das Essbesteck und den Kult der Selbstbeherrschung. Gerade weil die feine Lebensart in und außerhalb Londons durch neue Wirtschaftskrisen bedroht ist, haben Ausländer sie erst recht zu wahren.

Dies zu tun, sind sie fest entschlossen. Sie mobilisieren zu diesem Zweck ihr eigenes Feingefühl für gutes Benehmen. Und eben deswegen scheitern sie. Die britische Höflichkeit gebietet den Gästen, sich umziehen zu lassen. Deren Risiko besteht weniger darin, im Wettbewerb der Komplimente immer wieder in ein

Fettnäpfchen zu treten, als in der erlebten Abwertung des eigenen, anerzogenen Empfindens. Die Gäste sollen *nicht* aufrichtig sein, *nicht* nach eigenem Gespür Anerkennung zollen, zusagen, ablehnen und wünschen (»Guten Appetit«). Sie sollen erst einmal vergessen, was sie waren …

… und ihren Instinkt wieder einschalten, wenn sie im Stau stehen, stundenlange Verspätungen der Züge und Busse einkalkulieren, vor Supermärkten von Jugendlichen attackiert werden und in der überfüllten U-Bahn von den Ellenbogen und Schultern älterer (ansonsten höflicher) Bürger an die Wand gedrückt werden. Was gilt nun? Wo und wer bin ich?

In ein weiteres Dilemma führt die Verpflichtung auf die Kunst des *englischen Humors,* einer Art gepflegter Anarchie. Angeblich hat er keine Grenzen und amüsiert sich glänzend über die *britishness* und Institutionen des Landes (was es umso dringlicher macht, die Schmerzpunkte auszusparen). Den Gästen ist klar, dass dieser Humor auch von ihnen erwartet wird. Deutsche sehen sich dazu aufgefordert, jene Charakterzüge, die als typisch gelten (Ordnungsliebe et cetera), zu ironisieren und zum Beweis, nicht humorlos zu sein, zwei, drei Deutschen-Witze parat zu haben. Man rät ihnen allen Ernstes, der →**interkulturellen Kompetenz** zuliebe beim Englischlernen auch gleich britische »Humorkompetenz« zu erwerben (Dietmar Marhenke 2003: 287 f.).

Und warum nicht, wenn es der Entkrampfung dient? Aber Festlandeuropäer tun sich schwer damit, so humorvoll zu werden wie die Engländer. Denn dazu müssten sie sich zunächst den eigenen Spaß am Jux verderben. Der deutsche, polnische, französische und italienische Humor wird vom Ernst des Lebens angestachelt, ist dessen Abwechslung und Ausnahme (→**Reisen in Polen**). Der englische Humor um des Humors willen ist ein endloses Gesellschaftsspiel von Insidern. Man sollte daher die Engländer beim Witzeln besser nicht stören.

In Zeiten, die wenig Anlass zur Genugtuung bieten, sind viele Engländer immer noch sehr stolz darauf, *den Krieg* mit gewonnen zu haben, und tun dies in Boulevard-Zeitungen und Computerspielen und über die Hitler-mäßige Aussprache deutscher Worte und Wendungen unermüdlich kund. Mit besonderem Eifer eröffnen sie es deutschen Studenten und Schülern, Höflichkeit hin oder her. Diese wissen, wie sie zu reagieren haben – »mit Humor nehmen und aufklären«. In gewisser Weise leisten sie dabei immer noch Abbitte für die Geschichte der ersten Hälfte des 20. Jahrhunderts. Deutsches Risiko eines Aufenthalts in England.

Reisen in Frankreich

Franzosen und Deutsche wissen weniger denn je, was sie füreinander sind. Die alte Erbfeindschaft bot Orientierung und nährte einfühlsame Neugier. Heute ist man mehrfach verbündet und sympathisiert miteinander bei wachsendem Desinteresse an den Angelegenheiten der jeweils anderen Seite. Hüben wie drüben ist die erste Fremdsprache Englisch. Die Sprache der Nächsten wird heute seltener erlernt als in der Kriegs- und Nachkriegszeit. Direkt in die Globalkommunikation geführt, erspart man sich die Nachbarschaft.

Was kann, darf, soll ich als Frankreichreisender von den Franzosen erwarten? Und was als Franzose in Deutschland? Wie mache ich mich (un-)beliebt? Die Unsicherheit bei persönlichen Begegnungen ist groß und fördert ein befremdliches Risikoverhalten, die gegenseitige Betulichkeit.

Weil es offenbar an spezifischer deutsch-französischer Thematik und Wertschätzung mangelt, kreisen die Gespräche über Reisen in Frankreich mehr denn je um erfahrene Kränkungen – mir, dem zahlenden Gast, mir, dem Deutschen (mit hellhöriger Selbstkränkungsbereitschaft) gegenüber. Franzosen ihrerseits schließen außerhalb der Frankofonie mit ihrer Spürnase für Missachtung aller Art rasch zu den Deutschen auf. In der Sphäre massentouristischer Abfertigung ist es verpönt, besondere kulturelle Ansprüche zu stellen.

Da schneiden die Franzosen in ihrer hohen, bisweilen pompösen Selbstwertschätzung miserabel ab. Berichtet wird von Verkäufern, die ihre Kunden über die rechte Lebensart belehren und die Zumutung, Englisch zu sprechen, hoheitsvoll zurückweisen. Von Kellnern, die ein nicht ganz korrektes Französisch mit strafendem Blick und Kopfschütteln rügen. Fast alle Frankreichreisenden sind sich einig, dass hier Dünkel und Arroganz wabern. Dieses Urteil besagt: Die kriegen wir noch klein. Mit der Durchsetzung von Maßstäben purer wirtschaftlicher Effizienz.

Franzosen wiederum pflegen das Klischee von den unhöflichen Deutschen und tadeln an ihnen insbesondere die Unerzogenheit, den Hang zum grobianischen Auftritt und zur ungeduldigen, barschen Direktheit. Sie bringen ihren Gästen sogar diskret die korrekten Manieren beim Tafeln und Sprechen zur Kenntnis. Dabei wollen diese Gäste vielleicht eben mit ihrer unverstellten, geradlinigen Art die Welt für sich einnehmen (→**Reisen in Japan**).

Beim Lauern auf die Unhöflichkeit der anderen und im Turnier der Gekränktheit erweisen sich die nationalen Traditionen als kraftlos gegenüber den Umgangsformen in den englischsprachigen Weltnetzen (Fernverkehr, Internet, TV und Pop). Die deutschfranzösische Betulichkeit führt in die Sackgasse der Entgrenzung. Aber um uns selbst nicht gleichgültig zu werden, benötigen wir Nachbarschaft, obwohl und weil sie zusätzliche Sprachkenntnisse und eine gewisse bilaterale Exklusivität für sich beansprucht.

Reisen in Indien

Ein ganzer Subkontinent verheißt bedrückten Europäern Entlastung vom Zeit- und Leistungsdruck und Asyl in einer farbenprächtigen Tagtraumwelt. Aussteiger und *backpacker*, Schweifende und Zielbewusste, alle Indienfahrer sind Sehnsuchtsreisende. Dort, wo man mit Englisch durchkommt und die Gesichter, im Gegensatz zu Ostasien, *ähnlich* anmuten, lockt angstfreie Exotik zu Niedrigstpreisen (→**Rucksacktourismus**).

Doch schon am ersten Tag erleiden die per Flugzeug in Indien Eingetroffenen einen Kulturschock. Kein schlimmer Anblick, keine plötzliche Gefährdung löst den Schock aus. Es ist die Bedrängnis, ständig angestarrt zu werden. Ein Wald von Hälsen dreht sich den Westmenschen zu (→**Reisen in China**). Erwachsene und Kinder bleiben vor ihnen stehen und gaffen und haschen nach einem Kontakt. Händler, Schlepper, Rikschafahrer und Bettler zupfen an der Kleidung der Fremden. Blonde und brünette Frauen laufen Spießruten durch Galerien lüsterner Blicke.

Anstatt in einen anderen Lebensstrom zu tauchen, müssen Europäer tagein, tagaus das Vermeiden von Blickkontakten üben. Diese lüden zum Ansprechen und Anpreisen aller möglichen Dienstleistungen ein. Fortwährend beiseite- oder auf den Boden zu sehen und aufglühendem Lächeln auszuweichen, das ist harte Arbeit. Es unterwirft die Reisenden jener Selbstkontrolle, der sie durch Indienfahrt entkommen wollten.

Trotzdem lockt Indien.

Die Europäer wussten es vor Reisebeginn, doch es mit eigenen Augen zu sehen, trübt ihre Zuversicht, gute Menschen zu sein. In Delhi, Mumbai und Kalkutta, den größten Slums Asiens, vegetiert ein Drittel der Einwohner am Straßenrand, auf Karren und in Häusernischen. Zerlumpte, unterernährte Kinder spielen im Dreck und verwandeln sich beim Anblick von Touristen blitzartig in geübte Bettler. Die allgegenwärtige Verwesung – Schwaden von Abwasser-, Müll- und Kloakendüften – und der lähmende Lärm, gleichsam in heißem Fett gebraten, lassen den touristischen Tagesplan zerbersten.

Indienfahrer sind Elendstouristen. Sie schaudern fasziniert vor dem Elend zurück, bewundern die Lebenskraft der Armen und sagen ihr entwicklungspolitisches Einmaleins auf. Außerdem glauben sie, anders als in Ostasien, das Mienenspiel der Einheimischen deuten zu können. Einfühlsame westliche Ehe- und Liebespaare schlittern hier regelmäßig in eine Beziehungskrise. Jeder projiziert den Verdacht, dem Elend ungerührt zu begegnen, grausam und arrogant zu sein, auf den anderen (→**Urlaubsparadies**).

Das Risiko der Indienfahrt besteht aber nicht in der Erkenntnis, vom Elend angezogen zu werden. Es besteht auch nicht darin, in einem Supermarkt der Gurus und Spiritualitäten zu landen und – wie vorausgeahnt – kräftig ausgebeutet zu werden. Riskant ist vielmehr der Imperialismus des Besserwissens, der sich, vom schlechten Gewissen angestachelt, in langen Monologen und mancherlei Entwicklungsprojekten austobt. Man klagt das Kastendenken an, die Lehre vom Karma und den Kapitalismus (obwohl dieser die Inder gnadenlos vom Schmutz befreien wird – und in einen anderen hineinführt). Die Besserwisser kümmert es kaum, wie und warum dieses Elends- und Hightech-Indien trotz aller Reformen an seiner Sozialordnung festhält. Sie bleiben im Gehäuse ihrer Selbstbestätigung gefangen. Dann aber ist der Anreiz Indiens vergeudet, und die ganze Fahrt war umsonst.

Reisen in Italien

Wer hart zu arbeiten und vieles zu entbehren meint, gönnt sich wenigstens einen ausschweifenden Gegensatz seiner selbst (→ **Nichtstun**). Er träumt und kostet bisweilen von ihm und nimmt ihn nicht ganz ernst. So taten es die Deutschen mit ihren Italienern. Aus ihrem Traum vom Süden wurden sie nicht aufgestört, denn manches in Italien entsprach ihm. Und besonders seit die Deutschen ihre Vergangenheit weitgehend mit Holocaust und Zweitem Weltkrieg gleichsetzen, fühlen sie sich geschmeichelt, wenn Beobachter in Deutschland italienische Verhältnisse erkennen. Im Guten wie im Schlechten. Gleichzeitig mehren sich die Berichte aus Italien über Korruption und Schmutz und zugleich über harte Arbeit und edle Gesinnung.

Doch weil die Deutschen immer noch nicht richtig zu leben meinen, träumen sie weiterhin von süßer Regellosigkeit, Unbeschwertheit und Liebesglut, von fuchtelnden Kaffeeschlürfern und krähenden Großfamilien beim herzlichen Streit vor toskanischen, umbrischen und kalabrischen Villen. Das einzige Risiko der Schwärmer ist ein längerer Italien-Aufenthalt. Aus geschäftlichen oder sonstigen Gründen ist er heute vielen Deutschen beschieden. Ihren Berichten zufolge werden sie nicht einfach nur desillusioniert, sondern auch in ein Labyrinth der Überraschungen geführt. Denn was ist die italienische Realität?

Wir ahnten es ja, wollten es aber nicht wissen und sind verstört, wenn sich bestätigt, dass die geliebte Chaotik des mittel- und süditalienischen Alltags aus einem Übermaß von Erlassen, Verboten und Regieanweisungen resultiert und die italienische Bürokratie in Europa an Umfang und Umständlichkeit nicht ihresgleichen hat. Wo Italiener die geschriebenen Gesetze ignorieren (im Verkehr, auf dem schwarzen Markt und bei der Selbstinszenierung), greifen ungeschriebene und unerbittliche. Der körperliche Überschwang ist komplett durchgeregelt. Vor Geschäftsabschlüssen, in Debatten und beim rituellen Flirten treiben die Söhne und Töchter des Landes großen gestischen und stimmlichen Aufwand. Mitteleuropäer verwechseln dies mit Impulsivität, deutsche Residenten in Italien wissen es besser.

Sie kennen auch die Großmächte des italienischen Lebens: das Fernsehen, das allabendlich die Straßen leert, die Netzwerke gegenseitiger Vorteilsnahme, die Religion des Blutes, das unsichtbare Dickicht von Lebensangst und Depression und die unverzichtbare *Institution Mamma*, die es zulässt, dass mehr als 70 Prozent der unverheirateten Männer unter 30 Jahren noch zu Hause wohnen und die – durchschnittlich sehr liebesfaulen – Ehemänner jederzeit ins Kinderzimmer zurückkehren können.

All dies hält uns nicht davon ab, weiterhin nach Italien zu fahren. Wir kommen nicht wegen der Realitäten, sondern wegen der Theatralik und der Vergangenheit. Außerdem nistet in Italien die Zukunft, nämlich das Genie der wirtschaftlichen Improvisation (→**Reisen in Polen**).

Reisen in Japan

In Japan versagt die europäische Wahrnehmung. Vertraute Immobilien wie Restaurants, Spielhallen, Stadtautobahnen, Bürohäuser und Friedhöfe sind auf unmögliche Weise ineinander verschachtelt. Japaner sind höflich, hilfreich, diskret und fleißig und plötzlich das Gegenteil davon. Darüber hinaus versagen in Japan die europäischen Instinkte, sodass die Gäste sich verloren zu gehen drohen.

Um das Vertrauen von Fremden zu erwecken, suchen Westmenschen Zuflucht in der Pose persönlicher Aufrichtigkeit. *Ganz ehrlich gesagt. Erst heute Morgen sagte ich zu meiner Frau. Total begeistert. Hin und her gerissen.* Der Drang zum Bekunden der innersten Überzeugung verstärkt sich dort, wo feines ethisches Empfinden vermutet wird – in Ländern wie Japan. Den Besucher drängt es zu offener Meinung, Preisung und Kritik, auch an manchen japanischen Zuständen, damit der Gesprächspartner weiß, dass er es mit einer ehrlichen Haut zu tun hat (→**Reisen in Frankreich**).

Bei den Japanern löst er damit Beklommenheit aus. Das Gespräch ist für sie der Königsweg zur Eintracht der Seelen. Themen und Äußerungen, von denen man auch nur annäherungsweise befürchtet, sie könnten verletzen oder irritieren, werden sorgsam umgangen. Alles Eindeutige peinigt, denn es bringt den Annäherungsprozess in der Gruppe ins Stocken. Impulsive Gefühlsäußerungen, im Westen der Echtheitsnachweis schlechthin, verraten in Japan ein kindisches Gemüt. Für das Nein- und Absagen nimmt man andere Wege. Die Berichte über den wachsenden Individualismus in Japan sind missverständlich (→**Reisen in China**). Auch mit bizarren privaten Hobbys, architektonischen Extravaganzen und sektiererischen Kulten streben Japaner nach der Anerkennung der anderen. Den Konsens garantieren hier Rastlosigkeit und Perfektion.

Wenn westliche *expatriates* spüren, dass in Japan keine authentischen »Ich«-Sager gefragt sind, sondern Business-Exemplare, die wissen, was sich gehört, pauken sie den Japan-Knigge (→**Interkulturelle Kompetenz**): Sitzordnung, Verbeugungen, Essstäbchen, Visitenkarten, Geschenke, Kleiderordnung, Haus- und WC-Pantoffeln, Sauberkeit *vor* dem Baden, erlaubte Geräusche (Schlürfen beim Essen) und unerlaubte (Nasenschnäuzen). Doch Vorsicht! Die wichtigste Regel für einen *gaijin* (»Mensch von draußen« = »Außenseiter«) ist es zu wissen, dass er in Japan kein Mitmensch werden kann. Das merkt er daran, dass japanische Mitarbeiter sich extra für ihn spezieller Umgangsformen befleißigen, dass man ihn auf der Straße genauestens inspiziert und die Menschen in öffentlichen Verkehrsmitteln von ihm abrücken, und dies nicht nur, weil er vielleicht starken Körpergeruch verbreitet. Japaner sind geborene Nicht-Kosmopoliten. Sie halten sich für einzigartig auf der Welt und schätzen es sehr, wenn ein westlicher Ausländer ihnen versichert, dass Japaner ihm letztlich unverständlich seien.

Japan will gar nicht zugänglich werden. Man denke nur an das Adressen-Chaos in Tokyo: Nur wenige Straßen haben einen Namen, und die Häuser sind nach ihrem Erbauungsdatum durchnummeriert. Von Ausländern wird erwartet, dass sie sich – schon aus Respekt – um Anpassung bemühen, dabei aber scheitern. Man akzeptiert sie *auf Zeit,* sofern sie immer wieder kleine dumme ausländische Fehler machen. Richten sie sich für einen Daueraufenthalt ein, bekommen sie diskrete japanische Entrüstung zu spüren.

Zumindest darf man doch annehmen, dass Ausländer an der japanischen Sprache scheitern. Deswegen werden Gäste, die einige japanische Wendungen aufsagen, für ihre Kenntnisse überschwänglich gelobt. Sollte aber einer von ihnen mit perfektem Japanisch aufwarten, gerät er unter den Verdacht, sich einschleichen zu wollen. Dann zieht man es vor, ihn nicht zu verstehen. Der schlimmste Ausländer ist der verwechselbare.

Reisen in Lateinamerika

Im spanischen und portugiesischen Amerika erkennen wir eine vertraute Sprache, Religion und Staatsordnung und mithin eine Art von exotischem Abendland. Geben wir aber der Versuchung nach und beziehen dort Quartier, offenbart es sich als modern dekorierte Vormoderne, den Blutsbanden und Mythen (und bestimmten *companies*) weit mehr verpflichtet als der Rationalität und dem Recht. Wir Globetrotter aus Europa haben dieser modernen Wildnis noch weniger entgegenzusetzen als dem imperialen Nordamerika. Sie lässt uns an unserem Fortschrittsglauben (→**Wissenschaftsgläubigkeit**) irre werden. Lateinamerika beschämt uns.

Oft ist vom lateinamerikanischen Minderwertigkeitsgefühl die Rede. Aber niemand (außer Matthias Politycki, 2005) hat die Einschüchterung der Europäer in Süd- und Zentralamerika und in den karibischen Staaten beschrieben, die Selbstverachtung der körperlich und ethisch Kontrollierten gegenüber geschmeidigen Mulatten, dem Vitalitätsüberschuss, der archaischen Unerbittlichkeit in den Slums und der paramilitärischen Mordmaschine.

Angesichts zuckender Lebensgier erleben wir uns als verweichlicht, feige und entmutigt. Dabei vergessen wir glatt, dass die westliche Zivilisation bis hin zur Erfindung des Computers das Ergebnis einer weit heftigeren Vitalität ist, das Werk von Abenteurern, die alle Grenzen überschritten haben. Aber leider ist diese Vitalität auf Einzelkörperebene nicht ins Spiel zu bringen.

Schon der abgeschmackte *machismo,* dem wir von Mexico City über Havanna bis Buenos Aires begegnen, stürzt uns in ernsthafte Verlegenheit. Hellhäutige Frauen müssen der Balzerei mit einer Posse der Ehrbarkeit entfliehen (keusch tun und falsche Eheringe tragen), es sei denn, sie gönnen sich einen Seitensprung ins Schmierentheater (→**Reisen in arabischen Ländern**). Ihre Begleiter sind noch schlimmer dran. Sie haben die Wahl zwischen der

Rolle des Schlappschwanzes und einer Rückkehr zur rivalisierenden Kraftmeierei. Ärgerlich dabei ist die Entdeckung, dass die Geschlechtsrollendebatte in Europa bis hin zum staatlich geförderten Gender-Mainstreaming keinen anderen Männlichkeitsstatus hervorbringt, sondern nur den Verzicht auf diesen Status überhaupt nahelegt (→**Vaterschaft**). Europäer behelfen sich mit Verlegenheitslösungen. Für diese gibt es in Lateinamerika kein Sensorium. So führt der Aufenthalt in karibischen und brasilianischen Flirtparadiesen zum Offenbarungseid des europäischen Mannes: Er ist nur ein mutloser Macho.

Die postmoderne Antwort sehr vieler hellhäutiger, alter und mutloser, aber reicher Männer *und* Frauen auf die vormoderne Galanterie ist der Sextourismus einschließlich des Missbrauchs von Kinder-Prostituierten. Man setzt sich dem Rivalitätsdruck gar nicht erst aus, sondern kauft sich direkt das (vermeintliche) Endziel allen Flirtens (→**Urlaubsparadies**). Die Dominikanische Republik, Mexiko, Jamaika und Brasilien sind Hochburgen der käuflichen Lust. Im sozialistischen Kuba wird die große Mehrheit aller Touristen vom billigen Sex angezogen.

Die Autoren der deutschsprachigen Reiseführer bemühen sich, unsere Angst vor Gewaltverbrechen in lateinamerikanischen Ländern auf ein realitätsgerechtes Maß zu verringern. Das entsprechende Risiko für Touristen sei nicht höher als in europäischen Urlaubsgebieten, versichern sie. Statistisch gesehen mag dies stimmen. Allerdings lässt sich die Sicherheitslage bezüglich Mord, bewaffneter Überfälle und polizeilicher Übergriffe nicht einschätzen ohne Beachtung dessen, was erst vor kurzem geschehen ist und jederzeit wieder geschehen kann. In sämtlichen lateinamerikanischen Ländern ähnelt die institutionelle Gewalt in Brutalität und Skrupellosigkeit der kriminellen. Rechtssicherheit und hoher Strafverfolgungsdruck bestehen nur ausnahms- und bereichsweise, also gar nicht. Hingegen werden erbarmungslose Diktatoren, Generäle und Rebellenführer von allen ethnischen und gesellschaftlichen Gruppen, je nachdem, als Heilsbringer verehrt. Ober- und Mittelschicht bunkern sich in Festungen ein. Darauf basiert das Pauschalurteil, in Lateinamerika herrsche eine Kultur der Gewalt.

Aber in welchen anderen Weltteilen verhält es sich, kaltschnäuzige ökonomische Ausgrenzung einbezogen, entschieden anders? Jedenfalls macht uns die südliche Neue Welt auch in dieser Hinsicht nichts vor. Schulmeisterlich auftretende Moralisten aus der nördlichen Hemisphäre tragen in Lateinamerika das Risiko des Selbstbetrugs. Unabhängig davon jedoch sollten europäische Gringos stets zu erkennen geben, dass sie keine nordamerikanischen Gringos sind.

Reisen in Polen

Weil Polen im Osten liegt, erwarten unerfahrene Deutsche dort schlimme Abenteuer. Ankündigend, Termine setzend, buchend und bestellend nehmen sie ihre bevorstehenden Reisetage an die Leine. Damit riskieren sie jedoch eine Kette von Enttäuschungen – Polen halten alle Ankündigungen für vorläufig und vertrauen nur dem, was sie sehen. Dies ist eines der deutsch-polnischen Klischees mit wahrem Kern. Immerhin werden die Gäste durch solche Enttäuschungen in eine große polnische Tugend eingeführt: das Improvisationstalent (→**Reisen in Italien**). Wie von Zauberhand ergeben sich Lösungen für große organisatorische Probleme dank gegenseitiger Hilfeleistung unter Freunden und Freundesfreunden. Wer in einem abgelegenen Ort kein Fremdenzimmer findet, übernachtet beim Dorfschulzen. Bei Schwierigkeiten mit Gesetzeshütern und Engpässen in Arztpraxen riskiert man keine Prinzipientreue, sondern improvisiert mit unauffällig gereichten Geldscheinen (→**Reisen in Russland und der Ukraine**).

Außerhalb großer Städte und abseits touristischer Zentren wird in Polen immer noch selten Englisch oder Deutsch verstanden. Zudem fällt an den Polen eine gewisse Selbstbezogenheit auf. Gerät ein Deutscher (*niemec*) in eine polnische Familien- oder

Freundesgruppe, riskiert er es, als »stummer« (*niemy*) und wenig beachteter Beisitzer stundenlang ausharren zu müssen. Wenn ihn seine Wege häufig nach Polen führen, hilft nur ein Sprach-Crashkurs. Aber von allen slawischen Sprachen ist das Polnische wohl am schwersten auszusprechen. Die deutsche Zunge meistert das Russische, Ukrainische und Tschechische und die südslawischen Sprachen besser. Verwirrende Buchstabenkombinationen für sieben verschiedene Zischlaute sowie Häkchen, Querstriche, Oberstriche und Punkte in polnischen Texten verhindern überdies jene Anfangserfolge, die Sprachschülern sonst meist Auftrieb geben.

Bei Kontakten mit polnischen Kollegen, Familienangehörigen oder Geschäftspartnern versuchen die Deutschen gern, mit demonstrativer Lässigkeit (= Weltoffenheit) und strikter Verbindlichkeit zu punkten. Fühlen sie sich aufgenommen, gleiten sie häufig in biedere Kumpanei ab. Verdutzt erleben sie dann, dass Polen ihre störrischen Eigenheiten haben, etwa die Neigung zu frühbürgerlicher bzw. spätfeudaler Höflichkeit und Galanterie, zu Handküssen, Verbeugungen, Blumengeschenken und Titeln – wie die Volksfrömmigkeit eine Praxis nationaler Selbstbehauptung. Zugleich werden die Deutschen von einer polnischen Vorliebe irritiert, die sie noch weniger als die Galanterie erwarten: dem Hang zum schwarzen Humor, zur hellsichtigen Groteske und zu einem lakonischen Zynismus, der die eigenen Leute und bisweilen auch die Gäste einbezieht (→**Reisen in England**). Im Gegensatz zu den beflissenen Deutschen sind Polen vor Illusionen über die Optimierbarkeit der Verhältnisse gefeit.

Trotzdem finden Polen und Deutsche auf privater Ebene leicht zueinander. Instinktsicher überlassen sie das Reden über konträre Erinnerungen und liebgewonnene Geschichtsdeutungen den Publizisten und Historikern. *Irgendwann, wenn wir uns näher kennengelernt und gemeinsame Sorgen haben, reden wir ohne Scheu über die notwendige Feindschaft zwischen Nachbarn und die irrige Gleichsetzung von Kausalität und Schuld.* Bis es so weit ist, besteht das Risiko der Deutschen in Polen darin, bestimmte Pauschalvorwürfe gegen *die* Deutschen aushalten zu müssen: Sie vernachlässigten Polen in ihrer Vergangenheitsbewältigung und Zeitdiagnostik. Sie verwischten den Unterschied zwischen Tätern und Opfern. Sie seien fleißige und perfekte Organisatoren, aber ungemütlich und arrogant. Sie blickten auf die Polen herab und belehrten sie ständig.

Das werden Polen und Deutsche jetzt nicht ausdiskutieren können, denn sie sind sich, ungeachtet der genannten Eigenheiten, in ihren Gewohnheiten, Sturheiten, Sehnsüchten und Selbstzweifeln zum Verwechseln ähnlich. Da gibt es kein Pardon. Gemeinsam sind sie geradezu süchtig danach zu erfahren, was die Anderen von ihnen halten. Aber diese »Anderen« sind jeweils die *westlichen* Nachbarn.

Reisen in Russland und der Ukraine ...

... führt die Deutschen in eine doppelte deutsche Versuchung: nachgiebig und reumütig, ja unterwürfig aufzutreten und/oder den gesamtwestlichen Lehrmeister zu spielen. Die Versuchung ist groß beispielsweise in russischen Dienststellen und Kaufhäusern. Dort werden die Besucher von Amtspersonen und Verkäuferinnen meist unverschämt und in einem enervierenden Tonfall angeraunzt, wie die Einheimischen selbst, und zu Bittstellern degradiert (s. hierzu und im Folgenden insbesondere: Barbara Löwe 2009, Evelyn Scheer/Irina Serdyuk 2007). Sie assoziieren sofort ein Verhör beim sowjetischen KGB. Sollte man am besten demütig nicken und gehorchen, um nicht gefoltert zu werden? Nein. Reagieren Sie höflich, aber entschieden, notfalls mit erhobener Stimme und pochen Sie auf Ihren Ausländerstatus.

Hingegen glauben manche Deutsche, ein Beispiel für Zivilcourage geben zu müssen, wenn sie von Polizisten wegen Geschwindigkeitsüberschreitung oder anderen (vorgeblichen) Verkehrssünden angehalten werden, Genehmigungen beantragen oder einen Arzt aufsuchen müssen. Sie rücken kein Schmiergeld heraus, denn das wäre ja Korruption. Ein schädliches und hochmütiges Verhalten, vielleicht sogar Ausdruck von Geiz (→**Reisen in Polen**). Wenn die Demonstration von Korrektheit die Lage nicht ändern kann, halte man sich an die Gesetze (die auch das Fotografieren von irgendwie bedeutsamen Gebäuden und Anlagen verbieten), im Zweifelsfall an die ungeschriebenen (→**Reisen in Italien**). Zu letzteren gehört es auch, dass man in der Öffentlichkeit, etwa in der U-Bahn, unter Fremden keinen Blickkontakt sucht und kein verständnisinniges Lächeln oder sonstige Freundlichkeiten in die Gesichter schickt. Versuchen Sie auch nicht, die Russen durch exquisite Höflichkeit zu beeindrucken (und zu erziehen), indem Sie zum Beispiel als Fahrer auf der Straße Fußgängern den Vorrang geben oder in öffentlichen Verkehrsmitteln anderen Ihren Platz anbieten.

Fast unwiderstehlich für deutsche Reisende ist die Versuchung, in den einst von der Wehrmacht verheerten Ländern in die Rolle des geläuterten Sünders zu schlüpfen. Aber das erregt Misstrauen (→**Reisen in arabischen Ländern**). Versuchen Sie nicht, der bessere Antifaschist zu sein, sondern nehmen Sie entsprechende Belehrungen gefasst zur Kenntnis. Und erteilen Sie keinen Aufklärungsunterricht, wenn Sie, zumal in der Ukraine, von alten Männern mit einem treuherzigen »Gände choch!« begrüßt werden und Schmeichlerisches über die Wehrmacht hören.

Ebenfalls fast alle deutschen Besucher tappen in eine andere selbstgestellte Falle: Sie ziehen mit bekennerischem Eifer über das eigene Land her und preisen die russische Mentalität, befleißigen sich vielleicht sogar eines derb-russischen Auftretens, oder aber unterziehen die russischen Verhältnisse einer umfassenden Zivilisationskritik. Mit beidem gewinnen sie keinen Respekt. Von Deutschen, die Deutschland verächtlich machen, sind Russen angewidert. Bei solchen Deutschen muss es sich um sittenlose, alles verneinende Menschen handeln. Verwischen Sie nicht die Grenzen, die Orientierung geben. Bleiben Sie Fremde, Ausländer, Deutsche.

Das Dilemma des westlichen Ausländers zwischen Mitmachen und Distanzhalten kulminiert bei Ess- und Trinkgelagen, zu denen er gebeten wird. Werden Trinksprüche ausgebracht, gibt es kein Entrinnen. Das Schnapsglas ist zu leeren. Wie kann der Gast der überschwänglichen Gastfreundschaft Grenzen setzen – der Mästung, der herzlichen Bevormundung und dem Übermaß an körperlicher Nähe? Mitmachen, so lange es geht. Dann umfallen oder fliehen. Bloß keine Halbherzigkeit!

Reisen in Schwarzafrika

Ein Synonym für den boomenden Afrikatourismus ist die Fotosafari. An Kenia, Südafrika, Botswana, Äthiopien, Nigeria, Sambia oder Senegal reizt uns gewöhnlich nicht eine fremde Lebenswelt mit ihren Kulturschätzen. Wir kommen als Naturschauspielbesucher und zahlen Eintritt für ein Tierspektakel im Wildreservat. Die Bewohner des Komfort- und Fitness-Afrikas sind Antilope und Giraffe, Büffel und Elefant, Löwe und Leopard, Nilpferd und Krokodil inmitten üppiger Vegetation und in Savannen, an Seen und vor schneegekrönten Gipfeln.

Auf der Jagd nach dem Unberührten riskieren wir aber, auf gleichsam exterritorialem Gebiet zu campieren. Hinter den Mauern eines Backpacker-Hostels (→**Rucksacktourismus**), in einer Lodge am Strand oder auf einem Campingplatz im Nationalpark sind nur die Angestellten schwarz. Aus dem Reservat der reichen Weißen brechen wir im Allradcamper auf empfohlenen Pisten ins eingehegte Afrika auf, mit Wasser-, Lebensmittel- und Benzinvorräten an Bord und der Reiseapotheke in Reichweite, überversorgt mit guten Ratschlägen für Zwischenfälle.

Vereinbarungsgemäß tanzen uns schwarze Frauen und Kinder etwas vor, und unweigerlich werden wir rhythmisch mitgerissen. Im touristischen Afrika kommt den Einheimischen die Rolle von Naturkindern zu. Wir sehen sie gern fröhlich und ausgelassen, unbändig lachend, uns bestaunend und komisch ausrastend. Es gehört auch zur Folklore, dass afrikanische Frauen ihre größte Erfüllung im Gebären finden und afrikanische Männer weiße Frauen spontan als Sexobjekte anpeilen. Auf Natursafari ist das völlig in Ordnung.

Es gibt auch so etwas wie Authentizitätsreisen nach Afrika. Von der »unverkrampft ehrlichen Harmonie« ihrer afrikanischen Großfamilie schwärmt etwa eine Deutsche, die mit ihren beiden halbafrikanischen Kindern zwischen dem herzenskalten Deutschland und dem warmherzigen Kenia pendelt (Saskia Böhm 2009). Zwar kann sie das »unverfälscht natürliche Leben« in seinem Zeitüberfluss jeweils nur kurzfristig ertragen. Aber sie hat sich auf die Seite der Güte und Gelassenheit geschlagen und bekennt sich zu Kenia als ihrer wahren Heimat. Authentisch westlich ist es heute, sich selbst zu verurteilen (→**Urlaubsparadies**) – für Afrikaner ein verächtliches und kostspieliges Laster.

Gewöhnlich wird die Begegnung von Weißen und Schwarzen in Afrika als Sicherheitsproblem verstanden. Aus Angst vor Überfällen und Diebstählen fahren die Weißen von einem Schutzraum zum anderen. In ihren eingemauerten Hotels lassen sie sich von Pistoleros mit Pumpguns bewachen. Großstädte durchqueren sie meist im Pulk, oder sie werden dabei eskortiert. Nach Einbruch der Dunkelheit rufe man stets ein Taxi, selbst wenn das Ziel nur hundert Meter entfernt ist. Das empfehlen die Reiseführer für sämtliche Länder in West-, Ost-, Zentral- und Südafrika.

Dass es so weit gekommen ist, zu hohen Kriminalitätsraten in den Städten, zum Verkehrs- und Verwaltungschaos, zur Bestechlichkeit der Amtsträger, zum Wüten der Soldateska und zur völkermörderischen AIDS-Epidemie, führen viele ortskundige Weiße auf die Entfremdung der Stadtbewohner von der ursprünglichen Clan-Struktur zurück (die in den Städten aber fortbesteht). Doch Afrika fügt sich nicht dem Gegensatz von Natur und Chaos. Mordlust ergänzt hier die Mitmenschlichkeit, der Exzess die Sittenstrenge. Die Praxis der Beschneidung von Mädchen trotzt der Aufklärung durch die UNESCO. Die Magie der bösen und guten Heiler fließt auch per Internet, Film, Fernsehen und Politik. Während die westliche Afrikaleidenschaft ins Leere stößt, verschließt sich den Fremden die afrikanische Hochkultur des Übernatürlichen. Kurzbesuche dort sind nicht möglich, sonst wären sie längst im Preis inbegriffen. Dem schwarzen Afrika begegnet man nur unabsichtlich, etwa bei einem längeren Aufenthalt in Lagos. Vor Konversionen ist aber zu warnen, denn in Europa wirkt der Zauber nicht (→Interkulturelle Kompetenz). Dort herrscht bereits der technisch-wissenschaftliche Fetischdienst.

Reisen in der Türkei

Die meisten Westeuropäer kommen in die Türkei auf der Suche nach Urlaubsspaß oder einem kostengünstigen Altersruhesitz. Das Land am Mittelmeer bietet scheinbar den bekannten mediterranen Lebensstil. In den Städten stören nur wenige Kopftuchträgerinnen dieses Bild, die meisten Frauen tragen ihr Haar offen. Ein Großteil der türkischen Männer am Urlaubsort scheint über die eigene Zeit und Zukunft frei zu verfügen und erfüllt das nordeuropäische Südländerschema (schwarzhaarig, glutäugig, schmachtend, hellhäutig, »kaukasischer« Gesichtsschnitt). Fertig ist das Missverständnis.

Machen solche Männer europäischen Frauen hartnäckig den Hof, wirken sie wie naive Glücksritter im Liebestaumel, eine Variante des spanischen, lateinamerikanischen oder italienischen Gigolos, der plötzlich seinem Schicksal begegnet. Islamische Heiratsschwindler, die mit Duldung und Mithilfe ihrer Familien operieren (*bezness*), überfordern das westliche Vorstellungsvermögen. Die Umworbenen jedoch entsprechen exakt einem türkischen Klischee, dem von der westlichen Schlampe, die allein reist, freizügig gekleidet ist, die Blicke fremder Männer erwidert, zurücklächelt, Berührungen duldet und daher keinen Respekt und keine Aufrichtigkeit verdient (→Reisen in arabischen Ländern). Zu Unrecht glauben die Frauen, als Individuen betrachtet zu werden und unter dem gleichsam diplomatischen Schutz ihrer auswärtigen Kulturzugehörigkeit zu stehen. Denn die Türken relativieren sich selbst nicht und sind somit nicht unseresgleichen.

Die oftmals katastrophalen Folgen solcher Begegnungen sind in Foren wie www.urlaubsliebe-tuerkei.de oder www.1001geschichte.de dokumentiert: Heirat in Mitteleuropa, Demütigung und finanzielle Ausplünderung bis hin zum Verlust der gesamten Altersversorgung. Aufgeklärte Touristinnen haben zwei Möglichkeiten. Sie können sich unnahbar zeigen oder den Spieß umdrehen, die Gigolos eine Zeit lang aushalten und dann mit falschen Heimatadressen auf Abstand halten.

Der Fehler, die Türken für unseresgleichen zu halten, wird ergänzt durch den *umgekehrten,* meist von männlichen Touristen begangenen Fehler, in den Türken die ganz Anderen zu sehen: Angehörige der sittenstrengen islamischen Kultur, die gar nicht anders können, als in jeder Situation strikte Gebote und Verbote zu beachten. Das eine Mal zu wenig Empfinden für Unterschiedlichkeit, das andere Mal zu viel. Sind nicht die Andersgläubigen, denken die Westeuropäer, allesamt »ehrlicher«, »herzlicher«, »offener« und »authentischer« als wir selbst? In beiden Fällen ignorieren sie ihr eigenes Hauptmerkmal, westliche Touristen zu sein, Menschen, die Geld bringen und prinzipiell der wahren Sittlichkeit ermangeln. Ihnen gegenüber können sich Türken durchaus als Freunde bezeichnen und in die Rolle des geduldigen Fremdenführers schlüpfen, ohne sich an die Regeln der Gastfreundschaft gebunden zu fühlen (insbesondere nicht in Großstädten wie Istanbul und Izmir und in Urlaubsgebieten wie an der »türkischen Adria«). Sie können in ihrer Gegenwart auch das eine oder andere islamische Gebot missachten, beispielsweise Neppversuche unternehmen, Schweinefleisch essen oder einen Touristen mit dem Messer bedrohen und ausrauben. *Money, money* rufen anatolische Kinder, wenn Europäer oder Amerikaner vorbeikommen, und wissen meist gar nicht, was dieses Wort bedeutet.

Fazit: Touristen in der Türkei sollten sich stets bewusst sein, dass sie nicht dazugehören. Auch wenn sie sich an einem Türkei-Knigge orientieren, bringt sie das den Türken nicht näher. Ein Türkei-Ratgeber ist zunächst nichts anderes als eine Gebrauchsanweisung (→**Interkulturelle Kompetenz**), ihr zu folgen Ausdruck eines westlichen Lasters, der Relativierung.

Erst dann, wenn ein Ausländer ins Haus eines Bekannten eingeladen wird und dort isst und wohnt, gebühren ihm der volle Respekt und die Gastfreundschaft der Familie. Dieser Respekt gilt aber nicht seinem Anderssein, sondern dem Gast, der sich aufführt, wie es die Gebote von Ehre und Achtung erfordern. Eine andere Art von Gästen ist nicht vorstellbar. In islamischen Gesellschaften wird auf die grundlegende *Differenz* geachtet. Entweder man gehört, wenn auch nur vorübergehend, der Sittengemeinschaft an, oder man steht zur Disposition.

Reisen in den Vereinigten Staaten

Etwa zweihundert Jahre lang waren die Vereinigten Staaten faktisch Neu-England, Neu-Italien, Neu-Irland, Neu-Polen und auch Neu-Deutschland, eine wahre Jenseitsstätte auf Erden. Zu Beginn der neunziger Jahre indessen, als der deutsche Wirtschaftsmotor zu stottern begann, wich der Traum von einem zweiten Leben in Trans-Atlantik dem schnöden Abgleich von Beschäftigungs- und Verdienstangeboten: Hier bleiben oder in die Schweiz gehen, nach Schweden oder nach drüben? Auf dem globalen Arbeitsmarkt wandert man in Jobs ein und nur nebenbei auch in ein fremdes Land (→**Fliegen**).

Für Neuankömmlinge waren die Vereinigten Staaten noch nie ein Paradies. Aber das Hauptrisiko der europäischen Einwanderer ist heute nicht mehr die Unabsehbarkeit des Immigrantenschicksals, sondern die absehbare Wirtschaftskrise. Der Gewinn einer Green Card, ein amerikanischer Ehepartner oder ein Studentenvisum garantieren nur noch das Aufenthaltsrecht im klassischen Einwanderungsland. *Amerika* kann seine eigene wachsende Erwerbsbevölkerung nicht mehr ausreichend mit Hoffnung versorgen. Wenn Monat für Monat Hunderttausende Amerikaner ihren Job verlieren, sind nur noch jene Einwanderer willkommen, die selbst neue Arbeitsplätze schaffen. Dann verzichten *die Staaten* darauf, ein Gleichnis der ganzen Welt sein zu wollen.

Wer nur für ein Jahr oder ein Semester nach Amerika kommt, registriert deren Eigenart aufmerksamer als der Stellensucher. Ausführlich berichten viele Au-pairs, Absolventen eines Highschool-Jahrs, Studenten, Lehrer und Wissenschaftler in einem der zahlreichen Austauschprogramme in Blogs und einschlägigen Foren über ein Land, das tatsächlich nicht nur in Film und Fernsehen existiert. Bei ihnen lassen sich zwei Gattungen unterscheiden: solche, die eifrig »wertvolle Lebenserfahrungen« für die Karriere sammeln, und solche, die in den USA nach kurzer Zeit unter einer schwer fassbaren Verstörung leiden. Um es kurz zu machen, das große Risiko der Letzteren, der kontaktsensiblen Europäer, scheint die Fixierung auf den Gegensatz von *Oberflächlich* und *Tief* bzw. *Falsch* und *Echt* zu sein. Mit dieser Fixierung landen sie in den USA, ohne dort jemals anzukommen.

Wie offen, freundlich, zugänglich, unkompliziert, herzlich und hilfsbereit die Amerikaner doch sind! 250 Millionen Individualisten (die kleinen Kinder nicht mitgerechnet)! Wie selbstverständlich man hier die Verschiedenartigkeit der Menschen toleriert! Wenn aber die Gäste spüren, dass die Kommunikation per Vornamen ein Medium der Distanzierung sein kann, wenn sie erleben, wie indifferent das breite Lächeln gestreut wird, wie prüde man die Geschlechter- und Kleiderordnung handhabt und wie selbstgefällig und kleinkariert über den Rest der Welt befunden wird, schlägt die Begeisterung in Verachtung und Heimweh um. Und prompt halten die Freunde der Fairness dagegen, Amerikaner seien keineswegs oberflächlich. Einladende Offenherzigkeit bereite nur den Boden für mögliche Vertrautheit.

Und objektive Betrachter versuchen, der amerikanischen Eigenart mittels Aufzählung von Unterschieden gerecht zu werden. In den USA *schiebe* man die Fenster auf, baue Straßen ohne Gehsteige, beginne die Woche mit dem Sonntag, wechsle man nach

Einbruch der Dämmerung die Straßenseite, um nicht hinter jemandem hergehen zu müssen ...

Mit Unterscheidungen ist dem Amerikanischen zwar nicht beizukommen (sämtliche Unterschiede wurden in den USA schon konsumiert), vermutlich aber mit dem Aufzählen von Dingen. Autos, Küchengeräte, Kleidung, Comics. Deren Tatsächlichkeit spricht hier für sich selbst und erfüllt sich beim Aushecken von weiteren Dingen. Es erübrigt sich herauszufinden, ob sie wirklich und bedeutungsvoll oder Blendwerk und nichtig sind. Sie überwältigen auch so. Was auf dem Bildschirm vorüberzieht, setzt sich auf den Straßen fort, und umgekehrt. Das Lächeln ist wichtiger als der Anlass zum Lächeln. Amerikaner feiern das Fest der gegenseitigen Anerkennung, wohingegen die deutschen Bekenner von Direktheit und Ehrlichkeit nur wieder herausfinden wollen, wer und was wirklich dazugehört und wer und was nicht.

Doch allgemeines Wohlwollen zu bekunden, gelingt nur bei ständiger Zugabe von *can do spirit*. »Jeder kann alles erreichen, wenn er es wirklich will« (→**Positives Denken**). Damit alle daran glauben konnten, musste das besiedelbare Land grenzenlos, die Möglichkeit der Aufnahme von Kredit (vertrauensvollem Zahlungsaufschub) unbeschränkt sein. Der Glaube an die Existenz eines Landes mit solchem Zutrauen war übrigens auch *unser* Amerika. Wir Europäer mussten nicht zukunftsgläubig sein; dafür hatten wir die Vereinigten Staaten. Jenseits des Nordatlantiks kompensierte man alle Nöte mit dem Vertrauen auf stetig wachsenden Wohlstand. Amerikaner sein hieß einen Vorschuss auf die Zukunft nehmen. *Amerika* war eine sich selbst erfüllende Prophezeiung. Der amerikanischen Unterklasse mangelte es zwar meist an Bildung, Lebensmitteln, Gesundheit und Frieden, aber niemals an Optimismus.

Schwindet nun das Vertrauen der Amerikaner zu ihrem Anspruch auf Prosperität und Glück (in den Dingen), steht nicht weniger als die Realität der Vereinigten Staaten auf dem Spiel. Bisher wurden dort die Verteilungskämpfe zwischen Erfolgreichen und Bedürftigen durch die Aussicht auf weitere Expansion eingedämmt. Was geschieht in einem Nordamerika der Knappheit? Es verschwimmt vor den Augen der europäischen Einwanderer und Besucher. Die Europäer verübeln es den Amerikanern, wenn sie nicht mehr von deren Selbstzufriedenheit mitgerissen und angeekelt werden. Eine solche Entmutigung wäre – im wörtlichen und übertragenen Sinn – ein Anschlag auf die Seelenruhe der Europäer. Denn diese müssten dann eine eigene, europäische Realität riskieren, sprich: selbst naiv und gläubig sein, anstatt sich mit ihrer Skepsis aufs Altenteil zurückzuziehen.

Reisen mit Kindern

Rein medizinisch betrachtet, erscheinen die Risiken des Verreisens mit Kindern als vermeidbare und notfalls behandelbare Übel: die Unterdrückung des Bewegungsdrangs der Kinder, Übelkeit und Durchfall, quälende Folgen der Zeitverschiebung und Luftdruckveränderung, Flüssigkeitsverlust und Sonnenbrand, Malaria und andere Infektionskrankheiten (der Kinder) nebst nervlichen Kollateralschäden bei Eltern und anderen Mitreisenden. Deswegen wird allgemein davon abgeraten, mit Kindern unter zehn oder gar unter drei Jahren durch tropische Gebiete zu ziehen und länger als jeweils acht Stunden im Flugzeug oder im Auto zu sitzen.

Bei Familienreisen steht aber mehr auf dem Spiel als das Wohlbefinden, nämlich der Frieden zwischen Kindern und Eltern. Diesen Frieden gefährden heute vor allem zwei extrem gegensätzliche, gleichwohl weitverbreitete Attitüden der Erwachsenen.

Im Bann ambitionierter Urlaubskonzepte sehen viele Väter und Mütter in ihren Kindern nicht viel mehr als *willfährige Anhängsel* – dabei geht die Fahrt heute meist nicht mehr in den Harz, sondern etwa nach Südafrika oder Chile. Sehr riskant sind festgelegte Etappenpläne auf Abenteuer- und Trekkingreisen und körperliche Überforderung bei Gebirgstouren. Vermeidet man diese, hängt immer noch alles davon ab, ob die Freude der Erwachsenen auf die Kinder übergreift. Wenn diese sich nicht in überschaubaren Abläufen und Arealen einrichten können, verweigern sie sich, quengeln, trotzen und sabotieren.

Zugleich ist bei einem großen Teil der berufstätigen Eltern *das Prinzip gleichberechtigter Teilhabe aller Familienmitglieder* zur fixen Idee geworden. Unter hohem Zeitdruck behelfen sich solche Eltern häufig mit einer Routine der werbenden, schuldbewussten Verwöhnung. Bei der Urlaubsplanung werden schon Kindern im Vorschulalter (meist Einzelkinder) präzise Willensäußerungen entlockt. Diese sind dann praktisch Gesetz. Eine ganze aufblühende Touristikbranche offeriert »betreuten Urlaub mit abwechslungsreichen Freizeitaktivitäten« für Kinder (beispielsweise mit »Rudern, Golfen, Mountainbiken, Wasser-Spaßhaus, Volleyball, Ponyreiten, Yachthafen, Schatzsuche und Hochseilgarten«). Eine Fürsorge ohne Grenzziehung und Wegweisung verkehrt sich aber ins Gegenteil (→**Mutterschaft**, →**Vaterschaft**). Entgrenzte Lebensneulinge werden um ihre Kindheit betrogen und fliehen in hilflose Egozentrik. Schon fast eine Massenerscheinung ist die Kombination von Allmachtswahn und Bewährungsangst geworden. Um dieser Behinderung vorzubeugen, sollten Mütter und Väter ihren Nachwuchs durchaus zu den eigenen Höhenflügen – und Urlaubswunschwelten – mitzunehmen versuchen, dabei freilich Rücksicht auf die Kraftreserven und Reaktionen der Kinder nehmen. Liebevolle Entschiedenheit bekommt Kindern im Urlaub besser als das besorgte Abfragen von Vorlieben im Status nascendi. Kinder können dann wenigstens aufbegehren.

Hilfreich ist schon die Einsicht, dass ein großer Teil der Außenwelt (die vor der Haustür beginnt) noch zu entdecken ist, was auch bedeutet, dass beim Verreisen mit Kindern die Alternative Richtig oder Falsch in vielen Situationen nicht greift. Gegenüber fremder Gestik und Mimik muss man etwas riskieren, und Kinderaugen sind gute Sonden. Je mehr Eltern und Kinder gemeinsam entdecken, desto besser halten sie zusammen, und desto vertrauensvoller lernen sie, was sie eint und unterscheidet.

Rucksacktourismus

Neuerdings macht es sich gut im Lebenslauf als Nachweis für Globalisierungstauglichkeit und Improvisationstalent: dass man als *backpacker* oder *drifter* wusste, wie man monate- oder jahrelang mit wenig Geld und viel Cleverness durchkommt unter fremden Menschen, mit ihnen lebt, gelegentlich jobbt und schließlich als gereifte, kontaktstarke Persönlichkeit heimkehrt. Rucksacktouristen halten sich zugute, von der großen weiten Welt geprüft und für überlebenstüchtig befunden worden zu sein.

Doch sind sie, bei Lichte besehen, aus der Obhut von Papa und Mama nie hervorgetreten. Gut erzogen und versichert, simulieren sie Bedürfnislosigkeit. Sie haben ihre *Round-The-World-Tickets* inklusive Rückflugtickets in der Tasche und schaukeln in vorzugsweise armen Ländern auf ausgetretenen Pfaden zu jenen Geheimtipps, die ihnen der Reiseführer *Lonely Planet* exklusiv-massenhaft enthüllt. An einer Art Hightech-Lotterkleidung unschwer erkennbar, haben sie exterritorialen Status (→**Urlaubsparadies**). Wenn die Gastfreundschaft der Einheimischen erschöpft ist, übernachten sie in den Mehrbettzimmern der *Hostels* und erzählen sich auf Englisch, wo es pittoresk und preiswert zugeht: Westler plus Israelis plus Assoziierte aus Singapur, Südkorea, Japan und Malaysia.

Ihr Gelände ist die Welt – minus Russland, minus China, minus zentralasiatische und Kaukasus-Länder, minus intolerante Moslem-Regionen, minus jene afrikanischen Länder, in denen nur die zahlungskräftige Touristenart willkommen ist (→**Reisen in Schwarzafrika**). Und auch in der stark zusammengeschmolzenen Reisewelt bleibt man primär doch in der eigenen Domäne, dem Internet, wohnhaft. Man ist über Mobiltelefon (dank lokaler SIM-Karten) für Freunde ständig erreichbar, lädt seine Fotos hoch und verschickt sie, trifft Verabredungen in Internetbörsen für das nächste Flugziel und berät sich im Internet-Café mit seinem Über-

Ich, dem Reisetagebuch. Zwischendurch prüft man die Stellenangebote am Herkunftsort (vgl. Jana Binder 2005). Die Fremde jenseits der touristischen Logistik bleibt rein virtuell. Rucksacktouristen fahren rastlos umher, ohne sich von der Stelle zu rühren. Auf ihre träge und spontane Weise führen sie bereits heute das Berufsleben von morgen vor: Wo wir auch sind, ob wir zupacken oder rasten, im Kopf geht die Arbeit unablässig weiter.

Weltbummelei fördert durchaus die Karriere. Ihr Risiko ist lediglich die Selbsttäuschung. Man glaubt, draußen gewesen zu sein, den Horizont erweitert zu haben, und hat sich doch nur um sich selbst gedreht (→**Wanderschaft**).

Sammeln

Mit einem verlegenen Lächeln präsentiert die Dame nichtsahnenden Freunden die Schmach ihrer Weltflucht zu Zigarettenbildern der dreißiger Jahre (Wahrzeichen, Schiffe, »Deutsche Kolonien«). In den Abstreichlisten ihrer Sammelalben zeigen sich kleine Lücken – unerledigte Fleißaufgaben. Sie erspart sich Rechtfertigung, ebenso wie die Sammler von Spielfiguren und polnischer Volkskunst, denn »der Mensch, der sammelt, ist tot« (Jean Baudrillard), gefangen in einem entrückten Bezirk, wo verstohlener Liebesdienst die Zeit vernichtet und die Reifung des Charakters aufhält.

Aber ist nicht im Internet »der Möglichkeit nach« (virtuell) schon jede denkbare Sammlung gespeichert? Die Übersetzung des Realen ins Virtuelle bedroht nicht nur die Archive und Sammlungen und die von ihnen benötigte Zeit und Aufmerksamkeit. Sie löscht auch den Gegensatz von Nützlich und Nutzlos und damit Reiz und Risiko des Sammelns überhaupt. Was noch als Sammlung präsentiert wird, folgt dem Kalkül der Kapitalanlage (Gemälde, Münzen, Erstausgaben) oder ist Vorwand für Bierabende in Hinterzimmern (→**Vereinstätigkeit**). Das Absonderliche am Sammeln aber wird von fast jedem Surfgang um ein unendlich Vielfaches überboten.

Doch es ist gar nicht mehr das Absonderliche, Zweckfreie, das mich zum Sammeln verlockt. Es ist auch nicht die Treuepflicht gegenüber Verblichenem. Vielmehr reizt mich das Wagnis, gegen alle digitale Indifferenz zu den Realien aufzubrechen (→**Partnersuche im Internet**). Vielleicht täuschen sie ja ihr Vorkommen nur vor. Umso mehr begehre ich sie. Am aufgelesenen Gegenstand fasziniert mich das Schroffe, Bloßgestellte, Unvertretbare. Sein Hergelaufensein, das sich gegen Abspeicherung sträubt. Einst, als die Dinge Ort und Rang hatten (und wir uns daranmachten, sie zu emanzipieren), ging die Sehnsucht auf das hinter den Grenzen Liegende. In der Wegwerfgesellschaft geht sie auf Dinglichkeit (→**Social Networks, →Internet-Recherche**). Dem Gestrüpp, der Kritzelei, mit Muße zu begegnen, ist so utopisch wie der Tod. Es kann eine Kollektion begründen, vorausgesetzt, es stößt mir überraschend und nicht per Suchmaschine zu. Dafür entlastet es mich vom Streben nach Vollständigkeit. Und nicht schon wieder »Ikone«! Ein liegengebliebenes Gekrakel ist schon die Sammlung. Ein zweites schon eine unbeendbare Serie.

Scheidung

Unehelich Zusammenlebende nennen sich gegenseitig nicht mehr gern »Lebensgefährten« oder (kokett) »Lebensabschnittspartner«. Am liebsten lassen sie ihre Umgebung im Unklaren über die Art ihrer Liaison. Das mindert nicht etwa ihr Ansehen als gemeinsam auftretendes Paar, sondern erhöht es noch um den Mehrwert doppelter Souveränität. Zugleich strebt die große Mehrheit der Frauen nach wirtschaftlicher Unabhängigkeit. Beides erklärt zur Genüge, warum immer weniger Ehen aus überwiegend wirtschaftlichen Gründen geschlossen und geschieden werden. Wer heute noch heiratet, nimmt es mit seiner Zuneigung gewöhnlich sehr ernst und trifft durchaus eine Wahl fürs Leben. Dennoch ist die deutsche Scheidungsrate, bezogen auf einen Zeitraum von 25 Jahren, bis zum Jahr 2008 auf annähernd 40 Prozent gestiegen.

Erst am Ende beginnen die meisten Ehepartner zu rechnen, und es wäre töricht, daraus zu schließen, sie hätten es von Anfang an tun sollen (→**Ehevertrag**). Die gescheiterten Liebesehen werden von vielfältigen Zahlungsverpflichtungen heimgesucht, die Verrechnung »negativer Anfangsvermögen« (Schulden) inbegriffen. Nach altem Scheidungsrecht waren meist Männer die Hauptleidtragenden, nach neuem Recht sind es meist Hausfrauen. Die Versuche, dem finanziellen Risiko vertraglich vorzubeugen und es familienrechtlich abzufedern, verringern den Symbol- und Bekenntniswert der Ehe und damit auf lange Sicht die Zahl der Eheschließungen. (Denn heute muss niemand mehr heiraten.) Nun plagen sich die Enttäuschten mit Unterhaltsansprüchen, dem Zugewinn- und Rentenausgleich und gemeinsamem Schuldendienst. In jedem zweiten Fall ist auch die fortbestehende »Elterliche Sorge« beider Eltern für Kinder unter achtzehn Jahren zu regeln. Viele Geschiedene sprechen dem Expartner die Fürsorgefähigkeit ab. Je größer der Trennungsschmerz, desto härter der Verteilungskampf (→**Rechtsstreit**). Dieser nimmt überdies rasch geschlechterpolitische Dimensionen an.

Eine Scheidung hinterlässt ausschließlich Opfer – was freilich nicht den Fortbestand einer Ehehölle rechtfertigt. Auch die finanziell Sanierten büßen lebenslang mit einem Mangel an Zuversicht in sexuellen Beziehungen. Den Nachfolgern und Nachfolgerinnen gegenüber wird weniger Energie und Geduld aufgebracht (→**Seitensprung**). Vor allem aber werden auch die Kinder mit geschieden. Als Erzeugnisse der stornierten Ehe können sie nicht auf einen Neubeginn hoffen, nur darauf, nicht zur Geisel eines Elternteils im Kampf gegen den anderen zu werden. Der emotionale Phantomschmerz verstärkt sich häufig bis ins dritte oder vierte Lebensjahrzehnt hinein. Je jünger die Kinder zum Zeitpunkt der Trennung waren, desto nachhaltiger leiden sie unter Bindungs- und Trennungsängsten, Minderwertigkeitsgefühlen, Aggressionen und Selbstvorwürfen.

Das größte Risiko jedoch gehen die Geschiedenen durch ihre

Rückfälligkeit ein. Sie suchen bei neuen Ehepartnern Wiedergutmachung, auch Revanche, aber mit bereits ausgehöhltem Vertrauen. Der zweite Anlauf scheitert meist ebenfalls. In den Vereinigten Staaten werden etwa 50 Prozent der Erst-Ehen und etwa 60 Prozent der Zweit-Ehen geschieden. Die Ein- und Aussteiger leiden deutlich häufiger als die Ungeschiedenen unter chronischen Krankheiten. Dennoch oder gerade deswegen versuchen es nicht wenige zum dritten oder vierten Mal. Ihr Verlangen nach Glücksgarantien fordert das Unglück heraus. Da hilft nur noch strikte Heiratsabstinenz. Eine Ehe ist genug.

Schönheitsoperationen

Nun, da sich herumgesprochen hat, warum gutes Aussehen als vertrauensbildende Maßnahme Trumpf ist, nun, da es *offiziell* geworden ist, beginnt es billig zu werden. In allen Programmen und fast allen Leitungsfunktionen treten zuversichtlich dreinschauende Schönlinge nach vorn. Wir Zuschauer wittern die Serienproduktion dahinter (→**Anti-Aging**, →**Wellness**). Drahtigkeit und Symmetrie wird man bald von uns allen erwarten. Und Hässlichkeit bekommt etwas Asoziales (→**Designerdrogen**).

Zunächst rafft sich jeder allein auf. Das Missgeschick, unter dem sie oder er lange litt, soll endlich beseitigt werden. Bäuche, Nasen, Augenlider, Brüste, Bauchdecken, Wangen, Ohren, Hände, Schenkel, Geschlechtsteile, Hinterbacken. Aber mit dem Entschluss zur Tat ist es nicht abgetan. Der Übertritt in die Welt der operativen Körperverbesserung ist endgültig. Schon das Abheilen, Begutachten und Kompensieren misslungener Eingriffe zieht sich jahrelang hin. Der Erstversuch zwingt zur Fortsetzung. In die geglätteten Gesichter kehren Falten, auf die abgesaugten Bäuche kleine Dellen zurück. Alle sechs Monate steht Nachbessern an. Mit zwanzig zeigen sich die ersten Alterszeichen – Eliminieren als Lebensaufgabe. Den gut Operierten offenbart sich, was aus ihnen alles werden könnte. Unbehandelte Flächen, die ans Geschönte grenzen, sind doppelt unerträglich. Jetzt aufzuhören, würde die Aufgewerteten in Verzweiflung stürzen.

Aber was das kostet. Es kostet das Leben, mit ungewissem Erfolg. Das runderneuerte Gesicht von heute (hohlwangig, aufgepumpte Lippen) erregt in fünf Jahren Überdruss. Erneut gehen die Strebsamen in der Masse unter. Der Kampf um normgerechte Sonderstellung ist von vornherein verloren. Warum tun wir uns das an? Wir könnten versuchen, dem Selbstoptimierungsdiktat kosmetisch, sportlich, aktivistisch oder per →**Fitnesstraining** zu genügen – bevor das →**Fortpflanzungsdesign** die Reparatur erübrigt. Das täte weniger weh. Die einfachste und schönste Weise, anziehend mitzuhalten, wäre es aber, die Schönheitsnorm vergessen zu machen (→**Glücksstreben**), indem wir unverzüglich treiben, wofür wir erst schön werden wollen. *Mit anderen Worten:* Ehe wir uns versehen, werden die unbekümmert Dahinwelkenden attraktiver als die vielfach Operierten erscheinen. Nach den überarbeiteten Körpern kommen die (vermeintlich) naturbelassenen in Mode. Nur sie wecken die Lust auf Unbekanntes. Nur sie tragen das – erotisch unverzichtbare – Understatement glaubwürdig zur Schau.

Schwangerschaftsabbruch

Ungewollt Schwangere empört es, aus heiterem Himmel in ein unüberwindliches ethisches Dilemma geraten zu sein. Was habe ich bloß getan, fragt sich die Schwangere, dass ich plötzlich zwischen Leben und Nichtleben entscheiden soll? Sie möchte die Macht, die darin besteht, gebärfähig zu sein, je nach Wunsch ausüben und abwerfen können. Nur wegen einer Verhütungspanne will sie in keiner Entweder-Oder-Falle sitzen. Ist das zu viel verlangt?

Im Normalfall, bei der ersten oder zweiten Schwangerschaft einer jungen Frau, kommt der ungebetene Menschenkeim zwei Zukunftsentwürfen in die Quere. Die Restlebenszeit der Frau und ihres Gefährten ist potenziell gewinnbringend angelegt. Ausbildung, Berufseinstieg, Selbsterprobung, Aufstieg, Weiterbildung und Alterssicherung – und nun dies, lange vor der dafür eingeplanten biografischen Nische.

Doch niemand weiß, was er tut, wenn er Reales gegen Mögliches tauscht. Vielleicht ist der Schwangerschaftsabbruch nur ein erster Aufschub in einer langen Kette von Aufschüben (→**Kinderlosigkeit**). Was erfüllt sich überhaupt noch auf einem Berufsweg, wenn tendenziell alle Erwachsenen ihr komplettes Leben der eigenständigen Existenzsicherung widmen müssen? Die allgemeine Karrierepflicht bereitet auch im Erfolgsfall nur flachen Selbstgenuss. Dieser ist überdies meist einer Selbstbestimmung verpfändet, die immer nur weitere Wahlmöglichkeiten ausheckt. Verlinktes Dasein, Durchgangsverkehr, nichts Bindendes, keine Ankunft. Sind Aufstieg und Vermögensbildung heute mehr als Vermehrung von Lebensverlegenheit?

Vielleicht verpassen die werdenden Eltern eine nicht wiederkehrende Gelegenheit, gesucht und gefunden zu werden (→**Mutterschaft, →Vaterschaft**). Darin liegt das Risiko des Schwangerschaftsabbruchs. Was ist denn die berufliche Laufbahn (→**Karriere**) anderes als die Suche nach etwas, das es wert wäre, endlich keine Wahl mehr zu haben.

Schwarzarbeit

Wer Arbeitsleistungen irregulär abrechnet, verzichtet auf Rechtssicherheit. Anbieter von Schwarzarbeit sind im Krankheitsfall und nach Unfällen schutzlos und riskieren – wenn sie beispielsweise von missgünstigen Kollegen angeschwärzt werden – Bußgelder und Freiheitsstrafen. Ihren Auftraggebern droht nachbarschaftliche Denunzierung. Überdies haben diese keine Handhabe gegen Spätfolgen von Pfuscharbeit.

Gleichwohl steht der Schwarzarbeit eine große Zukunft bevor.

Mit dem Durchschnittsalter der Bevölkerung wächst die Nachfrage nach – regulär unbezahlbarer – Alten- und Krankenpflege, mit der Erwerbstätigkeit der Frauen ein Bedarf nach kostengünstiger Haushalts- und Erziehungshilfe jeder Art (→**Auktionsplattformen**). Energisch auf Senkung ihrer Lohnnebenkosten bedacht sind weiterhin Bauindustrie und Gastronomie, Reparaturwerkstätten, Handwerksbetriebe, Reinigungsfirmen und Arztpraxen. Zugleich treibt die Entwicklung der Bevölkerungsstruktur die Sozialabgaben weiter in die Höhe. Abgaben und Steuerlasten einfallsreich zu begrenzen, verstehen viele Unternehmen daher als eine Art Notwehr. Und die Empfänger von Mindestlöhnen und Mindestsozialhilfen verteidigen ihren dürftigen Komfort mit autonomer Arbeit ohne Rechnung (→**Berufliches Scheitern**). Als Menschen wie du und ich genießen Schwarzarbeiter in allen großen Gruppen weit höhere Wertschätzung als Politiker (→**Parteimitgliedschaft**) und Journalisten.

Da zeichnet sich der Grundriss eines informellen Gesellschaftsvertrags ab. Wenn Anbieter und Nachfrager abgabenfreier Leistungen ihre existenziellen Ansprüche aufeinander abstimmten, sänken die Risiken der Rechtsfreiheit. Pflegeleistungen ließen sich zumindest teilweise gegen ärztliche, rechtliche und pädagogische Leistungen oder künftige Anrechte darauf tauschen (→**Unternehmensgründung**). Dann würde sich die improvisierte Schwarzarbeit zu einer Schattenökonomie auf der Basis gegenseitiger Investition von Sozialkapital erweitern, nicht-monetären Tauschhandel und Nachbarschaftshilfe eingeschlossen. Solche genossenschaftlichen Modelle sind schon mehrfach gescheitert; aber unter Bedingungen des Staatsversagens wären sie ein aussichtsreiches Wagnis.

Seitensprung

Fremdgehen ist eines unserer Lieblingsthemen. Es füllt unzählige Foren, Fernsehspiele und Therapiestunden. Die ständige Aufregung um die Risiken des Seitensprungs gibt uns zu verstehen, wie interessant und attraktiv es macht, aus der Partnerschaft auszubrechen. Wie intensiv wir *dabei* sind. Damit ist schon das Hauptrisiko des absichtlichen Fremdgehens benannt. Was als Frage der Triebökonomie, des Anstands und der Leidensfähigkeit diskutiert wird, droht in lustloser Betriebsamkeit unterzugehen. Gewöhnlich büßen wir die gestohlene Lust mit Geständniszwängen, Rationalisierung und Ernüchterung ab.

Kaum hat eine Affäre begonnen, verlockt ihr hoher Kurswert zur großen Aussprache (→**Kommunikationstraining**). Die Trophäe will präsentiert werden. Zugleich wollen die Täter ihr Gewissen erleichtern, um die feste Beziehung zu retten. Für die Fleißarbeit, die es erfordern würde, das Techtelmechtel geheim zu halten, fehlt ihnen meist die Kraft und Kaltblütigkeit. Lieber verraten sie sich oder legen Beichten ab, mit denen sie aber auch auftrumpfen und demütigen. Die Opfer verzeihen schließlich, können jedoch die Kränkung nicht verwinden, zumal der Verdacht nun fest installiert ist, und erheben vor einem imaginären Skandalgericht Anklage wegen Vertrauensmissbrauchs und Besitzgefährdung. Gebetsmühlenartig werden Gründe und Ansprüche vorgebracht: Nicht nur Sex, sondern auch Gefühle. Die Courage bzw. der Mumm zum offenen Gespräch. Das Bedürfnis nach neuen Erfahrungen. Treue gegen Treue. Da hat in der Beziehung schon etwas nicht mehr gestimmt. Man kann auch zwei Menschen lieben (→**Talkshows**).

Vom Kreuzverhör abgesehen, arbeiten die Seitenspringer, vor allem die weiblichen, ihre Lust bei Kosten- und Nutzenrechnungen ab: Habe ich zurückbekommen, was ich gegeben habe? Wie fällt die Erlebnisbilanz aus? Stärkt sie mein Selbstvertrauen? Mit wem rede ich darüber? Die neue Prüderie expandiert im Namen der Selbstbestimmung.

Einvernehmliche Lockerungsübungen von Paaren in Swingerclubs und mittels Online-Dating-Portalen (→**Partnersuche im Internet**) sind keine Seitensprünge, sondern Akte gegenseitiger Beaufsichtigung bei der Nutzung von Orgasmus-Discount. Vor Fantasien, d. h. vor Ausschweifung, sind die Teilnehmer geschützt.

Vorsorglich schlucken die männlichen unter ihnen Viagra, Cialis oder Levitra (→**Potenzmittel**), um dem Leistungsdruck inmitten eines großen Fachpublikums standzuhalten. Dennoch befürchten die Mitglieder, ihre Partner könnten auf den Geschmack von realer Untreue kommen.

Unbeendbar ist das Wundenlecken, weil in der permanenten Seitensprung-Beratung die gefestigte, verlässliche Partnerschaft als Normalzustand und die rastlose Glückssuche als Abweichung verstanden wird. Doch es verhält sich umgekehrt. Die Rastlosigkeit ist der Normalzustand, die Institution (Ehe, Familie, Zusammenhalt) das mühsam Ausgehandelte, das Unwahrscheinliche, das Kunstvolle und Zerbrechliche. Die Institution ist das Abenteuer. Um fortbestehen zu können, bedarf sie immer wieder der Immunisierung durch Injektionen von Unsicherheit. Sie provoziert auch unwillkürliche Seitensprünge, die plötzliche Verführung (über die kein Wort zu verlieren ist). Ob ein Seitensprung aber unwillkürlich geschehen ist, können die einander Verpflichteten nicht klären. Sie sind parteiisch. Sie kämpfen und leiden, finden wieder zusammen und verlieren sich.

Single-Dasein ...

... ist in Bekenntnisse eingehüllt, die der eigenen Lebensweise einen hohen Grad von Freiwilligkeit unterstellen. Deswegen überzeugt die Definition des *Duden*-Fremdwörterbuchs, wonach ein Single »bewusst und willentlich allein lebt, ohne feste äußere Bindung an einen Partner, aus dem Wunsch heraus, ökonomisch unabhängig und persönlich ungebunden zu sein«. Dieser Wunsch indessen ist ein Massenphänomen.

Manch einer sagt von sich selbst, Geld bedeute ihm persönlich sehr viel. Oder der Kontakt zu anderen Menschen. Wenn das Gegenüber gut gelaunt ist, verkneift es sich die Bemerkung, dies gehe doch fast allen so. Auf ähnliche Weise irritiert das Bekenntnis einer aus Ehe, fester Beziehung, Familienbanden oder anderer Rücksichtnahme freigesetzten Person, sie wolle nun nur noch das tun, wozu sie Lust habe: ausgehen, Partys besuchen, trinken, woanders übernachten, verreisen, einkaufen, surfen, fernsehen, kochen und Musik hören, wo, wie, wann und so viel sie wolle und ohne jemandes Einverständnis haben zu müssen. Nichts ist leichter zu verstehen als dieser Anspruch. Er wird heute gleichsam mit der Atemluft eingesogen und ausgestoßen. Doch äußert er sich als ureigenes, persönliches Bedürfnis, getragen von der Erinnerung, bei der Erfüllung individueller Wünsche behindert worden zu sein. Endlich *selbst*, endlich unverwechselbar leben! Doch ist kollektive Einzigartigkeit möglich?

Das chronische Risiko unseres Single-Daseins ist der Selbstbetrug. Auf hohem Niveau schrecken wir davor zurück, die gewonnene Freiheit so zu nutzen, dass sie bleibende Folgen hat (→**Schwangerschaftsabbruch**). Wir sparen unsere Potenziale lieber auf und installieren uns vor der Möglichkeitsmaschine, dem Computer. Ein Projekt ausgenommen. Mit allen Kräften suchen wir nach einer Erwerbstätigkeit, die noch größere Unabhängigkeit verspricht (→**Kindertagesstätten**). Und wo wir schon dabei sind, widmen wir diesem Ziel gewöhnlich das ganze Leben bis zur Verrentung – notgedrungen, denn es verliert sich, was ablenken und entlasten könnte, die familiäre Rollenvielfalt (Frauen und Männer, Eltern und Kinder, Söhne und Töchter). Höchster Zweck der Freizügigkeit ist es, sie selbst rein zu erhalten, zumal von unbezahlter Kinderaufzucht. Ein Leben im Dienst persönlicher Unabhängigkeit schiebt das Leben auf bis zum Sankt-Nimmerleins-Tag.

In diesem Dienst steht zunehmend auch die sexuelle Annäherung. Dass junge Männer beim Rendezvous behutsam nach dem Einkommen der ihnen vermittelten Damen forschen (→**Partnersuche im Internet**), scheint nicht mehr blamabel zu sein. Das größte Hindernis bei der Anbahnung glücklicher Liebesbeziehungen zwischen Singles ist aber nicht die maßlose Erwartung der Aspiranten, sondern der Platzmangel in den Köpfen. Wo die »andere Hälfte« zur Glücksergänzung wohnen könnte, hat sich häufig schon eine Gruppe von Ego-Pflänzchen traulich eingerichtet. Die Sorgfalt bei der Suche nach einem passenden Lebenspartner sabotiert das Gelingen. Es könnte ja noch etwas Attraktiveres, Perfekteres, Aufregenderes und besser Verdienendes gefunden werden, denken sich die Chefs der Ein-Personen-Haushalte und verleugnen damit, dass ihre multiplen Eigenpersönlichkeiten auf jeden Neuankömmling eifersüchtig reagieren. In Europa und Nordamerika nimmt die durchschnittliche Zahl und Dauer der Affären zwischen Singles pro Jahr stetig ab. Die Anspruchsvollen werden durch Dauerberatung ausgespiegelt und in digitalen Netzwerken vervielfältigt und sind somit bereits komplett. Sie geben sich keine Blöße, die zum Bedecken einlädt. Andere Komplett-Einsame haben für sie höchstens ein strategisches Mitgefühl übrig. Ergeben sich Job- und Kontaktchancen, entpuppen sich die Kumpane als Intimkonkurrenten.

Die Versingelung des Daseins gründet nicht im Charakter der Singles, sondern in der Ökonomisierung des Zusammenlebens (→**Mutterschaft**). Auch alleinerziehende Mütter und Familienväter tendieren zum Einzelgängertum. Vor der Selbstlähmung im heimischen Gerätepark retten uns nur Menschen, die uns brauchen, und solche, von denen wir abhängig sind. Der beste, der unverfügbare Trick, sie zu finden, ist Liebe, der heimtückische Kurzschluss im Zustand verminderter Souveränität.

Skaten

Während sich das überwiegend weibliche Aufsichtspersonal in Schulen und Medien um das Fortkommen der trägen jungen Großstadtmänner sorgt, pfeifen diese darauf und verschwinden in maskulinen Wahlheimaten (→**Computerspiele**, →**Vereinsmitgliedschaft**, →**Extremsportarten**, →**Designerdrogen**). Als vor Jahrzehnten der urbane Raum schon vollständig aufgeteilt und in

Betrieb genommen war, suchten ausgerechnet dort die aller Pädagogik überdrüssigen Jungs ihre öffentliche Gegenwart. Sie kamen als Rollkunstläufer und provozierten die Verkehrsdisziplin mit Fahrlässigkeit, die Zielstrebigkeit mit Zeitvergeudung, den Arbeitseifer mit pubertärem Spaß, die Charme-Offensiven mit nutzloser Eleganz, den allgemeinen Konsens mit (vorgeführter) gleichgültiger Abwendung, den Schick mit purer Körperlichkeit und den Selbstmitleidskult mit Kraft und Härte. Sie tun es bis heute.

Aber keinem der vielen Kritiker des jugendlichen Machismo ist aufgefallen, dass die stundenlang an ihren Tricks arbeitenden Skateboarder und Inlineskater weder eine sexuelle Dominanz zur Schau stellen noch miteinander homosexuell verschworen sind, vielmehr dem auf allen Werbeflächen gefeierten Fitness-Körper in hautenger, vorgeblich erotischer Konfektion den Stinkefinger zeigen – erkennbar an der narzissmusfreien Schlabberkleidung und der Stilisierung eines überall verachteten Typs, des jugendlichen »Hängers« und Faulenzers (vgl. Steffen Wenzel 2001). Ein Fall von Dissidenz.

Wenn die Skater mit großem Radau über Mauern, Treppen, Geländer und Rampen fegen, riskieren sie sowohl den Krach mit Anwohnern als auch Stürze und Zusammenstöße, die oft mit Knochenbrüchen und ernsten Kopf-, Kapsel-, Band- und Gelenksverletzungen enden. Die Demonstration von urbaner Unabhängigkeit verlangt solche Risiken.

Das eigentliche, das nicht kalkulierbare Risiko der autonomen Skater ist das einer jeden Gegenkultur, die beachtet werden möchte und unvermeidlich stilbildend wirkt. Die Rahmenkultur bedient sich ihrer. Die Jugendlichen wollen anecken, aber suchen zugleich Anerkennung. Irgendwann arrangieren sie sich mit Stadtverwaltungen, die ihnen abgelegene Gelände zur Geschicklichkeitsübung anbieten. Behelmte Freizeitgleiter in hautengen Trikots bevorzugen asphaltierte Wege abseits des Autoverkehrs. Inlineskating jedenfalls ist zum Breitensport für die ganze Familie mutiert, als »Ganzjahres- und Lifetime-Sport«, als »gelenkschonende Alternative zu Jogging und Nordic Walking« und als »Fitness mit Fun-Faktor« (→**Fitnesstraining**). Über bestimmte Foren, Blogs und Magazine korrespondieren die Adepten aus aller Welt über Körpertechniken, Skatevideos, Hightech-Schuhe, Markenklamotten und Schutzausrüstung (bei autonomen Läufern verpönt). Lokale, nationale und internationale Verbände richten Wettbewerbe und Einsteiger-Kurse aus. Die Stars des neuen Massensports werden von Herstellern und Sportgeschäften hofiert.

Vielleicht dient es ja der Volksgesundheit. Die jungen Männer jedoch – und die wenigen jungen Frauen –, deren Leben zerredet worden ist, werden sich ihren Ort in der Megalopolis nun auf andere Weise aneignen.

Social Networks

Die Menschen waren primitive ortsgebundene Kreaturen, bis das Internet kam. Dieses durchwanderten sie sendend und empfangend. Dann kamen Plattformen wie *Facebook, StudiVZ, MySpace, Xing, StayFriends* und *lokalisten* und zeigten ihnen, wie sie zueinanderfinden konnten, ein jeder in seinem Netzwerk, die »Freunde«, die Leute aus der Gegend, die Hundehalter, die Lehrer, die Schüler, die Studenten, die Jäger und die Sammler. Es ist die Geschäftsidee der Social Networks, das Leben neu zu erfinden (→**Kommunikationstraining**).

Ein ganz anderes Weltbild haben Erzieher und Datenschützer. Sie sehen im Internet einen riskanten Appendix des Berufslebens. *Offenbart nicht eure persönlichen Vorlieben den Dienern der Werbewirtschaft!*, warnen sie Kinder und Jugendliche. *Hinterlegt keine Bilder und Videos mit gespielten Exzessen in einem für alle Zeit abgespeicherten Account!* Denn die könnten später euer Karrierekiller sein (→**Überwachtwerden**).

Die Schützlinge jedoch fürchten das Risiko, isoliert und unbeachtet zu bleiben, weitaus mehr als das Risiko eines schlechten Leumunds im Archiv. Sie wollen dort anwesend sein, wo es die Freunde und Altersgenossen sind. Sie kennen keine andere Sphäre, in der sie sofort Anschluss und Gelegenheit zur Selbstinszenierung haben, als die besiedelte Internetplattform. Im Übrigen fabriziert das Netz eine soziale Identität eigener Art und ist nicht auf Echtheit von außen angewiesen. Das virtuelle Alter Ego formt sich durch Kontakteifer und den Grad seiner Beliebtheit, in jeder Community auf besondere Weise. Schon das Aufnahmeprofil ist ein Produkt des Ausschmückens und Weglassens. Zwar macht es den Teilnehmer zu einer begehrten Adresse für Anbieter. Aber eine der effektivsten Techniken, die man im Netz erlernt, ist das Ausblenden von Werbung.

Jugendliche riskieren wenig, wenn sie ihren privaten Lebensmittelpunkt in eine schaulustige und indiskrete Öffentlichkeit verlegen. Doch bei dieser handelt es sich seltsamerweise um ein geschlossenes Universum, eine Art von kollektivem →**Computerspiel,** das die Realität verdoppelt. Das schafft bleibende Verwirrung. Die bei *Facebook* gewonnene Beachtung und Selbstachtung nebst Kontakt- und Lernfähigkeit ist nicht auf jene Persönlichkeit übertragbar, die sich durch Wohnung, Einkommen, Dokumente, Ess- und Schlafgewohnheiten und vertrauenswürdige Tugenden und Laster ausweist. Die Erfolge im Netzwerk sind an eine bestimmte digitale Architektur mit bestimmten Programmierschnittstellen gebunden. Erwählen zwei oder drei Generationen die Social Networks zu ihrer Heimstatt, so bleiben sie erdentbunden, ausgelagert, computergestützt. Dort, im Netz, herrscht Rudelzwang, hier Vereinzelung. Dort ist Gemeinschaft, hier Verdrängungswettbewerb. Dort gibt man sich Tipps und gleicht seine Wertvorstellungen ab. Aber daraus entsteht kein Vertrauen, sogar nur höchst selten dann, wenn man sich einmal in der Kneipe trifft. Von verlässlicher Zuneigung, Bindung, Kampfbereitschaft ganz zu schweigen (→**Partnersuche im Internet,** →**Telearbeit**).

Allerdings schwindet durch die Auswanderung des Sozialen ins Internet die Aufmerksamkeit für das ortsgebundene Neben- und Gegeneinander. Es tritt ins Diffuse, Unbekannte zurück, in eine

Sphäre, die keine Anerkennung spendet. Darin liegt eine Chance. Wer seine Anerkennungsarbeit im Social Network auf ein Minimum reduziert (ganz damit aufzuhören, geht nicht), hat viel Zeit dafür, physische Beziehungen unbeobachtet, gleichsam außer Konkurrenz, aufzunehmen, wie eine Untergrundorganisation, die nur per Brief und Kassiber und in Fußgängerzone und U-Bahn konspiriert.

Sportwetten

Der Computer erdrosselt die Wettlust, die er schürt (→**Pokern**). Ehemals, als die Leute jeweils andere Informationen hatten, setzten passionierte Spieler bei Buchmachern auf Geheimtipps. Heute minimieren Rechner das Verlustrisiko. Ja, es ist möglich, mit Online-Sportwetten per Saldo bescheidene Gewinne zu machen, sofern einem freies Eigenkapital zur Verfügung steht – wenigstens 100 000 Euro sollten es schon sein. Am besten unterhält man Konten bei zehn bis dreißig Wettbüros, vergleicht deren Gewinnquoten für alle möglichen Ausgänge von Spielen in bestimmten Sportarten und nutzt deutliche Preisdifferenzen aus (*Arbitrage*). Näheres siehe Internet. Die regelmäßige Datenauswertung läuft auf eine hauptberufliche Tätigkeit hinaus.

Nach Abzug aller Gebühren konnte ein fleißiger Profi-Wetter in den letzten Jahren durchaus Gewinne in Höhe von 1,5 bis 3 Prozent seiner Einsätze erzielen. Weil sich aber immer mehr Amateure zu Wett-Strategen ausbilden, schrumpfen der Durchschnittsprofit und die Zeitlücke pro *Arbitrage*. Außer wachsender Mühsal belasten den Strategen die Insolvenzen mancher Anbieter und Turbulenzen infolge Sportwettbetrug. Auch das organisierte Verbrechen mischt mit.

Und natürlich müssen die wettfreudigen Sportexperten geduldig bluten (→**Lotto**). Einsätze auf Fußball-, Tennis- und Eishockey-Resultate werden als schicke Abenteuer angepriesen, denn die Sportverbände wollen mitverdienen. Der Leistungssport ist korrupter denn je, Sportpolitik und Sportberichterstattung zeigen sich kriecherischer denn je. Aber die Funktionäre verteilen Ethik-Pflaster: Mit den Wettgewinnen staatlicher Buchmacher sollen »steuerbegünstigte Zwecke« verfolgt, soll insbesondere die »pathologische Spielsucht« therapiert werden. Wetten wir also besser rein virtuell, zum bloßen Vergnügen.

Sprechen vor Publikum

Jeder, der um seinen Ruf und seine Selbstachtung bangt, wird von Blamageangst geplagt. Sie zehrt an der Lebensfreude und am Schlaf, provoziert Adrenalinschübe und Albträume: Nach durchwachter Nacht der Selbstzerstörung entgegenfiebernd, stößt der ungeübte Referent schließlich seinen Text hervor und verhaspelt sich zwei, drei Dutzend Mal – und der Blick ins Publikum erkennt nichts als Überdruss und Mitleid. Der eigene Körper wird zum unerbittlichen Feind: roter Kopf, trockener Mund, steigender Blutdruck, flacher Atem, fuchtelnde Hände. Oder die Denkblockade beim freien Sprechen vor den erwartungsvoll blickenden Kollegen und Vorgesetzten, das Verstummen nach zwei, drei gescheiterten Neuansätzen. Den Abgestürzten erwartet ein Jahrzehnt der Erinnerung an Versagen, Erniedrigung und Schande, in elender Angst vor dem nächsten Auftritt.

In einschlägigen hilfreichen Artikeln werden die Risiken der Laienredner meist nur schonend umschrieben. Aber jede Andeutung leitet eine Sturzflut von guten Ratschlägen ein, mündend in Hinweise auf Handbücher und Blockseminare: Durch gründliche Vorbereitung, Gedächtnistraining, Generalproben und Atemübungen beuge man der Blamageangst vor. Helfen könnten auch Yoga, Meditation, Akupressur, progressive Muskelrelaxation, Inhalieren ätherischer Öle, Tai Chi und Qi Gong oder autogenes Training, übrigens auch terminnaher Geschlechtsverkehr. Man meide Alkohol, Tranquilizer und Betablocker und wehre sich nicht gegen das Lampenfieber. Man treffe frühzeitig am Vortragsort ein, trage unauffällige Kleidung und plaudere mit den Zuhörern. Empfohlen wird, aufrecht zu stehen, den Blick *freundlich* umherkreisen zu lassen, eine Person in der letzten Reihe bzw. einen *freundlichen Kopfnicker* ganz vorn ins Auge zu fassen, tief, langsam, möglichst frei und mit geöffneten Mundwinkeln zu sprechen sowie gemessen zu gestikulieren. Wenn der Mund austrocknet, beiße man leicht auf die Zungenspitze, so werde die Speichelabsonderung angeregt.

Im Falle eines Filmrisses verfügt der beratene Redner über ein ganzes Repertoire von Notlösungen. Er kann »selbstbewusst schweigen« und erst einmal das bereits Gesagte zusammenfassen oder den folgenden Punkt übergehen und an geeigneter Stelle nachholen oder das Publikum einbeziehen (»Wo waren wir stehen geblieben?«) oder *humorvoll* den Blackout eingestehen, denn: »Nicht die Hörer haben zu entscheiden, ob wir uns blamiert haben, sondern ausschließlich wir selbst.« Oberstes Gebot ist die Souveränität. Um einen angenehmen Eindruck zu machen, spreche man nicht länger als eine halbe Stunde und vermeide Floskeln, Schachtelsätze, *dass*-Sätze und vielsilbige Worte. Kernbotschaften seien dreimal anzusprechen.

Worüber die Ratgeber sich wohlweislich ausschweigen: Neben den Furchtsamen tummeln sich Redegewandte, die von Sorgen entgegengesetzter Art erfüllt sind. Sie lieben es, vorzutreten und zu sprechen, und werden zu ihrem Leidwesen allzu oft nicht eingeladen. Jeder kennt sie, die rhetorischen Existenzen, die keiner Beratung bedürfen und erst vor einem Auditorium ganz sie selbst sind. Nicht nur Dozenten, Sprecher und Schauspieler, auch Schüchterne finden sich unter ihnen. Vielleicht sind sie im Kindesalter beklatscht worden, als sie Männchen machten oder possierlich vorlasen. In der Schule glänzten sie beim Referieren, später wuchsen sie – ergänzt durch Spätberufene – in belehrende und vorzeigefreudige Rollen hinein. Ständig versuchen sie, *ihre* Situation, die Sprechsituation, herzustellen. Sie leiden, wenn ihnen das

Wort entzogen wird und sie bei der nächsten Tagung übergangen werden. Weniger Begabte, die ins Lehramt gelangen, üben sich eine annähernd unbekümmerte Routine ein. Doch schimmern bei ihnen immer wieder die Spuren der Selbstüberwindung durch. Einer nuschelt häufig, eine andere spricht zu schnell und neigt dazu, die Endsilben zu verschlucken.

Wonach weder die Begabten noch die Angelernten greifen können, ist etwas, das von außen kommt, sie ergreift oder eben nicht: die Leidenschaft für die Sache. Das höchste Ziel des Redners, andere in Bann und Anteilnahme zu ziehen, seine »Persönlichkeit«, seine »seelische Kraft«, resultiert aus völliger Selbstvergessenheit und ist somit heute eine Rarität. Aus dieser Einsicht ergeben sich die typischen Risiken der Vielredner und Dauersprecher: die Langeweile im Publikum infolge des Themenverschleißes, der sich beim Überzeugenwollen einstellt. Das charmante Gequassel, das die Lauschenden kurzfristig beeindruckt und langfristig rachsüchtig stimmt. Die Depression, die hinter der Aufputschung lauert. Unvermeidliche Abnutzungserscheinungen, die Folge beschleunigter Weitergabe des zusammengerafften und nur flüchtig bearbeiteten Materials.

Rhetorische Existenzen sprechen gern, nichtrhetorische schweigen gern. Letztere schrecken aus Aversion oder Desinteresse vor öffentlichen Auftritten zurück und eignen sich dabei wie das jagdbare Wild im Laufe der Jahre erstaunliches Geschick an. Sie wittern die Gefahr schon von weitem und leiten meist rechtzeitig schlaue Ausweichmanöver ein. Wenn sie nicht ausweichen können, leiden sie und stehen die Prüfung mit Hilfe der oben erwähnten Hausmittel – die, näher betrachtet, der Wald- und Wiesenpsychologie entstammen – recht und schlecht durch. In aller Regel kommen sie glimpflich davon, fühlen sich erlöst und leiden vor der nächsten Prüfung erneut.

Ihr Hauptrisiko ist die Selbstverachtung infolge eines Mangels an sichtbarer Souveränität. Warum sie so scheu sind, hat gute Gründe. Vermutlich folgten sie von früh auf anderen Belohnungserwartungen als die Inszenierten, saßen gern schweigend zusammen, schmachteten und lasen, trödelten und schrieben, erpicht auf viel freie Zeit und sprachlose Liebhabereien. Diesen sollten sie nicht therapeutisch abzuhelfen versuchen, schon gar nicht wegen einiger Vorsprech-Pflichten.

Für die geschulten Sprecher aus Politik und Wirtschaft sowie uns als Publikum stehen weitere Risiken bereit. Die Staatsmänner und Hochschullehrer des 19. und frühen 20. Jahrhunderts haben noch ganz anders gesprochen als ihre heutigen Nachfolger: länger, ab- und ausschweifend, improvisierend, persönlich beispielgebend, aufbrausend und predigend, in sich versunken, erregt auf den Fußspitzen stehend, häufig innehaltend.

Die heute trainierte Kunst der öffentlichen Rede versteht sich als Präsentation. Fachvorträge und Fernsehauftritte sind Varianten des Marketings. In Fernsehdiskussionen zwischen Parteien- und Verbandsvertretern potenziert sich die Pflicht zur Fehlervermeidung und somit auch die Blamageangst. Die Standardbesatzung der Talkrunden weiß, dass sie bei den Zuschauern »draußen vor dem Bildschirm« keinerlei Autorität genießt und diese jedes fade Geplänkel ohne zu zögern wegzappen. Bei Anne Will, Maybrit Illner und Frank Plasdorf wird weniger Sachkenntnis als Schlagfertigkeit verlangt. Eingeladen werden meist altgediente Charismatiker und Betroffenheitsdarsteller, die für wenig mehr als die eigene Persönlichkeitsmarke stehen. Als Risiko der politischen Talkshow gilt die überraschende Krisensituation, in der die prominenten Plauderer, schweißnass, bleich und stotternd, zu Antworten gezwungen werden, die nicht vorbereitet und abgesprochen worden sind.

Wir Medienkonsumenten überlassen die Teilnehmer der Polit-Shows ihrem Hauptrisiko: sich weder untereinander noch zusammengenommen vom Infotainment zu unterscheiden, das heißt, apolitisch zu agieren – ein unvermeidliches Risiko, solange sie in erster Linie einen Wirtschaftsstandort repräsentieren und Bürgschaften für die globalisierte Finanzwirtschaft übernehmen.

Unser eigenes Risiko ist ebenso unvermeidlich. Als intime Betrachter von →**Talkshows,** Interviews und Stellungnahmen aus der

Bildschirm-Distanz nehmen wir die Parteien- und Regierungsvertreter wie andere Prominente (→**Prominenz**) zum persönlichen Darstellungswert bei uns auf. Wir teilen ihren Gesichtsausdruck, verteilen Sympathiewerte und bangen mit ihnen, wenn sie sich mit ihren Statements plagen: Bringen sie den Satz zu Ende? Fällt ihnen ein passendes Verb ein oder haben sie einen Hänger und verzetteln sich? Ob es sich nun um politische Freunde oder Gegner handelt – *face to face* mit ihnen fühlen wir mit dem arbeitenden Gesicht. Auch wir selbst verlieren vor dem Bildschirm unseren politischen Sinn.

Doch gegen diese medientechnisch unausweichliche Blödheit gibt es ein simples Mittel: Schließen wir die Augen und konzentrieren uns auf die hervorgebrachten Worte. Sofort sind wir jeder Einfühlung in das Leiden des Politikers ledig. Sofort gewinnen wir unsere nüchterne Distanz zurück und registrieren nur noch die Aufbereitung der auf Sinnstummel reduzierten Angelegenheit.

Sterbehilfe

Eine mir nahestehende Person bittet, nein, fleht mich an, ihr das Sterben zu ermöglichen. Ein unfehlbar tödlich wirkendes Mittel soll ich beschaffen. Vom ersten Anruf an sitze ich in der Falle. Mein wiederholtes Nachforschen, Trösten und Hinhalten löst bei dem Lebensmüden Unruhe, dann Verzweiflung aus: Er habe sich an mich gewandt, weil er mir vertraue. Er bitte darum, nicht an einen Psychiater oder irgendwelche Professionellen abgeschoben zu werden. Tatsächlich suche ich nach einem Grund, ebendies zu tun. Aber es wäre Bequemlichkeit, gleich den Amtsweg einzuschlagen. Zwar ist mir die Vertrauensbürde schwer und lästig, aber ich kann nicht so tun, als sei sie mir nicht schon aufgeladen worden. Abwerfen gilt nicht. Ganz ohne Beihilfe zum Weiterleben oder zum Sterben komme ich nicht davon.

Die zweite Versuchung zur Bequemlichkeit trägt den süßen Namen *Selbstbestimmung*. Nach ihrem Gebot habe ich mich nur zu vergewissern, ob das Leiden beständig und der Todeswunsch authentisch und ernstlich erwogen ist. Dann mache ich mit gutem Gewissen kurzen Prozess, breche (als Arzt) die lebenserhaltenden Maßnahmen ab (→**Patientenverfügung**) oder besorge die richtige Dosis vom besterprobten Einschlafgift, 15 Gramm Natrium-Pentobarbital. Verabreichen muss der Kranke sich das Gift aber selbst, sonst überschreite ich die Schwelle zur verbotenen aktiven Sterbehilfe – indirekt aktiv darf sie auch in Deutschland schon sein. Damit erspare ich mir die Mühe zu begreifen, was diese Person hartnäckig den Tod fordern lässt. Vielleicht die Hoffnung auf meinen liebevollen Widerspruch oder einen Ausweg aus der Angst vor kostspieliger Bettlägerigkeit oder wütender Todesmut oder Hoffnung auf stille Begleitung. Mein eigenes Risiko dabei ist begrenzt. Ich weiß jetzt von mir, dass ich, um alles richtig zu machen, keine Zuwendung, keine Geduld, kein Mitleid und keine Fürsorge aufbringen muss.

Ein weiteres Risiko der Sterbehilfe sind die bleibenden Zweifel an meinen Beweggründen. Habe ich meinen Widerstand gegen den Sterbewunsch zu leicht aufgegeben, um einen Aufpasser oder Rivalen loszuwerden oder endlich zu erben? Wollte ich eine tragende Expertenrolle spielen, zunächst als Sterbezeitverlängerer, dann als Sterbezeitverkürzer? Oder hielt ich das Dahinvegetieren schlicht nicht mehr für lebenswert oder empfand einen wachsenden Berührungsekel?

Sterbehilfe ist eine Situation der Überforderung. Den einen, richtigen Begleitweg gibt es nicht. Aber ehre den Verzweifelten, der sich an dich wendet, indem du dich empfänglich machst für das Eigenartige, das Unverhandelbare seines Wunsches. Sei ihm Freund, nicht Besserwisser oder Psychologe, dort, wo das Persönliche ins Überpersönliche mündet. Unvermeidlich kostet solches Interesse viel Zeit. Rede ihm den Todeswunsch nicht aus, sondern gestehe ihm eine Fremdheit zu, die sich deinem Urteil entzieht. Hilf ihm zu sterben, wenn du spürst, dass er sein Leben geben muss, um seine Würde und seinen Lebensantrieb zu bewahren. Doch versuche, das Leiden zu lindern, das daraus erwächst, dass der Wille zu sterben die ganze Person in Geiselhaft nimmt. Tritt ein für seine Sehnsüchte, Ahnungen, Erinnerung, das Unsagbare, den zaghaften Wunsch, von Selbstbehauptung per Suizid abzulassen. Werbe für Lebenserleichterung (Palliativtherapie) und Hingabe an eine Kraft, die stärker ist als jedes Machen.

Talkshows

Woher nehmen sie nur den Mut, ohne rhetorische Schulung vor Millionen von Menschen bei Oliver Geissen oder Bärbel Schäfer ihre Macken und Manien zu präsentieren, auf Sympathie für ihre Biestigkeit zu hoffen, Gerechtigkeit für Parias zu fordern und der Abstrafung standzuhalten? Nachdem Priester, Propheten, Patriarchen und Präsidenten entmachtet worden sind, bleibt den Beleidigten, die *hier und jetzt* ihr Recht bekommen wollen, nichts anderes übrig (→**Prominenz**). Aus der Anonymität springen sie in die oberste Instanz der öffentlichen Privatwelt und tragen furchtlos ihre Sache vor: Die achtzehnjährige Epileptikerin hat gerade erfahren, dass sie adoptiert worden ist, und sucht ihre leiblichen Eltern. Andersherum, ein Mann will wissen, ob er der leibliche Vater seiner Kinder ist oder diese ihm untergeschoben wurden. Eine schwangere Frau gesteht, dass nun zu ihren sieben Kindern ein achtes hinzukommt und der Stress immer größer wird.

Kann das gut gehen? Wir, das vergleichshungrige Zuschauervolk, verlangen nach Freaks, Idioten, Prügelknaben, ungefiltertem Krawall, Kaputtem, Obszönem, Absonderlichem, wie es sich schlägt und verträgt. Der Moderator hetzt die eingeladenen Akteure und die Sympathisanten im gesiebten Studiopublikum gekonnt aufeinander. Er lässt sie sich austoben, und dabei kommt heraus: Jeder soll doch selbst entscheiden. Jeder darf so viel behalten, wie er selbst investiert hat. Und mehr darf man von ihm auch nicht verlangen. Für Kinder, die ich nicht gezeugt habe, muss ich nicht zahlen. Immer mehr Kinder zu kriegen, rechnet sich nicht (*Proll-* und *Assi*-Syndrom). Jedem gefälligst das Seine, und nicht auch noch das Andere (dass etwa Mama wie ein Teenie agiert). Überhaupt sind wir modern und tolerant. Einsperren, Überwachen und Quälen lehnen wir strikt ab.

Das Fernsehen ist die lebenslange Schule der Enttäuschung. Verzweifelte und Wahnwitzige, Exzentriker und Angehörige kleinster sexueller Minderheiten (Windelfetischisten) fassen sich ein Herz, um einmal *ihre* Chance zum großen Auftritt zu nutzen. Unzählige Voyeure sind bereit, sich an ihnen zu weiden. Doch Show und Soap tunken sie unterschiedslos in die Minimalmoral der Gleichbehandlung. Logisch, sonst wären manche Zuschauergruppen angewidert, und manche Werbekunden sprängen ab. Das salomonische, vom Studiotribunal vollstreckte Urteil über die Lebensvielfalt ist die auf den Tauschwert und den Besitzanspruch heruntergekommene Toleranz. Gegen die Vergleichsrechnung haben Vorurteile und Leidenschaften keine Chance. Wir beklatschen »Deutschlands schrägste Stylings« frenetisch, wenden aber höchstrichterlich ein, dass Peinlichkeit den Marktwert mindert. Beim Auftritt der Eigenbrötler wird ihr restlicher Eigensinn auf das Gleichheitszeichen reduziert.

Immer wieder gern vorgeführt werden Paare mit großem Altersunterschied. »Mein Sohn liebt eine viel zu alte Frau.« Die lieben sich eben. Aber das Abspringen des oder der Jüngeren ist leider abzusehen, lohnt sich da der Aufwand? Fremdgehen in jeder Art und Weise wird streng sanktioniert. Ein mit Gefühls- und Arbeitseinsatz erworbener Besitz droht ohne Gegenleistung verloren zu gehen – der Skandal schlechthin (**→Seitensprung**). Auch unentgeltliche Treue wird von der Jury mit Unverständnis quittiert.

Aufsichtsgremien geben kund, es gelte die Menschenwürde, das Schamgefühl und das Niveau zu schützen. Dieser Alarmruf ist das Alibi für die wahre Wucht des *Trash*-Fernsehens: die letzten Winkel des Privaten der Kostenrechnung zu öffnen. Befreit euch, tut nichts mehr umsonst, heißt die Parole. Wer nach der Verheizung aller Tabus ausgerechnet das Fernsehen einschaltet, um ein Tabu zu brechen, verdient es nicht anders, als so lange toleriert zu werden, bis nichts mehr von ihm übrig bleibt.

Das Risiko des mutigen Akteurs und zynischen Voyeurs besteht also nicht darin, dass er getadelt, abgewiesen und verurteilt wird. Es besteht in der trüben Erfahrung, gar kein Risiko mehr eingehen zu können. Man gibt ihm den Bescheid, eine bedeutungslose, allgemein anerkannte Person zu sein.

Diesem Risiko kann er entgehen, indem er abschaltet, der Anerkennung entgeht, es darauf ankommen lässt, ob er nun verächtlich ist oder störrisch nach anderem Maß. Gelegentlich macht die Talkshow Hoffnung. Da treten Akteure auf, die schon einmal oder gar zweimal auf der Couch gebeichtet haben und mit allen Maßregeln versehen entlassen worden sind. Sie sind vom Talk- und Schicksals-Tribunal offensichtlich nicht im Geringsten eingeschüchtert worden.

Telearbeit

Längst residieren die Unternehmen im Computer und wickeln ihre Außenkontakte im Internet ab. Sie sind rund um die Uhr in Betrieb. Potenziell. Damit aus den Kontakten Abschlüsse werden, muss die menschliche Bedienung mitziehen. Der Name für dieses Gebot ist »Flexibilität«. *Flexible Work,* vollständig im Home Office oder alternierend zwischen dort und der Firma oder einfach *von überall aus* erledigt, unterläuft alle Zeit- und Tarifregelungen. Dienst am Netzwerk ist seinem Wesen nach unbeendbar (**→Multitasking**). Alle Benutzeroberflächen sind Verlegenheitslösungen; für jeden kleinen Arbeitsschritt sind Hunderte anderer auszuschließen. Jeder Klick zieht einen anderen nach sich. Der beschränkte Mensch vertrödelt seine Jahre an Schnittstellen. Als Telearbeiter sitzt er durchschnittlich immer länger mit der Maus in der Hand vor Tastatur und Bildschirm. Regulär, niedrig oder gar nicht entlohnt.

Wenn die Trennlinien zwischen Beruf und Privatleben, Konzentration und Zerstreuung, Selbstständigkeit und Abhängigkeit verschwimmen, riskiert der ausgebeutete *E-Lancer* seinen Lebenszusammenhang. Asozial unter den Seinen, treibt er im virtuellen Raum. Es fällt ihm schwer abzuschalten. Dennoch sträubt er sich gegen eine rein ökonomische, gleichsam prädigitale Sichtweise. Nach eigenem Erleben öffnet sich rauschhaft sein Gehirn zur Welt. Es badet im Gefühl der Selbstwirksamkeit (im Nichts), in einer Faszination, die bisweilen sogar noch bezahlt wird.

Aber zieht denn die Wirtschaft selbst überhaupt mit? Die Arbeit flexibel zu gestalten, liegt im Interesse sowohl der Firmenchefs als auch großer Mehrheiten in der erwerbstätigen Bevölkerung. Gegen Ende der neunziger Jahre wurde ein immenser Zuwachs an Teleheimarbeitsplätzen erwartet. Doch im zweiten Jahrzehnt des neuen Jahrhunderts ist *eWork* zumindest unter abhängig Beschäftigten immer noch eine Randerscheinung. Warum wohl? Offenbar wirken Faktoren ein, die der Entgrenzungsdynamik widerstehen. Die Chefs misstrauen einem Mitarbeiter, den sie nicht im Visier haben: Was findet da überhaupt statt, im *Non-territorial Office*? Der Mitarbeiter fühlt entsprechend: Wenn ich mich vom Team isoliere, entgeht mir der Blickwechsel in der Gemeinschaft, bin ich nicht eingebettet in den direkten Austausch, gerät mein Gesicht gar in Vergessenheit und werde ich bei der Verteilung von Lob und Tadel und schließlich bei der Beförderung übergangen. Also darf ich mich höchstens drei Tage pro Woche von der Truppe entfernen.

Das ist nicht nur antiquiert, sondern auch vorausschauend gedacht. Einen Weg durch viele Millionen Angebote findet nur die Fähigkeit zur rigorosen Auswahl. Mit wem will ich kooperieren, mit wem nicht? Das kostbarste Gut im Raum der verschwimmenden Grenzen ist das Vertrauen. Es entsteht in der Ortsgebundenheit, im *Territorial Office*, aus zutraulichem Wortwechsel bei Blick- und Körperkontakt. Das »Netzwerk aus Freunden«, das obskure

»soziale Kapital« des digitalen Prekariats, ist ein Heimatverein. (Man erinnere sich an Holm Friebe/Sascha Lobo 2006.) Daraus ist zu lernen, dass meiner Selbstausbeutung am Computer durch kein neues Arbeitsschutzrecht Grenzen gesetzt wird, wohl aber durch den Sog der Entgrenzung selbst. Dieser stärkt den Willen zur Orientierung, und Ortung grenzt aus. Damit ich mein digitales Schwindelgefühl goutieren kann, spare ich »soziales Kapital« an, indem ich die Erwartungen derer beherzige, die mir gewogen sein sollen.

Wer sich als Autor oder Publizist selbst zur Telearbeit beauftragt, weiß um das Risiko, dass die Sätze zu leicht auf den Bildschirm fließen. Das träge Sprachsensorium flüchtet gern ins Spontane, von selbst sich Aufdrängende, in die standardisierte Originalität, die gleichsam ihr Wasser nicht halten kann und jeweils im nächsten Satz belohnungslüstern zum Konsens drängt. Interessiert den Autor am Thema aber gerade das Unbekannte, so staut er die Spannung durch ein System von Schleusen. Er blättert in Büchern, findet Stichworte in Zeitungsausschnitten (die im Archiv verdrängte Vor-Geschichte speichern), überarbeitet eigene Notate und strukturiert im letzten von – mindestens drei – Arbeitsgängen das Material erneut um. Erst am Ende treibt er sich im geschichtslosen Internet herum (→**Internet-Recherche**). Die Ausbeute verwandelt er ausdruckend, sortierend, unterstreichend, umformulierend und kombinierend in Zufallsfunde am Ideenrand. Schließlich enthüllt sich der Gegenstand als Fremdkörper. Was der Flexibilität des ausgelagerten Telearbeiters Einhalt gebietet, bringt sich der Autor durch Brüche und Zäsuren selbst bei.

Tennis

Passioniertes Tennis ist eine monotone Zerreißprobe. Wieder und wieder wird Revanche gegeben. Endloser Wechsel von Standardsituationen: Aufschläge und Grundlinienspiele und Anläufe zu Volleys und Stopps. Manisches Abzählen. Eine festgelegte Punktzahl mit festgelegtem Vorsprung zu erreichen, bringt den Sieg. Und noch einmal. Unbekümmerte, sture, verzweifelte, wütende Hoffnung, fehlerfrei zu bleiben. Den Ärger darüber, gepatzt zu haben, sofort ersticken. Sich aufstellen, als sei nichts geschehen.

Beim →**Fußball** nennt man den Libero auch den »Ausputzer«. Der Tennisspieler putzt ständig sein eigenes Feld aus, bewahrt es vor dem zweimaligen Auftreffen des gegnerischen Balls. Er steigert sich in einen Sauberkeitswahn, ein Rettungs-Phantasma hinein: jeden hergeschlagenen Ball zu erlaufen und aus *unmöglichem* Winkel, mit gummiartig gedehntem Tennisarm, zu retournieren. Unendliche Annäherung an das Bild eines fliegenden Körpers.

Wie Kinder, die auf Gehwegplatten hüpfen und deren Ränder nicht übertreten dürfen, damit ein Wunsch erfüllt wird oder eine Strafe ausbleibt, sind Tennisspieler von panischem Vermeidungseifer erfüllt. Den Ball in die jeweilige Deckungslücke im Geviert des Gegners zu dreschen, verschafft unerschöpfliche Trefflust. Der innere Roboter zirkelt von jedem Punkt des eigenen Feldes aus den Ball zu jedem Punkt des gegenüberliegenden.

Risiko und Reiz des Tennisspiels liegen in der ständigen Wiederholung eines aussichtslosen Versuchs. Das gute Match bietet einen Zweikampf von Märtyrern. Wer stärkt durch Leiden am besten seine Siegeszuversicht? Wie in jedem Netzspiel und wie beim Squash geraten die Spieler unter die Magie der Zahl, in den Sog des immer neuen Anfangs. Sie *ticken* (nicht richtig). Starke Gegner stürzen sich wechselseitig in die Verzweiflung, nicht die perfekte Schlagballmaschine zu sein, die sie virtuell schon sind, intoniert durch das saubere Klopfen des Filzballs gegen Schläger und Belag.

Überwachtwerden

Nehmen wir an, ich sei einer von denen, die zwischen Privat und Öffentlich unterscheiden und gewisse Teile ihres Privatlebens geheim halten wollen. Im rasanten Fortschritt der Überwachungstechnik wittere ich eine Gefährdung meiner Integrität. Genau genommen erhöht diese Entwicklung aber nicht mein eigenes Risiko, denn wie sollte ich es durch umsichtiges Verhalten verringern können? Wenn die Überwachung professionell betrieben wird, spüre ich sie gar nicht. Allerdings könnte ich Vorsicht walten lassen. Nichts einfacher als das. Ich könnte von nun an steuerehrlich sein, am Arbeitsplatz keine Privatgespräche führen, nichts mitgehen lassen, wenn Ausschussware herumliegt, keine Kredit- und Kundenkarte mehr verwenden und nur mit öffentlichen Verkehrsmitteln fahren. Außerdem wäre es am klügsten, wenn ich auf Internet und Mobiltelefon völlig verzichtete. Das wäre dann die Kapitulation.

Wann und womit fremde Augen und Ohren mein Privatleben *checken,* weiß ich nicht. Ich trage das volle Risiko, keine Ahnung zu haben, inwieweit das überwachte Dasein riskant oder hilfreich oder überhaupt ein Problem ist. Schließlich kann ich die rasante sicherheitstechnische Aufrüstung nicht aufhalten. Also riskiere ich auch nichts, wenn ich so weiterlebe, als gäbe es sie gar nicht. Es fehlen kalkulierbare Alternativen. Mehr noch, erst der Versuch, mich der Überwachung weitmöglichst zu entziehen, würde mein Leben unerträglich belasten.

Rein theoretisch gewährt mein engster Gefährte, der Rechner, allen interessierten Diensten Einlass in mein Handeln, Denken und Wünschen. Gemäß einer Richtlinie der EU über die »europaweite verdachtsunabhängige Vorratsspeicherung« meldet mein Provider der Polizei nach Bedarf, welche Webseiten ich besucht und mit wem ich telefoniert habe. Doch es geht auch halblegal und illegal. Mit oder ohne richterliche Zustimmung können verdeckte Ermittler und Hacker *Spionage-Software auf meinen Rechner schmuggeln* und den Inhalt meiner Mails und Dateien filzen. Interessierte Firmen wissen dank ihrer Web Bugs und Cookies schon nach wenigen Wochen über meine besonderen Vorlieben bestens Bescheid. Technisch gesehen, ist das kein Problem.

Ich wiederum kann mich gegen die Infiltration, rein theoretisch, mit einer riesigen Batterie von Abwehrtechniken schützen. Sicherheitsexperten ziehen auf meinen Wunsch hin Firewalls hoch, verschlüsseln meine Texte oder anonymisieren sie, verschaffen mir neue Identitäten, zimmern eine Parallelwelt (*Freenet*), bauen Alarmanlagen ein, experimentieren mit Alternativen zum Allerweltssystem *Microsoft*, empfehlen mir, in wechselnden Cafés zu surfen, und würden am liebsten alle meine Daten mit einem Verfallsdatum versehen. Technisch gesehen, wäre das kein Problem – ich müsste aber einen großen und wachsenden Teil meines Lebens dem Selbstschutz widmen. Und ich wüsste dann immer noch nicht, inwiefern meine Abwehrmaßnahmen greifen.

Die per Saldo günstigste Lösung besteht für mich darin, die Ungewissheit auszuhalten. Dann bleibt mir zwar verborgen, in welchem Ausmaß mich mein Computer den Machenschaften anderer ausliefert. Ich verstehe ja nicht einmal ganz, was ich anstelle, wenn ich mich im Internet bewege. Aber ich verstehe immerhin, dass der flächendeckende Einsatz von Schnüffelsoftware sich selbst überfordert. Der Erfolg eines Spähangriffs auf bestimmte Personen ist Glückssache und bedarf eines hohen Arbeitsaufwands, beispielsweise des wiederholten Hausfriedensbruchs, des stundenlangen Kopierens von Festplatten und der Installierung speziell angefertigter »Softwarewanzen«. Überdies erzwingt die dünne Personaldecke der Landeskriminalämter und Nachrichtendienste eine Konzentration der Netzüberwachung auf die jeweils verpöntesten Straftaten. In den letzten Jahren hatte in Deutschland der Kampf gegen Kinderpornografie, mitunter auch der gegen islamistischen Terrorismus, fraglosen Vorrang. Deshalb waren so gut wie keine Kräfte mehr frei für die Bekämpfung von Rauschgift- und

Waffenhandel, digitaler Konten-Plünderung und Neonazi-Propaganda sowie für die Prävention von Amokläufen. Die von der Gefährdungslage her gebotene Netzüberwachung, so hieß es, sei »allenfalls ansatzweise durchführbar«. Für das Belangen gewöhnlicher Regelverletzer *wie mir und dir* blieb und bleibt unter diesen Umständen erst recht keine Dienstzeit übrig (in gewisser Hinsicht kränkend).

Auf ähnliche Weise scheitert in den *Unternehmen* die *Überwachung von Mitarbeitern,* die täglich acht Stunden am Computer sitzen und häufig privat telefonieren, zu neunundneunzig Prozent am Umfang der aufgezeichneten Datenmenge. Meist wissen die angeheuerten Detektive nicht einmal, mit welchen Schlüsselworten sie das Material durchpflügen sollen.

Im Vergleich zu Computern sind →**Mobiltelefone** billige Massenware. Polizisten und Geheimdienstlern fällt hier das Lauschen leicht, wenn ihnen die Rufnummern bekannt sind. Ebenso leicht aber schützen sich kriminelle Elemente und andere auf Diskretion Bedachte vor dem Belauschtwerden. Wer die Ermittler ins Leere laufen lassen will, jongliert mit fünf bis zwanzig Geräten, wechselt im Drei-Minuten-Takt die Karte oder verwendet Karten, die unter getürkten Namen zugelassen sind. Dann müssen die Lauscher einen sogenannten IMSI-Catcher zum Einsatz bringen, der eine Basisstation simuliert. Damit unterbrechen sie aber häufig den gesamten Mobilfunkverkehr im Umkreis von einigen hundert Metern bis zu zehn Minuten lang. Zu rechtfertigen ist dies nur in Ausnahmesituationen und gegenüber streng ausgesuchten Verdächtigen. Der Siegeszug anonymer Wegwerf-Handys (samt Karte) droht die Kontrolle der Kommunikation ambulanter Ganoven endgültig zu sabotieren.

Wie soll der Datenschützer vor einer Entwicklung warnen, die im Wesentlichen abgeschlossen ist und die Erfassten kaum oder gar nicht beunruhigt? Abgesehen von der Speicherung der Daten im Internet ist die *Überwachung des öffentlichen Raums (einschließlich Verkehrsmitteln)* das Paradebeispiel für den Verlust unserer Freizügigkeit. Wo ein flächendeckendes Netz von Kameras,

Chips und Ortungssystemen das Gehen, Fahren, Verrichten, Einkaufen, Bezahlen, Herumstehen und Hocken der Individuen dokumentiert und die Daten an Kontrollzentren übermittelt, gibt es für Raumbenutzer nichts mehr zu riskieren und zu meiden, es sei denn, sie versuchten, wie im achtzehnten Jahrhundert zu leben. Unsere Körper sind zwar meist noch nicht *gechipt*, wohl aber unsere Kleidung und die Dinge, die wir bei uns haben. Biometrisch identifiziert zu sein, bedeutet nichts anderes, als vorbeugend verdächtigt zu werden. Die Sicherheitsorgane sammeln Material, das uns im Nachhinein überführen könnte. Diese Sammeltätigkeit freilich produziert fast ausschließlich Datenmüll. Fehlalarme halten die Überwacher auf Trab, während für eine systematische Auswertung des Massenscreenings kein Personal zur Verfügung steht. Der Abgleich von Gesichtern aus Videofilmen mit der Verbrecherkartei scheitert gewöhnlich schon daran, dass die Videogesichter *nicht ausdruckslos* genug sind. Kurzum, unser Diskriminierungsrisiko durch die allgegenwärtige Kontrolle sinkt mit deren Intensivierung (→**Demonstrieren**).

Mittlerweile sind wir auch zu *gläsernen Bankkunden* geworden. Das »Gesetz zur Förderung der Steuerehrlichkeit« gibt der Finanz-, Arbeits- und Sozialverwaltung neue Handhaben zum Zugriff auf Konten: Speicherung der Stammdaten aller, komplette Durchsuchung bei Verdacht. Dadurch wächst aber nicht die Zahl der ertappten Sünder, sondern wiederum nur der Aufwand – bei fast unveränderter Personalstärke – in den Ämtern und der Aufwand der Kunden an Besorgnis und Kaschierungsarbeit. Wir können vor dem Blick der Fahnder nichts mehr verbergen; die Risiken des Steuerbetrugs sind heute noch weniger berechenbar als früher.

Und gleichermaßen die Risiken der Risikovermeidung: Wenn wir auf einer intimen Souveränität *gegen* die Kontrollsysteme beharren, provozieren wir sie dort, wo sie stark sind, und ignorieren ihre Schwäche, die gleichsam natürlichen Grenzen der Datenschnüffelei. Was man die »Nichts-zu-verbergen-Mentalität« der jüngeren Netzdiener genannt hat, reagiert auf die veränderte

Sicherheitslage. Anstatt die Persönlichkeit durch Abgrenzung und »Datensparsamkeit« zu bewahren, versuchen sie auf Portalen wie *YouTube, Facebook, openBC, flickr und studiVZ*, möglichst viel Persönliches preiszugeben (→**Social Networks**). Aber auch diese Flucht nach vorn ist eine Schutzmaßnahme. Sie verringert die Spannung zwischen Überwachungsobjekt und Überwachung.

Forciert wird diese eigennützige Enteignung zum einen vom unaufhaltsamen Fortschritt der Erfassungstechniken (man denke an die lebenslang gültige Identifikationsnummer, die Abspeicherung von Unterhaut und Netzhaut und neuartige Gehirndetektoren), zum anderen vom Untergang der bürgerlichen Privatheit. Wir gewöhnen uns daran, immer transparenter zu werden. Das gilt auch für die Älteren. Der Wettstreit geht darum, wer sich am eindrucksvollsten offenbart. Eingeübt wurde die totale Transparenz schon im 20. Jahrhundert durch Techniken und Manien der *Selbstüberwachung,* von der Beobachtung des eigenen Körpers (→**Ratgeber, medizinische**) über die Feier der Selbstreflexion bis hin zur Dokumentation des eigenen Intimlebens mittels Videokamera. Objekte penetranter Verfahren sind wir schon seit langem. Wo, warum und von wem das Material ausgewertet wird, ist von nachgeordneter Bedeutung.

Diskussionen über Privatsphäre und Datenschutz interessieren heute nur noch wenige. Man hofft (wie der amerikanische Kunstprofessor Hasan Elahi), komplett anonym zu sein, indem man komplett transparent wird. Vermutlich folgen jene, die keine Vorsicht mehr walten lassen, einem riskanten, aber konsequenten Hintergedanken: So wie eine Geheimdienstarbeit, die nur noch komprimiert, was schon veröffentlicht worden ist, an Wert verliert, kann mittels einer Observation, die nur noch erfasst, was freiwillig vorgeführt wird, keine bedrohliche Macht mehr ausgeübt werden. Geben wir den Datensammlern alle Informationen, die sie haben wollen. Dann sind sie zu nichts mehr nutze. Mit anderen Worten, die Sammler haben keinen Schimmer mehr davon, was ihnen entgeht.

Unternehmensgründung

In einer Geschäftswelt der permanenten öffentlichen Erfolgsinventur besteht das größte Risiko des Unternehmensgründers darin, sein Risiko zu verschwenden. Eben dies tut er, wenn er die Erfolge anderer Gründungen zu wiederholen versucht: Über »Plattformen« (für Gedankenaustausch, Bewertungen, Schulungen, Veranstaltungen, Jobs und Schlafplätze) will er die Vermittlung vermitteln, das Welt-Netzwerk für Netzwerke erschließen und hängt sich damit gleichsam ans Dranhängen dran. Zugleich setzen die meisten Geschäftskonzepte von *Startups* Erfolgsträchtigkeit mit Fehlervermeidung gleich. Der Gründer beantragt nicht nur »Einstiegsgeld« und »Gründungszuschuss«, sondern auch »Gründungscoaching« oder gar »Ideenberatung«. Damit subventioniert er das Experten- und Beratungswesen (→**Coaching,** →**Positives Denken**) und landet zuverlässig dort, wo sich bereits Tausende anderer Gründer tummeln.

Fast alle Gründer schlagen sich um Bankkredite und Finanzierungsprogramme von Konzernen und Ämtern. Das Insolvenzgespenst ist ihr ständiger Begleiter (→**Berufliches Scheitern**). Verständlicherweise suchen sie verzweifelt nach Marktlücken. Aber auf diese Weise ergattern sie höchstens einen Claim auf dem dicht besetzten Erfolgsfeld von gestern. Die Zukunft des einzelnen Gründers hängt jedoch davon ab, ob es ihm gelingt, ein neues Feld zu eröffnen. Sie hängt an seiner Findigkeit, seinem Gespür für die zündende Idee, nämlich jenes besondere Hand- und Kopfwerk, das er *selbst* am besten und liebsten ausführt. Nur dort, wo Pflicht und Neigung zusammenfallen, erneuert sich die Überlebenskraft für sein Unternehmen (Norbert Bolz 2010). Solche Ideen waren beispielsweise Konzepte für →**Auktionsplattformen,** die Piratenpartei, ein Sammel- und Recyclesystem für ausgediente Schuhe, Taschen, Gürtel und Hüte und spezielle fliegende Reparaturdienste. Solche

Ideen können Auswege aus Engpässen sein, unter denen ein Unternehmer als Angestellter selbst lange gelitten hat. Für den Findigen wäre Scheitern nicht das Schlimmste. Für ihn wäre es das Schlimmste, das Wagnis nicht eingegangen zu sein.

Es wird sich zeigen, ob der Einfall, nachdem er eine Gründung angeregt hat, auch seine Kunden hervorbringt. Die Chancen dafür stehen gut, wenn seine Schlichtheit die verwirrende Vielfalt bestimmter Service-Angebote vergessen macht. Der Einfall ist meist nicht mehr als ein gewitzter Kurzschluss mit Aha-Effekt: Leuten, die sich sonst nie begegnet wären, gibt er einen beharrlichen Anreiz, etwas miteinander zu teilen oder zu tauschen (z. B. durch Couch-Surfing). Oder er motiviert zur Weiterentwicklung eines Geräts, mit dem fast jeder Haushalt ausgestattet ist. Die nachträglich naheliegende Idee erzeugt eine vereinfachende Kommunikationsform, Übersichtlichkeit (*simplexity*). Sie bietet denen, die nach Gemeinsamkeit, Zugehörigkeit, Örtlichkeit Ausschau halten, einen Zwischenaufenthalt. Ein Kindertraum von Erwachsenen wird wahr. Die Kunden wissen plötzlich, wer sie sein wollen. Während einer glücklichen Zeitspanne haben sie das Gefühl, sich nicht zu verzetteln. Die Gründung ist erfolgreich.

Urlaubsparadies

Zur Freude am Ausspannen trägt die Genugtuung bei, es sich verdient zu haben. Dass unsere Traumweltreisen zunehmend Bußgängen gleichen, verdirbt die Freude.

An südostasiatischen Stränden müssen wir uns vor Tsunamis und Wirbelstürmen fürchten. Wir ahnen es schon: Als Klimasünder tragen wir die Mitschuld.

Für terroristische Anschläge auf Touristen wie in Tunesien, Indonesien, Ägypten, Nepal und Indien sind wir sowieso verantwortlich. Wir repräsentieren das Globalkapital. Unsere Kaufkraft zersetzt die Verpflichtung der überkommenen Gemeinschaft gegenüber. Dicht neben der Urlaubsenklave schuften die Sklavenarbeiter. Klimatisierte Reisebusse kutschieren gutgenährte *All-inclusive*-Knipser an den Blech- und Papphütten der Elenden vorbei. Weiße Pädophile mieten sich braunes und schwarzes Frischfleisch (→**Reisen in Schwarzafrika**, →**Reisen in Lateinamerika**). Auf ethnisch-religiösen Umwegen, ganz klar, führt solcher Frevel zu Terrorattacken. Die haben wir nun auf Dauer zu erwarten. Das schreckt nicht nur ab, das kitzelt auch. Aber ist das noch Urlaub?

Das schlimmste Risiko ist allerdings, dass wir es nicht mehr lassen können, Individualisten zu sein. Wo vor verdreckten Stränden neue Unterkünfte für Massenurlauberhaltung wie »Betongeschwüre« in den Tropenhimmel ragen, flüchten erfahrene Touristen ins *unberührte* Irgendwo, wo *culture, adventure, nature* und *fun* noch garantiert sind (→**Rucksacktourismus**). Die »spezialisierten Generalisten« unter den Reiseveranstaltern wagen ihren abgebrühten und preissensiblen Kunden nur noch exklusive Touren anzubieten. Aus dem Gedränge der Einzelgänger gibt es kein Entkommen.

Nachdem wir die westliche Verantwortungsethik auch in Asien, Afrika und Lateinamerika geltend machen, kehrt sie sich von dort aus (in westlichen Medien) gegen uns. Dreimal, viermal, sechsmal schuldig, lautet der Spruch. Wie alles auf Erden haben wir auch die Vertreibung aus dem Paradies in die eigenen Hände genommen. Ausgerechnet als Folge der wirtschaftlichen und massenkulturellen Entgrenzung sind große Teile der Erde touristisch nur noch bei Leibes- und Lebensgefahr oder mit heftigen Gewissensbissen nutzbar. Globalisierung fördert offenbar die Errichtung von Sperrzonen.

Aus diesem Dilemma befreit uns nur weitere Individualisierung. Auch wir übersättigten Weißen haben ein Anrecht auf Unschuld. Begrenzen wir uns also schon beim Buchen. Suchen wir unsere Fluchtabenteuer in der westlichen Hemisphäre selbst.

Vaterschaft

Es ist wahr, der Familienvater hat so gut wie alles verloren, was ihn einst Frauen und Kindern unersetzlich machte: das Versorgungs-, Schutz- und Richteramt und in der Bildschirm-Ära auch die Aufgabe des Welterklärers. Sogar an der Erzeugung seiner Kinder muss er selbst nicht mehr unmittelbar beteiligt sein (→**Fortpflanzungsdesign**). Von der bloßen biologischen Ausstattung abgesehen, steht die Vaterschaft insgesamt auf dem Spiel, so wie die Männlichkeit insgesamt.

Aber gerade als Risikowesen kann der Vater nicht einfach in die Rolle einer zweiten Mutter schlüpfen (→**Mutterschaft**) und als fürsorglicher Assistent der Gebärerin in einer Masse androgyner Biedermänner aufgehen. Dann macht er sich erst recht entbehrlich. Befolgt er geschmeichelt die Wegweisung der Medien, die den Phänotyp des zärtlichen Neuen Vaters geradezu verklären, wird sein Harmoniebedürfnis nicht mit Liebe und Respekt belohnt, sondern mit schwelender Verachtung bestraft. Kinder lieben Väter, die sich deutlich von Müttern unterscheiden. Und diese bevorzugen Männer, die sich den nötigen Respekt zu verschaffen wissen. Am Ende der männlichen Gefallsucht steht der Selbsthass.

Wie findet der entmachtete Vater seine Unersetzlichkeit, sprich, den Respekt, in der Familie? Indem er verkörpert, was ohnehin meist die Kräfte der Mutter übersteigt: Entschiedenheit in einer Welt der Konflikte, der teils unversöhnlichen Haltungen. Mütter und Väter im breiten androgynen Rollenspektrum lehren vor allem Einfühlung und Verständigung. Wer aber bereitet die Kinder auf Konfrontationen vor? Wer ermutigt sie zur Erkundung einer ungewissen Lage? Wer ist schweigendes Vorbild in Zerreißproben? Wer abenteuert mit ihnen?

Nicht jeder Vater behebt sein Rollendefizit auf riskante Weise. Da scheiden sich die Geister. Viele Väter erkaufen sich den Hausfrieden durch gewohnheitsmäßige Nachgiebigkeit. Andere jedoch dringen *außerhalb* der Familie auch in ungesicherte Sphären vor – firmengründend, bewegungspolitisch, bastelnd, verschwörerisch (→**Vereinstätigkeit**), sportlich, straßenkämpferisch (→**Skaten**), in Sicherungsfunktionen, denkend, transzendierend, gestaltend und erfindend –, nachdem Sozialpolitik und Medien zu Tummelplätzen der Frauen geworden sind. Solche Väter riskieren auch *in* der Familie Regelfestigkeit und Prinzipientreue und notfalls das *Nein*-Sagen, den Konflikt.

Vereinstätigkeit

Hinter der Kulisse des Fortschritts blüht manches, das als längst verwelkt gilt, etwa die Neigung der Deutschen, Vereine zu gründen und in ihnen aufzugehen. Was könnte anachronistischer sein als das zeitfressende Vereinsleben mit seinen Ehrenämtern und Terminplänen? Dennoch betätigen sich in Deutschland nahezu 600 000 eingetragene Vereine einschließlich Initiativen, Selbsthilfegruppen, Communitys und Interessenverbänden. Jährlich kommen etwa 15 000 Vereine hinzu. Mehr als die Hälfte aller erwachsenen Deutschen sind Mitglieder und opfern einem oder mehreren Clubs Zeit und Geld.

Dabei werden sie insbesondere von drei großen Übeln bedroht.

*

Dumpfes Zusammenhocken auf Alkoholbasis: Ob Bürgerinitiative, Schützenverein, Rotary Club, Psychoanalytische Vereinigung, Kulturbund, Volkstanzgruppe oder Patienten-Selbsthilfegruppe, Kegelverein, Automobilclub, Kleintierzüchterverein oder Vogelschutzbund – die Vereine sind vor allem mit ihrer Selbsterhaltung beschäftigt. Die Kameraderie der Gleichgesinnten und andere Praktiken der Selbstbestätigung blähen den Club-Geist auf. Den

Mitgliedern fällt es zunehmend schwer, noch Ausflüchte zu finden, wenn er wachsende Anteile ihrer Freizeit beansprucht. Im behaglichen Schulterschluss für die gute Sache entartet selbst der eigensinnige Feuerkopf zum Kleingeist. Viele zunächst Angewiderte biedern sich mit markigen Sprüchen bei Funktionären und Netzwerkern an und ertränken ihr Unbehagen im →**Alkohol**. Obwohl sie das Duckmäusertum verachten, präsentieren sie sich *unter ihresgleichen* als treuherzige Kumpane. Allein die körperliche Nähe im Klüngel macht kleinkariert. Als ob man einer stillschweigenden Erwartung entsprechen müsse, brütet man Aktionen und Petitionen aus und überbietet sich in Treuebekenntnissen. Alles andere wäre zu anstrengend.

*

Intrigen und Spaltungen: Wie der Arbeitsplatz ist der Verein ein ideales Gelände für Selbstdarstellung und Rangordnungskämpfe. Wer in ihm seine zweite Heimat findet, oder gar seine erste, möchte hier exemplarisch anerkannt wissen, was er sich und den anderen wert ist. Er profiliert sich mit einer radikalen Lageeinschätzung, einem kühnen Vorschlag oder seinem Charisma und kann dann im Richtungsstreit ohne Kränkung des Selbstwertgefühls nicht mehr nachgeben. Denn schließlich geht es im Verein um eine Herzenssache. Stimulierend kommt das Gerangel um die Postenverteilung hinzu. Fühlt sich einer im direkten Schlagabtausch an den Rand gedrängt, stellt er vielleicht seine überlegene Sachkenntnis heraus, überführt den Vorstand der Entscheidungsschwäche und Inkompetenz und deckt auch noch Cliquenwirtschaft und Vorteilsnahme auf. Fast unvermeidlich wuchert im Verein der Spaltpilz. Die Wortführer scharen Anhänger um sich, und die jeweilige Minderheit liebäugelt mit einer Gegengründung. Solche Machtspiele sind keineswegs überflüssiger Ballast, wie die Angegriffenen behaupten. Sie gehören vielmehr zur Seele des Vereins.

*

Ritualisierung: Das Leben im Club steht unter Wiederholungszwang. Es geht nahezu vollständig in einer Abfolge der immer gleichen Zeremonien und Bekundungen auf. Das Programm wird umso hartnäckiger beibehalten, je weniger es sich erklären lässt. Jeder Club hat etwas Geheimbündlerisches an sich. Das Gemeinschaftsgefühl erreicht seine höchste Intensität bei der Initiation neuer Mitglieder, der rituellen Unterscheidung von Zugehörigkeit und Nichtzugehörigkeit.

Was dem *Motorradclub* (zum Beispiel beim *Highwaydriver MC*) die Lederkluft und das Saufgelage bedeuten, sind für die elitären *Rotary Clubs* die Standardfeiern mit Abzeichen, Fähnchen und Glockenzeichen, die wortidentischen Ansprachen des Clubpräsidenten und die Ämterrotation. So wie im *Vampir-Club* die Haut aufgeritzt und Blut geschlürft wird, so treffen sich alljährlich die *Donaldisten,* um den neuesten Ergebnissen der »Duck-Forschung« zu lauschen und schnitzeljagdähnliche »Mairennen« zu veranstalten. Im *Schützenverein* werden alljährlich Könige und Königinnen gekürt, im *Golfclub* nach spektakulären Schlägen Champagnerrunden spendiert. Die *Fanclubs der Fußballvereine* legen Wert auf geschlossene An- und Abmärsche in Club-Uniform, die überkommene Sitzordnung im Fanblock, das Intonieren der Club-Hymne, beschwörendes Händeheben beim Eckball, liturgischen Hohn bei Fehlpässen (»Üben! Üben!«) und einträglichen Devotionalienhandel (→**Fußball**).

*

Die hier erläuterten großen Ärgernisse des Vereinslebens erweisen sich bei näherem Hinsehen als Phänomene ein- und desselben Risikos. Auch die feuchtfröhlichen Runden und die Fraktionskämpfe haben Ritualcharakter. Zwar leuchten viele Vereinszwecke ohne nähere Begründung ein – Traditionspflege, Selbsthilfe, Briefmarkensammeln, Vogelschutz. Aber die Entscheidung des Einzelnen, sich ausgerechnet für diesen oder jenen Zweck zu organisieren, gleicht einem Sprung aus der Unabhängigkeit in einen eng begrenzten Treuebereich. Was die Mitglieder aneinander bindet, ist die regelmäßige Wiederholung und Vergewisserung dieses Sprungs. Sie sind freiwillig einem Ritus beigetreten, und seinem verborgenen Sinn (→**Esoterik**). Der Atavismus der Handlungen stört sie nicht; sie haben sich ihm ja selbst unterworfen. Eben deshalb, weil die Handlungen un-sinnig sind und die persönlichen Motive der Mitglieder übersteigen, verspricht die Clubgemeinschaft mehr als die Unterstützung bestimmter Anliegen. Auf dieses Versprechen setzen die Mitglieder. Darin besteht das Wagnis der aktiven Vereinsmitgliedschaft.

Demnach basiert die erstaunliche neue Anziehungskraft der Vereine gerade auf ihrer Antiquiertheit. Rituale sind gemeinschaftsbezogen. In einem von Internet, Mobiltelefon, Massenmedien und beschleunigter Mobilität beherrschten Dasein entfallen die Bindungen an Herkünfte, Orte und Grenzen und gibt es für Rituale weder Zeit noch Raum. Sogar die altbewährten Übergangsrituale zur Bewältigung von Existenzkrisen wie die der Pubertät, der Trennung, der Krankheit, des Alterns und des Sterbens wurden fast vollständig beseitigt (Jörg Zirfas 2004). Zwar entstehen im Internet, in der Eventkultur (Fußballweltmeisterschaft, Weihnachtskonsum, Fasching, Proteste und Konzerte), im Erwerbsleben und in Kooperationen und Partnerschaften immer wieder neue Seilschaften, Teams und Horden. Da sie jedoch auf ihre Austauschbarkeit hin angelegt sind, einigen sie sich nicht auf wiederkehrende symbolische Handlungen, die den Alltag und die Lebenszeit gliedern, stiften somit keine beglaubigte Regelmäßigkeit, die den *Wandel* wünschbar und erfahrbar macht.

So können wir aber nicht leben. Wir müssen Orten und Gruppen zugehörig sein, Ausgangs- und Rückkehrpunkte haben (→**Kommunikationstraining**). Wir benötigen Wiederholbares, zu *Begehendes*. Wenn es sich nicht gesellschaftlich, nicht politisch und immer seltener im Zusammenleben einstellt, öffnen wir ihm wenigstens ein Zeitfenster, vorzugsweise durch die Option für eine bestimmte *Wahlverwandtschaft,* wie sie der Club, der Bund, die Organisation, der Orden bietet. Aus dem Eifer für eine Aufgabe, deren ganze Bedeutung unklar bleibt, erwachsen Intimität unter Fremden, gemeinsame Erinnerung und Rückbindung an die Geschichte. Auf Kumpanei und Intrigen können wir dabei nicht verzichten.

Verhaltenstherapie ...

... war neben den psychodynamischen Sekten das große Therapieereignis der siebziger Jahre. Bezeichnenderweise ist sie als führende Therapieschule bis heute nicht abgelöst worden. Bei der Behandlung der meistbeklagten psychosomatischen Störungen ist sie noch immer die Methode der Wahl, und noch immer konkurriert nur sie allein mit der tiefenpsychologisch fundierten Kur um die Leistungen der gesetzlichen Krankenversicherungen.

An Verhaltenstherapie gibt es schon deswegen wenig auszusetzen, weil sie jeder Behandlung enge Grenzen setzt, es sei denn, man bemängelt eben dies: dass sie sich mit Änderungen des Verhaltens und der Verhaltenswahrnehmung begnügt und unbewusste Konflikte auf sich beruhen lässt (→**Psychotherapie**). In der Verhaltenstherapie gehen die Patienten – das ist mein Fazit – nur ein sehr begrenztes Risiko ein, *riskieren aber eben damit, dass es ihnen auf Lebenszeit treu bleibt.*

Obwohl sich unter dem Begriff der Verhaltenstherapie höchst unterschiedliche Konzepte und Methoden versammeln, basieren diese übereinstimmend auf der Annahme, dass jede Verhaltensweise in gewisser Weise erlernt worden sei und somit auch wieder verlernt werden könne. Seit ihrer sogenannten *kognitiven Wende* kümmert sich die Verhaltenstherapie jedoch vor allem um das Erleben der Klienten: um deren verhaltensprägende Denkmuster, Empfindungen, Verständnisse und Problemlösungen und insbesondere um ihr steuerbares Selbstheilungspotenzial. In allen Anwendungsbereichen meldet sie deutliche Erfolge, gemessen am jeweiligen Behandlungsplan. Mit diesen Erfolgen hat es freilich eine besondere Bewandtnis.

Bei der Behandlung von *Angststörungen und Panikattacken in bestimmten Situationen* (z. B. Flugangst, Höhenangst, Klaustrophobie, Platzangst, Kontaktphobien und extremer Schüchternheit) durch gezielte Konfrontation mit angstauslösenden Situationen und symbolische Belohnungen und Bestrafungen, häufig kombiniert mit Gaben von Antidepressiva, berichten schon nach (höchstens) 45 Therapiestunden jeweils 70 bis 80 Prozent der Klienten, die Angstintensität habe sich deutlich verringert. Außerdem heißt es, diese Besserungsquote habe sich auch zwölf Monate später noch kaum verändert. Solche Befunde sind aber unter drei Gesichtspunkten zu gewichten.

Erstens sind sie größtenteils gar nicht die Auswirkung der Behandlungsmethoden selbst. Großen Anteil am Erfolg haben jeweils auch das bloße Bewusstsein, überhaupt in Therapie zu sein und somit optimistisch sein zu dürfen, therapieneutrale Veränderungen der Lebensumstände und die Qualität der Beziehung zum Therapeuten bzw. dessen Persönlichkeit (Karl C. Mayer 2001).

Zweitens ignorieren die meisten Studien über Ergebnisse der Verhaltenstherapie schlichtweg bestimmte Formen des *Misserfolgs,* nämlich den Umstand, dass viele Klienten ihre Therapie abbrechen bzw. nicht auf sie ansprechen oder gar nicht erst beginnen und andere unmittelbar nach Abschluss der Behandlung einen Rückfall erleiden. Der Zustand einiger Klienten verschlechtert sich sogar während der Behandlung (Frank Jacobi 2001).

Drittens stehen bestimmte *außertherapeutische Faktoren* in enger Wechselbeziehung mit dem Ausmaß und der Dauer von Besserungen bei Angst- und Panikpatienten. Entscheidenden Einfluss auf den Behandlungserfolg können haben: in erster Linie das Ausmaß der Eigen- bzw. Fremdmotivation zum Therapiebeginn (auf eigenen Wunsch oder nicht) und die mögliche Verkettung der Angstsymptomatik mit anderen psychischen Störungen, in zweiter Linie mögliche Lebenskrisen der Klienten bzw. ihrer Angehörigen sowie die Einstellung der Lebenspartner zur Therapie, in dritter Linie beispielsweise die Stärke des Selbstbewusstseins der Klienten oder auch einfach die Höhe der Behandlungskosten (→**Ratgeber, medizinische**).

»Ein Erfolg ist ein Erfolg ist ein Erfolg«, würden sinngemäß die gebesserten Phobiker erwidern, wenn man ihnen eröffnete, dass der Therapieverlauf einem Glücksspiel gleiche. Dann bliebe ihnen das Risiko, nicht zu wissen, was sie eigentlich erreicht haben, wenn sie schließlich mit weniger Angst einen dicht bevölkerten Platz überqueren oder nach Amerika fliegen oder eine Vogelspinne auf dem Handrücken tragen. Aber für einen sichtbaren Fortschritt nehmen viele dieses Risiko gern in Kauf.

Ähnlich hohe und lang anhaltende Besserungsraten, wiewohl keine vollständigen Heilungen, meldet die Verhaltenstherapie auch hinsichtlich der Behandlung von *Zwangsverhalten*, wobei sich *Zwangsgedanken*, z. B. der bekannte Grübelzwang, offenbar leichter eindämmen lassen als *Zwangshandlungen* (*Waschzwang, Kontrollzwang, Ordnungszwang, Berührzwang, Zählzwang und verbale Zwänge*). Auch bei solchen Behandlungen werden die Kranken darauf eingestimmt, sich gleichsam am eigenen Schopf aus dem Sumpf zu ziehen, nämlich durch ein Training in Zwangs-Unterdrückung, durch Härtung des Willens zur Befreiung, durch Eifer in Selbsthilfegruppen und Rekrutierung der Angehörigen zur Mitarbeit. Das sind die entscheidenden Heilkräfte. Die einen schaffen es selbst, die anderen gar nicht.

Als unbestreitbarer Selbstzweck erscheint immerhin die *Raucherentwöhnung*. Kombiniert mit der Einnahme bestimmter Präparate und einer Aversionstherapie bzw. Hypnosebehandlung erhöht sich die kurzfristige Erfolgsquote der entsprechenden Verhaltenstherapie (bestehend aus angeleiteter Selbstbeobachtung, Entwöhnungsphase und Rückfallprophylaxe) angeblich auf mehr als 80 Prozent. Damit die Entwöhnten keinen Rückfall erleiden, müssen sie sich in Titanen der Disziplin verwandeln: den Änderungswunsch und die Zuversicht stählen, das Alltagsverhalten reformieren, ein bestimmtes Entwöhnungsprogramm einhalten, Schlüsselreize durch Alternativen ersetzen, zugleich aber ihr Gewicht halten, rückfallkritische Situationen durchspielen und am besten noch für die Askese symbolisch belohnen (z. B. mit dem eingesparten Geld etwas Langersehntes kaufen). Wer zu alldem schon imstande ist …

Vergleichsweise gering sind die kurz- und langfristigen Erfolgsquoten bei der verhaltenstherapeutischen Behandlung der *Adipositas* und der *Depressionen*. Die Rückfallhäufigkeit ist hoch. Daher werden bei Fettleibigen von vornherein nur kleine Gewichtsreduktionen, bei Depressiven zunächst nur kurze Stimmungsaufhellungen angestrebt. »Dünne Dicke« werden relativ häufig deutlich schlanker; leicht bzw. mittelschwer Depressive lösen sich relativ häufig von ihren »negativen Gedanken« und »verzerrten Überzeugungen« (Ursachen oder Folgen des Leidens?). Da zeichnen sich therapeutische Zirkelschlüsse ab, erst recht, wenn man liest, dass die *freiwillig* Therapierten, die relativ Intelligenten und Einsichtigen, die familiär Unterstützten und die Beweglichen und Kontaktbereiten unter den Klienten auch größere Chancen haben voranzukommen.

Das erblich und hirnorganisch bedingte *Stottern* lässt sich genau genommen nicht vollständig beseitigen. Durch intensive verhaltens- und sprachtherapeutische Übungen kann es jedoch zumindest bei vielen Vorschulkindern fast bis zur Unauffälligkeit gelindert werden. Selbst die Aussichten erwachsener Stotterer mit schlechter therapeutischer Prognose sind gut, wenn sonst alles gut ist: wenn die Angehörigen als geduldige Ko-Therapeuten mitwirken, die Stotterer mit eiserner Energie ihre Sprechflüssigkeit verbessern, emotional belastende Situationen ausbleiben und die fertig Therapierten selbstsicher genug sind, um kontinuierlich zu üben, an Auffrischungskursen teilzunehmen und eine hohe Rückfalltoleranz zu erwerben.

Noch hartnäckiger müssen die *Alkohol- und Medikamentenabhängigen* an sich arbeiten, vorzugsweise nach *stationärer* Nachbetreuung, eingebettet in Selbsthilfegruppen, abgelenkt von Beschäftigungs- und Bewegungstherapien und besänftigt durch Entspannungstechniken.

Ich fasse zusammen: Den Teufelskreisen psychosomatischer

Störungen setzt die Verhaltenstherapie geschlossene Dressursysteme entgegen, in denen sich ebenfalls alle Faktoren wechselseitig bestätigen. Je kürzer die Ziele im Klientenvertrag gesteckt sind, desto höher sind die Erfolgsquoten, desto weniger riskiert der Klient und desto geringer ist die Änderungschance. Angestrebt wird eine neue, erwünschte Symptombildung. Ihr zuliebe sollen einige der in den Klienten bereits wirkenden Kräfte verstärkt und andere abgeschwächt werden. Bei dieser Neukonditionierung ist der Therapeut behilflich. Er selbst, sein Nimbus, seine Instruktionen und bestimmte Präparate sind das Einzige, das von außen hinzukommt (→Naturheilkunde).

Aber verhält sich das nicht so bei jeder Therapie? Umso schlimmer. Ich kann es auch anders sagen: Am besten hilft Verhaltenstherapie jenen Klienten, die das gesteckte Ziel auch ohne Therapie erreichen könnten. Am besten hilft sie jenen, denen bereits geholfen wird. Dagegen hilft Verhaltenstherapie kaum jemals Klienten mit wenig Willenskraft, Disziplin, Intelligenz, Geld und Zuversicht und ohne familiäre Unterstützung. Sie schadet somit jenen, denen bereits geschadet wird (denn Misserfolge schwächen). Alle Klienten riskieren, noch mehr von dem zu erhalten, was sie schon haben, oder gar nicht zu wissen, was sie erhalten.

Gegen die Kritik der Psychoanalytiker, Verhaltenstherapie doktere *nur* an Symptomen herum, ist diese allerdings in Schutz zu nehmen. Symptome sind alles andere als eine Oberfläche des eigentlichen Dramas. Man kann Symptome zwar auf verborgene Konflikte zurückführen, nie aber jene von diesen ableiten. Jedes Symptom entwickelt etwas Einzigartiges, durch keinen unbewussten Seelenvorgang Vertretbares. Daher ist Symptomwandel ein Wandel in der Sache selbst.

Fatal an der Verhaltenstherapie wirkt sich jedoch das Hantieren mit kleinen Verhaltensportionen aus. Willkürlich schneiden sich Therapeuten und Klienten aus dem persönlichen Lebenskontext leicht zugängliche Manövrierflächen heraus. Dort sollen die Klienten dann nach Gutdünken intervenieren. Auf diese Weise dienen Therapeuten und Klienten gemeinsam dem Götzen der individualistischen Massengesellschaft, dem virtuell allmächtigen Selbst (→**Psychotherapie**). Die Verhaltenstherapie schlägt die Leidenden unrettbar mit Eigenverantwortung für alle Symptome. Aus der Therapie gehen sie einsamer hervor, als sie es je gewesen sind.

Leiden sondert ab. Wer unter einem bestimmten Symptom leidet, möge es unbehandelt links liegen lassen, sich seinen *Stärken* widmen und zu Zwängen, Manien, Passionen wechseln, die in großen gemeinschaftlichen Spielräumen ablaufen. Dann verschwindet irgendwann und unbemerkt das quälende Symptom in einem anderen – bei Lichte besehen die einzige Weise, wie es überhaupt verschwinden kann.

Versicherungen

Die staatliche *Sozialversicherung* gewährt einen Grundschutz gegen die statistisch häufigsten Schäden. *Privatversicherungen* sollen vor Risiken schützen, die uns große Angst einjagen, etwa vor Berufsunfähigkeit und verheerenden Störfällen. Offenbar entsetzt uns die Aussicht auf einen Straßenverkehrstod oder Lungenkrebs weniger als hoch unwahrscheinlicher Horror durch Flugzeugabsturz, Zugunglück, Tunnelbrand, Terroranschlag oder Verstrahlung. Welche Versicherungen braucht man wirklich? Solche Fragen beantworten Experten nicht mit Fakten, sondern mit Schreckensbildern. Berufstätigen und jungen Paaren empfehlen sie beispielsweise dringend den Abschluss einer Hausratversicherung. In diesem Geschäftszweig kam es im Jahr 2008 in Deutschland nur bei 4,8 Prozent der Versicherten zu einem anerkannten Schadensfall (wobei etwa 55 Prozent der entsprechenden Jahresbeiträge ausgezahlt wurden). Nahezu ausgeglichen ist das Verhältnis von Beiträgen und Leistungen nur in der privaten Kraftfahrtversicherung (Gesamtverband der Deutschen Versicherungswirtschaft e.V. 2009 und eigene Berechnungen).

Noch nie war »die Zukunft, mit der man zu rechnen hatte«, so undurchsichtig wie heute (Hermann Lübbe). Daher malt sich ein jeder selbst die schlimmsten Risiken aus und versichert sich gegen seine Lieblingsübel (→ **Vorhersagen**). Am meisten fürchten wir jene von Menschen verursachten, also vermeidbaren, Risiken, denen wir gegen unseren Willen ausgesetzt sind, für die sich aber eben im Katastrophenfall *Schuldige finden lassen*. Wir halten die eigene Zukunft aus guten Gründen für unberechenbar und glauben nicht ernsthaft daran, sie mit Policen absichern zu können. Überdies wird ein wachsender Teil der sozialen Abfederung (hinsichtlich Alter, Krankheit, Arbeitslosigkeit und Unfall) wieder dem Einzelnen aufgebürdet (→ **Alterssicherung**). Dieser Teil gesellt sich nun zu den unbekannt großen und unzulänglich abgedeckten Risiken. Also konzentrieren wir uns auf die Linderung der persönlichen Hauptsorgen. Es wäre unsinnig, der Sicherheit noch viel Platz im Leben einzuräumen. Sicherheitsstreben ist gefräßig, findet immer neue Lücken und reagiert panisch auf unerwartete Situationen.

Wir müssen vielmehr versuchen, mit Unsicherheit gut auszukommen. Was früher die Kunst des Nötigen hieß, ist heute die Kunst, sich beiläufig und skeptisch zu versichern. In Berufswahl und →**Karriere**, im virtuellen und im persönlichen Netzwerk haben wir stets mit dem Unberechenbaren zu rechnen. Dies macht das Leben zwar unübersichtlich, entlastet aber von kalkulatorischer Verantwortung. Unversicherte Existenzen brauchen einander und gehen das Risiko einer Solidargemeinschaft ein, die staatliche Leistungen *an Ort und Stelle* ergänzt. Sie sind auf Unsicherheit ebenso angewiesen wie auf wechselseitige Rückversicherung (→ **Berufliches Scheitern**).

Vorhersagen

Welche Enttäuschung! Die Ausbildung des Mondes zum nützlichen Erdtrabanten wurde auf unbestimmte Zeit vertagt. Seit dem vielversprechenden Auftakt im Jahr 1969 sind mehr als vierzig unentschlossene Jahre verstrichen. Dabei hatten Utopisten, Futurologen und Techniker große Pläne mit dem fahlen Nachtgestirn. In nicht allzu ferner Zukunft, versprachen sie, werde man mit Artillerie eine Raumkapsel zu ihm hinaufschießen (Jules Verne 1865), gläserne Städte auf ihm errichten (Robert Sloss 1909), Roboter auf ihm nach Rohstoffen schürfen lassen (Nigel Calder 1957 ff.) und die Ferien auf ihm verbringen. Das leuchtete ein und war doch in den Mond geschrieben – wie all die anderen Standardprognosen des 19. und 20. Jahrhunderts: das Fliegen per angeschnalltem »Aërocopter«, die unermüdlichen Haushaltsroboter, die künstliche Beleuchtung der jeweils nachtdunklen Erdhalbkugel durch Solarkraftwerke im Orbit, der stille Gedankenverkehr von Gehirn zu Gehirn und, nicht zu vergessen, die seit langem überfällige Gratis-Erfüllung materieller Bedürfnisse durch Automaten.

Das Programm war schlicht die Erlösung des Menschen durch die Technik. Es entsprach unserer Vorstellung von echtem Fortschritt, ohne Gegenleistung reicher und glücklicher zu werden. Nach dem Ersten Weltkrieg und erst recht nach dem Zweiten verdüsterten sich die Prognosen. Doch bis in die siebziger Jahre setzten die Zukunftsforscher ihre Hoffnung auf das technologische Entwerfen, Planen und Züchten.

Fast alle Vorhersagen des 19. und 20. Jahrhunderts sind heute Makulatur. Um das Publikum oder die Auftraggeber zu überzeugen, nährten die Auguren jeweils zeitgenössische Wünsche und Ängste. Die wenigen Vorhersagen, die sich teilweise erfüllt zu haben scheinen, schrieben einfach fort, was bereits begonnen hatte: die Entwicklung von U-Booten und Rundfunk, die Suche nach neuen Energiequellen, die Globalisierung. Erstaunlicherweise waren Aussagen über nahe Zukünfte (sagen wir, in der Spanne von sechs Monaten bis zu zehn Jahren) bisher nicht zuverlässiger als Aussagen über fernere. Der Bericht des *Club of Rome* über die »Grenzen des Wachstums« aus dem Jahr 1972 kündigte für die ersten Jahre im nächsten Jahrhundert die Erschöpfung der natürlichen Ressourcen, eine erhöhte Sterberate und in der Folge eine rasche Abnahme der Erdbevölkerung an.

Weit länger als die Liste der jeweils annähernd vorausgeahnten Ereignisse wären die Negativlisten. So dämmerte beispielsweise Herman Kahn, dem »Guru der Futurologen« in den Sechzigern, bei seinen Strategiespielen weder die Gefahr einer Energiekrise oder eines Reaktorunfalls noch das Potenzial reagierender Protestbewegungen, weder der Zusammenbruch der Sowjetunion noch der Beginn sonstiger Bewegungen im globalen Machtgefüge, weder die Gefahr unbekannter Seuchen noch die Vorstellung, Weltreligionen könnten auf neue Weise erstarken, und weder das Risiko eines Klimawandels noch die Möglichkeit globaler Migrationsbewegungen.

Haben die Prognostiker von heute aus den Blamagen ihrer Vorgänger Konsequenzen gezogen, etwa ihre Sicht auf die Ausgangslage, die Gegenwart, erweitert? Allenfalls in politischer Absicht und nicht aus Erkenntnisgründen. Der Physiker Freeman J. Dyson kündigt exakt für das Jahr 2085 die ersten Emigranten von Terra auf anderen Planeten an, der Sozialökonom Jeremy Rifkin für die nahe Zukunft eine deutsche (!) Energiewirtschaft auf Wasserstoffbasis, das *ZDF* den gläsernen Menschen im Jahr 2057 (»Das WC wird zur Dauer-Urinprobe ...«), Umweltschützer eine dramatische Wasserknappheit für 2030, die OECD hingegen weiterhin das Goldene Zeitalter dank weltweiter Liberalisierung von Handel und Investitionen. Was riskieren die Autoren mit solchen Verheißungen? Jedenfalls nicht den Tadel derer, denen im jeweiligen Zukunftsjahr die Prognose zufällig unter die Augen kommt (was höchst unwahrscheinlich ist). Recht behalten wollen die Prognostiker nicht künftig, sondern hier und jetzt. Sie wollen ihren Einfluss verstärken und Rückhalt für laufende Projekte gewinnen (→**Forschen**).

Herbeiwünschen und Herbeifürchten werden vielmehr selbst als Faktoren des Kommenden einkalkuliert. Weltuntergangsszenarien sind nützlich, denn sie bewegen Politiker zum Handeln. Aber jeder negativen Prognose muss eine positive angehängt sein. Sonst schmälert der Prognostiker von vornherein den Spielraum seiner möglichen Effizienz (→**Versicherungen**). Welche Tierarten wollen wir retten, in welche Länder investieren? Möglichen Zukünften stehen wir wählerisch gegenüber. Ihnen grundsätzlich übergeordnet ist die Beschwörung von Zuversicht: *Yes, we can.* Die Prognosen konkurrieren unter der stillschweigenden Voraussetzung, dass wir mit der nötigen Entschlossenheit jede gewünschte Zukunft haben können. Was auch immer geschieht – die Dollarschmelze, der Sieg über den Krebs, die Überschwemmung der Niederlande oder gar die Wiederkehr des Messias –, muss im Zeichen des Fraglosen geschehen, der Individualisierung, der Selbstverfügbarkeit, der Angebotsvielfalt, der Gleichberechtigung. Wir mokieren uns über den Machbarkeitswahn der fünfziger und sechziger Jahre. Aber durch die triumphale Proklamation einer Welt, die unserer Selbstachtung angemessen erscheint, kehrt der Wahn verstärkt zurück. Es gibt kein Schicksal mehr; es gibt nur noch die Konkurrenz der Programme zu seiner Bewältigung. Wir verbrauchen heute nicht nur die materiellen Lebensgrundlagen der Zukunft. Wir verbrauchen auch die Vorhersagen für die Ansagen der Gegenwart: »Was müssen wir tun, damit bestimmte mögliche Entwicklungen nicht eintreten?« Mit anderen Worten: Stimmen wir darüber ab, welche Welt wir *vorhersagen* wollen (→**Wissenschaftsgläubigkeit**).

Hier zeigt sich das eigentümliche Risiko der Vorhersagen in unserer Zeit. Wir sind so selbstherrlich geworden, dass wir vor jeder Vorhersage selbstkritisch zurückschrecken. Selbstbescheidung und Hybris gehen ineinander über. *Einerseits* reden wir die Triftigkeit aller Vorhersagen klein: Meistens komme es doch ganz anders. In einer hochkomplexen Gesellschaft sei die Zukunft nicht mehr kalkulierbar (Norbert Bolz). Krisenprognosen widerlegten sich durch die von ihnen ausgelösten Reaktionen. Der Erfolg von Filmen, Songs und Büchern lasse sich ebenso wenig vorhersagen wie der Ausgang der Vorwahlen in den USA 2008 – denn die Zuschauer und Hörer beeinflussten sich gegenseitig in ihrem Urteil. Außerdem durchkreuzten überraschende Störereignisse (*Wild Cards*) jede Vorhersage. Zuverlässig sei einzig die Unzuverlässigkeit.

Andererseits bestätigen wir uns fortlaufend, dass keine Generation vor uns »jemals so viel Macht« besessen habe wie wir. »Wir entscheiden heute über Leben und Tod unseres Planeten« (Hubert Markl 1999 als Präsident der Max-Planck-Gesellschaft). Wir sprechen von einer »möglichen« Entwicklung (unter bestimmten Umständen), meinen aber damit eine höchstwahrscheinliche, ermittelt von stetig verbesserten Instrumenten. Es kommt somit nur darauf an, wie wir uns zu einer möglichen Entwicklung stellen. Es kommt darauf an, welche Art von Zustimmung oder Ablehnung zum überwältigenden *Event* wird. Wir lassen uns, anders gesagt, keine *Wild Card* aufzwingen. Was sie ist, wird sich herausstellen, wenn wir sie ausspielen. Wir wissen zwar nicht, welche Zukunft wir gestalten werden. Aber: »Nichts außer uns selbst kann uns an dem Versuch hindern, beständig erneut das Beste daraus zu machen« (Hubert Markl 1999). Die Menschheit hat sich aus ihrer Abhängigkeit von Wetter und Klima zunehmend emanzipiert. Daher schrecken uns auch nicht die Folgen des vorhergesagten Klimawandels. Ist er nicht menschengemacht? Na also.

Weil zwischen dem Ereignis und uns die Selbstreflexion und die Medien stehen, sind wir so dickhäutig, dass auch die Ankündigung eines bevorstehenden Großschadensfalles (Klimakatastrophe, Ozonloch, BSE, Reaktorunfall, ungesteuerte Einwanderung, Genozid) »folgenlos im Raum verhallt«, wie Ulrich Beck im März 2001 beklagte. »Wir müssen handeln« – aber da die Welt immer komplexer wird, gibt es weder einen globalen Konsens noch globale Handlungsinstitutionen. Wir sind ohnehin allmächtig, also betreffen uns Katastrophen nicht unmittelbar. Weltuntergang und Welterrettung? Das hatten wir doch schon (→**Geldanlage**).

Das größte Risiko unserer Prognostik ist die Neigung zur Relativierung aller Fragen und Antworten, obwohl die Letzteren meist als Thesen vorgestellt werden, das heißt, schon relativiert worden sind. Angeblich relativieren wir aus Vorsicht, vermutlich jedoch unter dem Zwang zu Zirkelschlüssen, nämlich aus Rücksicht auf unsere stillschweigend vorausgesetzte Allmacht (→**Wissenschaftsgläubigkeit**). Das größte Risiko heutiger Prognostik ist es demnach, keine Prognosen mehr zu riskieren. Wir schieben die Zukunft auf, weil sie uns gehört.

Ringen wir uns dennoch und gerade deswegen zu *harten Prognosen* durch! Diese lassen sich im Laufe der weiteren Entwicklung umso leichter falsifizieren, was der Prognostik insgesamt zugutekommt.

Ein Beispiel: Fragen wir nach der Wahrscheinlichkeit und Art einer multipolaren Weltordnung in den kommenden Jahrzehnten, und zwar möglichst unbeirrt davon, wie wir eine Machteinbuße der Vereinigten Staaten beurteilen (hinsichtlich Individualisierung und Menschenrechten). Eine harte Prognose erfordert es außerdem, die Wucht überraschender Störereignisse nicht dadurch abzumildern, dass wir sofort nach ihrer Vorhersehbarkeit oder nach den Schuldigen oder der besten Methode zur Beseitigung der Schäden fragen. Orientieren wir uns vielmehr am Überraschenden: an dem, was unsere Souveränität *einschränkt*. Auch wenn wir gute Gründe haben anzunehmen, die Erdoberfläche sei nichts Ursprüngliches und Natürliches, sondern zweite, dritte oder vierte Natur, hindert dies die Erde nicht daran, uns wieder fremd zu werden. So wie sie ist, haben wir sie gemacht, aber vieles an unserem Machen ist nicht menschengemacht. Vor allem aber belebt eine harte Prognose die Neugier auf die Welt von morgen. Sie gibt vorläufige Antworten, ohne die Vorläufigkeit hervorzuheben, und unterwirft sich dem Urteil der Nachwelt.

Wanderschaft

Der angegilbte Begriff steht hier für einen Fußmarsch, der sich über mehrere Tage, Wochen oder Monate erstreckt und jeweils am Morgen dort fortgesetzt wird, wo er am Vorabend beendet worden ist. Im Gegensatz zu organisierten Vereinstouren, Wallfahrten und der Walz der Handwerksgesellen hat die Wanderschaft in der Ära des motorisierten Massenverkehrs den Reiz kalkulierter Ungewissheit. Mag der Weg durch Städte, Gebirge, Industrielandschaften oder Wälder führen, bequem oder strapaziös, vertraut oder unbekannt sein, es ist der *gewählte* Weg, der keinem besonderen Zweck, sondern nur dem Wagnis des Weiterziehens dient. Die Freude am Unabsehbaren in einer erschöpfend inspizierten Welt (→**Urlaubsparadies**) lässt sich zwar mit einem bedeutsamen Endziel (z. B. Wien oder Bordeaux oder Vilnius) vereinbaren, nicht aber mit minutiöser Wegeplanung vor Wanderbeginn. Die Freude hält an, wenn die Wanderung unterbrochen und im nächsten Jahr fortgesetzt wird, aber erlischt bei Benutzung öffentlicher Verkehrsmittel oder bei Versuchen, das Wandern zu einer regulären *Outdoor*-Sportart aufzuwerten (→**Wellness**).

Beim Wandern sprießt der Ehrgeiz, das Tempo zu steigern und die Marschleistung der Vortage zu überbieten. Damit riskiert der Wanderer seine Verwandlung in ein Auto auf zwei Beinen (→**Extremsportarten**). Er bevorzugt dann Landstraßen und breite Wege und erspart sich die Stille und die Anwesenheit des Landes. Beide ereignen sich nur auf Umwegen und nur beim Rasten und langsamen Gehen.

Als zeitnotgeplagter Terminmensch möchte ich beim Wandern den Kontrast zum Arbeitsleben auskosten. Also schreibe ich mir die Haltung eines kontemplativen Betrachters vor. Aber in kleinstädtischer und ländlicher Umgebung zerstiebt die gute Absicht.

Ich bin vollauf damit beschäftigt, die Blicke der Einheimischen, denen ich auffalle, mit meinem Selbstbild auszutarieren. Die eingeplante Souveränität verkriecht sich in bemühter Unauffälligkeit. Ich füge mich ein. Wanderschaft ist Lehrzeit, kein Selbstgenuss. An den Füßen machen sich Druckstellen, Blasen, Schrunden und Schwellungen bemerkbar. Die Sprunggelenke beginnen zu schmerzen. Bei Regenwetter zieht sich das durchnässte Schuhleder zusammen und scheuert die Zehen und Fersen wund. Der Bleihimmel entmutigt. Jetzt wächst die Versuchung zur Gnadenlosigkeit gegenüber dem eigenen Leib (→ **Joggen**). Ihr heißt es mit Pausieren zu widerstehen.

Auch hat sich der Wanderer meist vorgenommen, im Grünen eine erhabene Stimmung zu hüten. Er will sich empfänglich machen und verdirbt eben damit seine Empfänglichkeit, die auch darin besteht, der Wahrnehmung monotoner Vielfalt überdrüssig werden zu dürfen. Die begehrte Selbstvergessenheit kommt unversehens (→ **Glücksstreben**). Der Wanderer kann sie nicht einschalten, ihr nur entgegenkommen, indem er sich in den Tagen vor dem Aufbruch leer macht: wenig isst und fernsieht und viel schläft. Nur keine Meditationsübungen! Wenn das Vergessene auftauchen will, taucht es auch bei Missvergnügen und Selbstgesprächen auf.

Wechseljahre

Die Hormonersatztherapie mit Gaben von Östrogenen und Gestagenen geleitete etwa zwei Drittel der Frauen zwischen 45 und 60 fast beschwerdefrei und überdies hautstraffend über die Wechseljahre. Dann wurde sie der Begünstigung von Brustkrebs, Herzinfarkten, Schlaganfällen und Thrombosen überführt. Seitdem sehen Pharmaindustrie, Apotheken und Gynäkologen eine ihrer Haupteinnahmequellen gedrosselt – und unter den Frauen grassiert Ratlosigkeit. Den Handreichungen der Hersteller und Ärzte misstrauen sie heute. Viele Frauen, die weiterhin Hormone einnehmen (weil sie sich anders nicht zu helfen wissen), empfinden dies nun als Makel.

Greifen sie zu pflanzlichen, homöopathischen oder anthroposophischen Ersatzmitteln, drohen sie einer anderen Pharmabranche auf den Leim zu gehen. Nutzen und Risiken solcher Mittel lassen sich immer nur annäherungsweise zuverlässig testen (→**Naturheilkunde, →Homöopathie**). Wem helfen sie wirklich gegen Hitzewallungen, Schweißausbrüche, Kopfschmerzen, Nervosität, Schlafstörungen, Depressionen, Vaginaltrockenheit, Gelenkschmerzen und Osteoporose? Oder sollen sich Millionen Frauen etwa Antidepressiva verschreiben lassen? Es ist an der Zeit, sagen unabhängige Wissenschaftlerinnen, im Klimakterium nicht mehr grundsätzlich einen behandlungsbedürftigen Zustand zu sehen (vgl. Elke Anna Eberhard u.a. 2005). Zeit, die Vormundschaft der Pharmaindustrie mit ihren →**Anti-Aging**-Kampagnen abzuschütteln. Viele Beschwerden seien ein- und schlechtgeredet. Statt schicksalsergeben Hormone zu schlucken, zu kleben und zu spritzen, sollten die Frauen sich besser auf nichtmedikamentöse Weise mit dem Altern anfreunden, insbesondere durch mehr Bewegung und Ernährungsumstellung. Dieser Rat überzeugt in einer Gesellschaft der potenziell Langlebigen. Denn wie lange lässt sich der Körper hormonell manipulieren?

Ein wichtiger Umstand wird bei dieser Betrachtung aber ignoriert. Für die moderne Frau ist die Pharmaindustrie keine äußere Macht, gegen deren Zumutungen sie sich heute zur Wehr setzt. Sie ist mit ihr längst eine intime und unlösbare Allianz eingegangen. Die Industrie garantiert ihre sexuelle Unabhängigkeit. Wenn Frauen die Menopause erreichen, haben die allermeisten von ihnen bereits drei bis vier Jahrzehnte lang ihren Körper mit Östrogenen und Gestagenen überflutet, zusätzlich, über die körpereigene Produktion hinaus. Nun versiegen plötzlich beide Quellen; die Antibabypille wird meist erst zu Beginn der Wechseljahre abgesetzt. Den Schock eines doppelten Entzugs verkraften die Frauen weitaus schwerer, als wenn sie selten oder nie Kontrazeptiva erhalten hätten. Ganz ohne riskante Medikamente werden daher die meisten Frauen nicht auskommen.

Aus demselben Grund werden sich auf Dauer wohl andere, radikale Arten der Empfängnisverhütung durchsetzen. Vermutlich werden sie die konsequente nächste Phase der sexuellen Emanzipation der Frau ergänzen: Junge Frauen lassen eigene unbefruchtete Eizellen einfrieren und sich dann auf schonende, die Versorgung der Eierstöcke nicht beeinträchtigende Weise sterilisieren. Zu Beginn der Wechseljahre erfolgt eine kurzfristige Hormonersatztherapie. Zu einem beliebigen Zeitpunkt kann die Frau ihre Eizellen von Spermien eines ausgewählten Spenders befruchten und sich wieder einsetzen lassen und ihr Kind selbst austragen – oder von einer anderen Frau austragen lassen.

Die gesundheitlichen Risiken der Wechseljahre werden dann von Risiken des Verlusts der Generationsrollen und der sexuellen Differenzen abgelöst (→**Fortpflanzungsdesign**).

Wellness

Was hat Entspannungsgymnastik mit einem Urlaub im Kloster gemeinsam, ein Teeritual mit Muskelbildung und eine Klanginszenierung mit einem Romantikschaumbad? Sie sind mögliche Komponenten des Produkts *Wohlbefinden* und werden Menschen verkauft, die sich in pausenloser Selbstbehauptung verschleißen. Diese Menschen ruinieren erst ihr Nervenkostüm und geben dann ihr Geld für Wiederherstellung aus (→**Anti-Aging**). Das luxuriöse Begleitgefühl entsteigt der Gewissheit, sich sinnhaftes Selbstsein leisten zu können.

Da das Produkt Wellness die berufliche Anspannung ergänzt, können Geschäftsleute von ihm nie genug bekommen. In ihren kurzen Verschnaufpausen tanken sie unter Hochdruck Entspannung und *Work-Life-Balance* in Kombination mit Reifungskompetenz und Beauty-Zusatz. Sie haben es zu etwas gebracht; nun fehlt noch stilles gesundes Erfülltsein (→**Glücksstreben**). Bei solch konzentrierter Selbstverwöhnung muss dann aber auch das Preis-Leistungs-Verhältnis stimmen.

Der Wechsel von der Überarbeitung zur Wohlfühlarbeit und zurück fällt leicht. Schwer fällt es, das Ableisten zu unterbrechen, auch noch vom betreuten Loslassen zu lassen. Man muss dazu ins Kostenlose und Unbezahlbare wechseln. Zwei, drei Tage lang in der eigenen Wohnung terminfrei, internetfrei und fernsehfrei zu leben, das wäre schon »selbstvergessenes Weggegebensein« (Hans-Georg Gadamer). Oder in die Welt zu treten, als erblicke man sie zum ersten Mal (→**Wanderschaft**). Oder einer Katze zuzusehen (→**Katzenhaltung**).

Wintersport …

… zieht Furchen in Schnee- und Eisdecken. Die Sportler, Reporter und Werber streuen darüber immer dieselben Hülsen: »unberührte Natur«, »gleißende Wintersonne«, »Hochstimmung und Bewunderung«, »gutgelaunte Menschen«, »die Berge hinunterzuschweben«, »Bewegungsfluss des Schwingens«. Eine ganze Industrie dient demnach der Begierde, auf Brettern, Schlitten und Kufen aller Art über die weiße Pracht zu gleiten, möglichst zu *fliegen* (→**Fahrradfahren**, →**Extremsportarten**).

Im Wintersport geht es zwanghaft und zwingend dem Ende zu. Auf hartnäckiger Suche nach stillen Tiefschneehängen vertreiben die Fahrer den Gegenstand ihrer Begierde. Sie liefern Informationen für das Ranking der Geheimtipps. An der Perfektionierung des Pistenbetriebs arbeiten auch die »gesamtökologischen Gutachten« über Naturschäden und die Gefährdung der Tierwelt. Gleichzeitig schrumpfen in den Gebirgen die jährlichen Kälteperioden, und die Schneegrenze wandert nach oben. Die Standorte wehren sich mit Schneekanonen, Kunstschnee aus Kartoffel- und Maisstärke, Skihallen, Kunsteisbahnen und kunststoffbelegten Matten.

Dabei brechen Skifahrer gewöhnlich nur dann in die Skigebiete auf, wenn es an ihren eigenen Wohnorten schneit.

Dabei nutzen die meisten Winterurlauber ihre teuren Sportgeräte nur noch nebenbei. Sie kommen als »multioptionale Kunden«, besuchen Freizeitzentren mit Hallenbad, Tennis und Kletterwand, entspannen in der Sauna (→**Wellness**), tanzen, dinieren und shoppen.

Im Pistenrummel erleiden die Urlauber dann mit hoher Wahrscheinlichkeit ebenjene Kränkungen, unter deren Drohung sie aufgebrochen sind. Sie reisen in Gestank und Blechlawinen an, treffen auf Leute, denen sie sonst aus dem Weg gehen, verlieren kostbare Zeit bei der Massenabfertigung am Skilift und wagen sich auf überfüllte Pisten (mit Vorfahrtsregelung), vor deren Benutzung sie eine Komplettversicherung hätten abschließen sollen. Das Wesentliche ereignet sich *après Ski:* ausweglose Hochstimmung, Dauerkonsum von Bier und Schnaps, Disco-Kontakte nach starren Selektionsregeln und die Gängelei durch eine gesponserte Eventkultur. Die Erlebnishungrigen erfahren die Egalität aller Jahreszeiten und Orte (→**Fliegen**).

Und nun? Sollte man ihnen nicht raten, vor dem Wintersport noch rechtzeitig Reißaus zu nehmen? Nein. Sorgen wir nicht für Ersatz. Soll doch die endgültige Schneeschmelze als Offenbarung über uns kommen. Nicht auch noch das Ende verpassen.

Wissenschaftsgläubigkeit

Zum Versprechen der Aufklärung, die Welt vernunftgemäß einzurichten, haben wir kein rechtes Vertrauen mehr. Aber da die Aufklärung uns keine andere Zuversicht hinterlassen hat, sind wir auf laue, verdrossene Weise aufklärungsgläubig geblieben. Den Wissenschaften trauen wir es nicht mehr zu, die Menschheit auf dem Weg der Erkenntnis ins irdische Paradies zu leiten. Als Religionsersatz sind sie gescheitert. Aber als Rüstzeug des zivilisatorischen

Fortschritts hat die wissenschaftliche Methode – Versuch und Irrtum, Widerspruchslosigkeit, Falsifizierbarkeit – in den westlichen Industrieländern eine Selbstgewissheit erlangt, von der die Wissenschaftler in der Zeit ihres höchsten Ansehens, im 19. Jahrhundert, nur träumen konnten. Ihre provisorische Allzuständigkeit verdankt die Wissenschaft weniger den eigenen Erfolgen als dem Prestigeverlust der welterklärenden Konkurrenz: der Religionen, der Philosophie und aller Formen politischer Herrschaft. Wenn wir heute ganz selbstverständlich annehmen, die Menschheit stehe nur noch sich selbst gegenüber und verdanke alles, was sie heute und künftig erreiche, allein sich selbst, sind wir unheilbar wissenschaftsgläubig.

*

Ein Symptom unserer Wissenschaftsgläubigkeit ist unser Zweifel am zwangsläufigen Verfall unseres Körpers. Je jünger der Mensch, desto wahrscheinlicher scheint ihm, dass zu seiner Lebenszeit ein Heilmittel für Krebs, eine Impfung gegen HIV entwickelt werden wird. Selbst der Tod erscheint nicht mehr unvermeidlich. Im Lauf des 21. Jahrhunderts könnte das Schicksal des Sterbens gentechnisch oder mittels wiederholter Gehirnverpflanzung ins Arsenal der ungewissen Angelegenheiten gleiten. Nicht auszuschließen. Zumindest von Todesangst werde man pharmakologisch entlastet sein, hoffen die Jungen. Zumindest den bösartigsten Krankheiten werde noch binnen Lebensfrist medizinisch vorgebeugt (→**Genmanipulation**). Schließlich leben wir im *Anthropozän*, im Erdzeitalter des Menschen, in einer machbaren Welt.

Wenn auch nur die geringste Aussicht bestünde, die Hinfälligkeit der menschlichen Natur zu überwinden, wären Krankheit und Tod kontingent. Dann würden sich viele gegen ein Leben als ein »Sein zum Tode« (Martin Heidegger) auflehnen. Die Wissenschaft hätte sich als potenziell allmächtig erwiesen. Das wäre Futter für die Aspiranten auf Gottähnlichkeit.

Aber wie ertragen wir den Fluch, den die Lotterie der Unsterblichkeit auf alle Verlierer lenkt? Mit der Aussicht auf einen Hauptgewinn gibt es für unsere Zerbrechlichkeit, für Leiden und Sterben, keinen Trost mehr. Wir werden weiterhin sterblich sein, den Hingang aber als vermeidbare Strafe erleben. Nicht länger sind wir im Unvermeidlichen geborgen.

Schlagen wir also besser das Angebot aus, zu Kreaturen der Medizin zu werden. Auf die Frage, ob ein längeres Leben besser sei als ein kurzes, gibt es keine glaubwürdige Antwort. Verwerfen wir die Hybris des Möglichen und stehen wir zu unserer wundergläubigen Endlichkeit.

*

Alle großen Fortschritte werden von Rückschritten begleitet. Für den Fortschritt der Waffentechnik zwecks Niederwerfung von Diktaturen büßen wir mit der ständigen Drohung einer planetarischen Selbstvernichtung, für den Fortschritt der Medizin mit Zivilisationskrankheiten, apokalyptischen Weltseuchen und lebenslanger Krankheitsangst, für den Fortschritt beim Beherrschen der Natur mit deren Zerstörung, für den Fortschritt beim Einsparen von Lebenszeit mit wachsender Zeitnot. Von unnachsichtigen Denkern wie Nietzsche, Benjamin, Adorno und Illich eingestimmt, haben wir in den siebziger und achtziger Jahren der Fortschrittsgläubigkeit abgeschworen. Wir haben die Unkosten der Weltverbesserung entdeckt: die entfesselte Eigendynamik der Instrumente des Fortschritts.

Wenige Jahrzehnte später reiben wir uns die Augen. Schon wieder leben wir in einer Fortschrittswelt. Angeblich haben wir uns aber nicht mehr dem einen, großen Fortschritt verschrieben, sondern dem Fortschritt im Plural. Trotzdem lassen seine Propagandisten nicht mit sich reden. Sie erklären apodiktisch, das Leben der Vorwärtsschreitenden verbessere sich insgesamt und vorbildlich für alle anderen. Wer daran zweifelt, verabschiedet sich aus der Gemeinschaft der Vernünftigen (→**Vorhersagen**). Wer würde es beispielsweise wagen, öffentlich das Dogma anzufechten, im Leben der Frauen habe seit den sechziger Jahren ein Fortschritt stattgefunden? Als unanfechtbar fortschrittlich werden heute unter anderem deklariert: die globale Vernetzung, die Nutzung der jeweils neuesten Tele- und Speichermedien, die virtuelle Kapitalvermehrung (Pausen nach Zusammenbrüchen ausgenommen), die Durchsetzung gleicher Maßstäbe für alles und jedes, die Desillusionierung, die Entgrenzung und die Relativierung.

Doch nach den Überraschungen des 20. Jahrhunderts ist Misstrauen geboten. Bei der Rückkehr der Fortschritte dürfte es sich um einen Etikettenschwindel handeln. Die kollektiv auf das Gleis der Steigerung von Lebenschancen Gebrachten unterliegen jedenfalls einem Selbstbetrug, wenn sie meinen, sie könnten nun aus dem Vollen schöpfen. Vielmehr wird ihr Leben durch die erwähnten Fortschritte erst einmal in die Möglichkeitsform versetzt. Weil im Verteilungskampf um die Mittel der Optimierung kein Ende abzusehen ist, wird die Potenzialität wohl ihr Daueraufenthalt sein. Unausgesetzt haben sie *Voraussetzungen* zu schaffen. Irgendwann einmal soll das Leben richtig beginnen.

Als stärkste Triebkraft beim Vorwärtsschreiten und zugleich als einzig überzeugendes Endziel wird überall die Selbstbestimmung genannt. Der Wille zur Selbstbestimmung muss aber geradezu übermenschlich stark sein, um der ständigen Ablenkung und einer frühen Festlegung zu trotzen. Dies gelingt ihm nur, indem er sich zum Selbstzweck macht (→**Coaching**). Sein Ziel ist die Verfügung über immer mehr Wahlmöglichkeiten. Das Herkommen, die Widersprüche und die Unfälle des verführbaren Eigensinns sind ihm gleichgültig. Die gewöhnliche Lebens-Raffgier (immer chancenreicher, immer souveräner, immer wählerischer zu werden) vollstreckt an ihren Mägden und Knechten das Gesetz der technischen Rationalität. Im Interesse eines Zugewinns an Optionen werden die Objekte einschließlich der Wohnorte und Reiseziele formalisiert und homogenisiert. Die Chancenreichen blättern im Katalog einer entleerten Welt (→**Psychotherapie**).

Mit unverwüstlicher Fortschrittsgläubigkeit riskieren die Individuen ihre Selbstabschaffung. Sie sind die ewigen Lebensanwärter, die ihren Frondienst am standardisierten Selbst mit Egoismus verwechseln.

Wer jedoch in der Wirklichkeitsform sein Leben verbringen möchte, verkürzt den Aufenthalt in der Vorläufigkeit auf ein Minimum und macht sich auf den Weg, anstatt immer weitere Chancen zu sammeln (die dann ständig verwaltet werden müssen). Als Veteran einiger Kampagnen zur Höherentwicklung räumt er ein, dass die Verhältnisse sich fortlaufend ändern, ohne per Saldo besser zu werden. Entweder sind wir reich an Optionen oder reich an Gegenwart. Beides zugleich ist nicht zu haben. Das Beharren auf technisch-wissenschaftlichem und gesellschaftlichem Fortschritt verwandelt alle Besserungswünsche in Steigerungswünsche und verwertet sie als gleichförmigen Treibstoff. Dabei erleiden wir unbestimmbar hohe Verluste. Was jedoch nicht dazu taugt, verglichen und ausgetauscht zu werden, ist unbestimmbar viel wertvoller als das Steigerbare. Ändern wir also die Welt.

*

Mit der Aufklärung hält die Verdunkelung Schritt. Wenn der Gegenstand unter einem bestimmten Gesichtspunkt ausgeleuchtet wird, verschwinden die anderen Gesichtspunkte bis auf Weiteres im toten Winkel der Wahrnehmung. Gern lassen wir uns über die Interessen aufklären, die *hinter* bestimmten Berichten oder Darstellungen stehen, und verlieren dabei das Interesse an der Merkwürdigkeit des Geschehens. Zugleich stimmen wir reflexartig zu, wenn eine konsensfähige Meinung zum hundertsten Mal wiederholt wird, und vergessen dabei, die Wortführer zu fragen, warum sie erneut dasselbe sagen. Wir spenden Beifall für die Aufdeckung eines Skandals und übersehen die komödiantische Inszenierung, die den Skandal in die Gattung des Fernsehspiels eingliedert. Zerfallen ist der Sinnzusammenhang, in dem uns ein Forschungsprojekt vielleicht etwas angehen würde; aber wir folgen der Ergebnisdiskussion, weil uns das Projekt von prominenter Seite nahegelegt wird. Auch bleibt meist keine Zeit mehr zur Überprüfung der Ergebnisse (→**Forschen**). Statt etwas zu lernen, lernen wir, wie man auf nützliche Weise lernt. Es gibt keinen Standpunkt mehr, der es erlauben würde, unser Wissen von außen einzuschätzen. Wissenschaft erweitert die Unwissenheit. »Wir sind konfus, nicht ignorant« (Norbert Bolz).

Solche Befunde führen insofern in die Irre, als die Wissenschaft ja nicht alles auf einmal, sondern immer nur strikt Ausgewähltes untersuchen kann. Es ist aber ein Unterschied, ob sie eingesteht, dem Nichtwissen verschwistert zu sein, oder dies leugnet. Wenn wir annäherungsweise verstehen wollen, was die Naturwissenschaften und die Sozialwissenschaften tun, müssen wir das Gewusste als eine Abart des Unbekannten begreifen. Dunkelheit und Klarheit spielen miteinander. Indem sich der Rationalismus als Unbedingtes, als eine Art von Schaumgeburt, aufführt, gesteht er unwissentlich ein, ein getarnter Abkömmling der Metaphysik zu sein.

*

Geläufig ist Ludwig Wittgensteins spekulationskritische Anweisung im *Tractatus Logico-Philosophicus:* »Wovon man nicht reden kann, darüber muss man schweigen.« Mit diesen Worten warnt Wittgenstein davor, das Unsagbare mit dem Sagbaren zu verwechseln. Dies bedeutet aber nichts anderes, als dass die Erfahrung über das sprachlich Verfügbare hinausgeht (Hans Blumenberg 1986). Heute indessen wird bestritten, dass es irgendetwas gebe, worüber zu schweigen sei. Worüber geredet werde, sei *alles.* Wir bestehen auf einem Inneren schlechthin, einer Immanenz ohne Transzendenz. In diesem Sinn treiben die geschlossenen Kreisläufe der Kommunikation – das Internet, der Medienverbund, die Überzeugung, wir kämen durch Reflexion der Reflexion etc. immer *weiter* – unsere Wissenschaftsgläubigkeit auf die Spitze.

Im Endeffekt regiert in der dicht gemachten Wissenswelt der Konsens, das aus dem beschleunigten Austausch der Argumente hervorgehende Mehrheitsurteil. Was ist denn wahr? Sehen wir doch zu, welche Auffassung in der Konkurrenz der Informationsbörsen den größten Zuspruch findet. Kommunikationswahrnehmung tritt an die Stelle der Weltwahrnehmung (Norbert Bolz 2001: 72), und die Häufigkeit der Teilnahme an bestimmten Auftritten im Netzwerk entscheidet darüber, was der Fall ist. Niemals gelangen wir durch unsere Begrifflichkeit, unsere Konstrukte, hindurch zu einer Außen-Welt (*linguistic turn*), und selbst ein Satz wie dieser ist somit streng genommen unsinnig. Was wäre denn das, die Außenwelt? Ist ihr schon jemand begriffs- und blicklos begegnet? Nein, wir müssen und wollen uns selbst am Schopf aus dem Sumpf ziehen. Ausschließlich Begriffe und Blicke sind unser Gegenstand. Vom Bewusstmachen und Aussprechen des Erkannten erhoffen wir uns außerdem die Lösung für alle Beziehungsprobleme, das Verhältnis zur Natur inbegriffen. Das Unbekannte wird nur in adaptierter Form, als Noch-nicht-Bekanntes, zugelassen.

Selbst der Begriff des Menschen ist unter Verdacht geraten. Als Teilhaber der Sprachgemeinschaft (der Begrifflichkeit) bleibt »der Mensch« ungeschoren. Als hinfälliger Forscher nach Warum und Wozu jedoch wird er zum irrationalen Metaphysiker und Störenfried erklärt. In der absoluten Menschenwelt ist der Mensch letztlich überflüssig und sieht im permanenten Abgleich kurzgeschlossener Gehirne seiner Abschaffung entgegen (→**Cyborg**). Und weil die Sprachgemeinschaft alles Vorkommende auf sich selbst zurückführt, lässt sie sich von der sogenannten Welt nichts vorschreiben. Wohl deswegen geben Katastrophen und andere Entwicklungspannen meist nur noch Anlass zur Diskussion darüber, wie die Dinge geregelt sein *sollten*. Wie sie sind, erscheint als falsche Frage, denn sie könnte dazu verleiten, die humane Alleinzuständigkeit zu leugnen.

In *Wirklichkeit* aber ist es das Unbekannte – das Unbegreifbare, das Plötzliche, der Tod –, das uns zu immer neuen experimentellen Reizungen der Natur provoziert, und zur Expertendiskussion darüber, was der Fall sei. Der erfahrene Wissenschaftsgläubige ermüdet bei der Konsensfindung. Er hat es schon oftmals erlebt, dass kein ausgehandeltes Ergebnis überzeugt, denn es ist Machwerk, eine Spekulationsblase. Niemand hält sich lange an den Kompromiss. Der sagt uns nicht, wer wir sind. Daher verraten wir ihn bei nächster Gelegenheit, den folgenden Kompromiss ebenfalls, und so fort, bis wir dem Wirklichen begegnen: demjenigen, das sich unserem Zugriff entzieht. Von dem *wir* etwas gesagt bekommen. »Denn wirklich ist nur das, was sich unserem Willen nicht fügt« (Bazon Brock). Der erfahrene Wissenschaftsgläubige wartet, geduldig forschend, auf die Wirklichkeit.

Zeitmanagement

Chronisch überlasteten Führungskräften winkt ein Seminar über Zeitmanagement. Dort lernen sie, wie man seine Aufgaben im Trommelfeuer von Anrufen, E-Mails und Meetings termingerecht abarbeitet. Das Ziel dieser Art (und jeder Art) von Selbstmanagement ist die Steigerung der Effektivität pro Zeiteinheit (→**Coaching**).

Typische Empfehlungen des Zeit-Coachs sind Faustregeln wie diese: Erledige die unangenehmsten und dringendsten Dinge gleich am Morgen. Unterscheide »wichtige und dringende« Aufgaben von »nur wichtigen«, »nur dringenden« und »weder wichtigen noch dringenden«. Führe ein Zeitplanbuch und optimiere deine Planung, indem du Schlüsse aus Fehlplanungen ziehst. Teile große Projekte in kleine Schritte ein und delegiere sie (→**Mitarbeiterführung**). Rechne als Kenner deiner selbst mit eigener Schwäche und Saumseligkeit, ferner mit Störungen und Pannen, und plane entsprechende Pufferzeiten ein. Sorge regelmäßig für Ordnung auf dem Schreibtisch, und zwar »mitten im Stress« (!), und entlaste ihn regelmäßig von Ablagerungen.

Dass man die Perfektion aus der Liste der Lernziele herausnimmt, wirkt menschenfreundlich. Aber Zeitmanagement unterbindet auf diese Weise die kleinen Fluchten im Arbeitsleben. Sie sind nun eine Größe im Zeitbudget, somit zu *händeln*. Erst wenn das Unabsehbare nicht mehr überrascht, ist die Arbeitszeit reiner Rohstoff und steht der Selbstkontrolle ganz zur Disposition (**Positives Denken**). Die Verwandlung der Arbeitszeit in reinen Rohstoff macht auch vor der privaten Zeit nicht Halt.

Für Routinetätigkeiten wie die Abwicklung von Bestellungen und Anträgen mag Zeitmanagement hilfreich sein, sofern es unnötige Selbstbehinderung auflöst. Manches organisatorisch Unnötige allerdings ist durchaus nötig für Innehalten und Auffrischung, für Bekundung von Druck und Ärger und für Verweigerung. Zeitmanagement erzeugt den Stress des rigorosen Stressabbaus und infolgedessen weitere Zeitnot.

Den Teilnehmern einschlägiger Seminare kürzt Zeitmanagement die Pausen zum Nachsinnen über zeitsparende Problemlösungen. Es schafft sämtliche Wartezeiten ab. Ohne insgeheim abgezweigte Zeit aber verliert die Führungskraft den nötigen Abstand von der Routine (→**Wellness**). Damit der Zeitplan vielleicht dennoch eingehalten oder mit guten Gründen gesprengt werden kann, müssen die Manager vergessen, was sie vom »Leisten und Loslassen« gelernt haben, und sich ihre Auszeiten zusammentricksen, notfalls durch Erkrankung.

Nachwort

Die Risikoexistenz und das Regime der Ratgeber

Ich hatte es geahnt, doch bei der Wanderung von Stichwort zu Stichwort stellte sich Gewissheit ein. Nahezu sämtliche alltäglichen Vorgänge werden von Ratgebern, Experten, Therapeuten und Coachs oder der Pharma- oder Freizeitindustrie bewirtschaftet. Atmen, Sprechen, Essen, Schlafen, Lernen, Arbeiten, Kooperieren, Altern, Streiten, Gehen, Verstehen, Einander-Näherkommen, Zusammenbleiben und auch die Trennung können an Effizienz-Trainer verpachtet werden. Kein Bereich des modernen Daseins, für den es nicht einen Berater gäbe. Und allein deren massenhafte Existenz suggeriert: Ohne fachliche Hilfe von außen ist der Einzelne verloren.

Einige hilfreiche Branchen florieren seit Menschengedenken – die ehrwürdigen Zünfte der Rechtsberater, Ärzte, Seelsorger, Astrologen und Hellseher. Viele der neueren Branchen aber sind wohlstandsabhängig. Schwankt die Bedarfslage, bleiben die meisten von ihnen mittels flinker Etikettenwechsel im Angebot. Wieder andere werben mit den Risiken von morgen oder versuchen, den Risikotrend zu beeinflussen. Im ohnehin expansiven Dienstleistungssektor verzeichneten die karrierebezogenen Nachhilfedienste seit den siebziger Jahren den größten Geschäftserfolg.

Alle Berater behaupten, sich vollständig dem Wohl der Klienten unterzuordnen. Aber alle schafften sich selbst ab, lösten sie die Probleme der Klienten wirklich. Die konsequent perfektionierte Dienstleistung wird deshalb fast zwangsläufig zum Selbstzweck.

Wo nichts mehr gewiss ist, gilt die Freiheit der Wahl als das höchste Gut. Wir begehren sie um ihrer selbst willen und stellen uns in ihren Dienst (was etwas ganz anderes als Egoismus ist). Die Fütterung der Wahlfreiheit ist die Fronarbeit unserer Zeit, wir sind zu Lebensunternehmern geworden. Um das eigene Potenzial nicht zu schwächen, ziehen wir aus der restriktiven Wirklichkeit in die Sphäre des Möglichen um, verlassen beispielsweise unsere Partner, um Herr der Alternative Gebundensein/Ungebundensein zu bleiben. Oder wir pokern und weisen ein Jobangebot zurück, um den Preis zu erhöhen. Stets fehlt uns dabei der Gesamtüberblick. Der Jobsuchende weiß deshalb etwa auch nach eingehender Trendanalyse nicht, ob er beim Einstellungsgespräch seine *soft skills* oder seine Robustheit herausstellen soll (→**Bewerbung**). Laufend wird man heute dazu genötigt, bei mangelhaftem Kenntnisstand zu buchen. Unsicherheit und Sicherheit sind keine Gegensätze mehr, sondern zwei Seiten derselben Investition, die zu versäumen das einzig Frevelhafte wäre.

Kurioserweise verleitet uns die Glorifizierung der Wahlfreiheit zur Zaghaftigkeit. Wer jedes mögliche Ziel einem Rentabilitätstest unterzieht, lebt in der Furcht, ohne Expertenweisheit alles falsch zu machen (und in der Hoffnung, mit dem richtigen Tipp die Nase vorn zu haben). Wie optimieren wir die Nutzung unserer Tages-, Wochen-, Jahres- und Lebensarbeitszeit? Mittels optimaler Selbstverwertung, angeleitet durch Sachverständige für →**Zeitmanagement** und Life-Leadership (→**Wellness**). Wie behaupte ich mich als Frau inmitten männlicher Postenschacherei (und gegen andere Frauen)? Mittels Frauen-Coaching (auch in Buchform). Welche Fertigkeiten benötige ich, und wie eigne ich sie mir an? Mein Consultant für Wissensmanagement eröffnet es mir. Um wahrgenommen zu werden, wie ich es verdiene, studiere ich die Ratschläge der Typ-Berater und Lebensstilexperten in den Magazinen. Um die Leistungskraft zu rationalisieren, buche ich vielleicht einen Job-Logistiker, und um schlummernde Potenziale zu entfalten, einige Stunden →**Karriereberatung.**

Tausendfältig und in jedem Bereich dicht gestaffelt sind die Hilfsangebote. Aber sie haben fast alle ein grundlegendes Problem: Ihre Direktiven und die Zwecke ihrer einzelnen Maßnahmen sind standardisiert. Was die Dienstleister an Seele, Körper und Habitus enthüllen wie ein wertvolles Geheimnis, ist nichts anderes als der Inbegriff möglicher Sinnerfüllung in der westlichen Wettbewerbswelt, nämlich die Maximierung von Selbstverfügbarkeit einschließlich Selbstsicherheit, Durchsetzungsfähigkeit, Selbstkontrolle, Wahlfreiheit, Entscheidungskraft und Exorzismus von Fremdbestimmung (→**Kommunikationstraining,** →**Coaching,** →**Bewerbung,** →**Psychotherapie,** →**Verhaltenstherapie,** →**Positives Denken,** →**Schönheitsoperationen,** →**Designerdrogen,** →**Rucksacktourismus,** →**Patientenverfügung,** →**Sterbehilfe**). Der Sinnstandard selbst – Verfügbarkeit – ist allerdings sinnfrei, Plattform des Vorläufigen, eine Generalkompetenz für alles Mögliche. Unzählige Berater und Prognostiker bieten außerdem Vorsorge-Leistungen für die ungewisse Zukunft an (→**Geldanlage,** →**Alterssicherung,** →**Versicherungen,** →**Vorhersagen,** →**Diät,** →**Naturheilkunde,** →**Darm-,** →**Brust- und** →**Prostatakrebs-Früherkennung**). Sie entführen unsere Risiken in eine Endlosschleife. Medizinischer →**Check-up** etwa macht uns erst bewusst, welche uns bislang ganz unbekannten Krankheitsbilder auch noch drohen könnten. Gegen sie gibt es keine Vorbeugungsmaßnahmen. Aber vielleicht weitere Check-ups …

Die angestrebte persönliche Entlastung folgt in der Regel – wie letztlich fast jede Risiko-Betreuung – einem Konzept zur Erhöhung der Wirtschaftlichkeit (→**Zeitmanagement**). Statt Mut fürs Unabgesicherte zu machen, reduzieren die Trainer Erfolgsträchtigkeit auf Fehlervermeidung (→**Unternehmensgründung**). Psychologen und Pädagogen malen die Zukunft schwarz (→**Multitasking,** →**Social Networks**). Stets geht es darum, die Effizienz zu steigern.

Überall dort, wo Risikoexistenzen Orientierung suchen, weil die alten Gebote nicht mehr überzeugen, haben sich Ratgeber-Instanzen eingenistet. Sie geleiten die Anfragenden in ihr Geschäftsmodell und bringen ihnen bei, Fragen zu stellen, die mit genau diesem kompatibel sind. Hier haben sie den Heimvorteil, in einem säuberlich ausgegrenzten Funktionsbereich, der eine wohlfeile Rationalität bestätigt; für die →**Partnersuche im Internet** gibt es zum

Beispiel die der Auswahl nach dem Kriterium der (Nicht-)Übereinstimmung von Merkmalen und Vorlieben. Bei Lichte besehen, ist dies ein wirklichkeitsfernes Konzept. Und die Esskultur, um ein anderes Beispiel zu geben, wird zur Ernährung vereinfacht, und diese zur →**Diät**. Die Klienten in Verständnisschablonen zu pressen, ist Grundlage des therapeutischen Geschäftsmodells. Man führt sie in eine selbstreferentielle Schleife, ohne dass sie es merken. »Überwinden Sie Ihre Angst«, heißt es, »indem Sie es *wirklich* wollen.« Wenn Sie es nicht schaffen, haben Sie es nicht wirklich gewollt (→**Prüfungen**).

Die Ratgeberkultur hat die Ökonomisierung des Alltagslebens komplettiert. Deshalb verfängt das Argument nicht, die Probleme in einer sich beschleunigt ausdifferenzierenden Gesellschaft seien so kompliziert geworden, dass wir fortwährend auf das Vertrauen von Fachleuten angewiesen seien. Dies mag ja so sein. Die Risikoberater jedoch messen ihren eigenen Erfolg letztlich nicht daran, für jeden Klienten genau die ihm gerecht werdende Lösung zu finden. Vielmehr vertrauen sie die Sorgen der Individuen schlüssig der wirtschaftlichen Rationalität an. Klientengerecht ist, was wirtschaftlich ist. Dies geht selten gut aus. Unter fachmännischer Betreuung erscheinen die Wagnisse des modernen Daseins als bloße Hindernisse der Rationalisierung. Häufig scheitert so die Beratung komplett, besser gesagt, die Mandanten und Patienten und Risikoanleger verzweifeln am angepeilten Niveau der Lebenstüchtigkeit. Man denke nur an den outgesourcten Heimarbeiter (→**Telearbeit**) oder den zu lebenslangem Lernen Verurteilten. Person, Wunsch und Problem erweisen sich als sperrig. Infolgedessen vergrößert sich noch das Problem, das zum Berater führte. Sich selbst zu instrumentalisieren (→**Designerdrogen**), kitzelt immer auch das Unerwünschte, ja das Entgegengesetzte, heraus.

Risikoberatung erzeugt regelmäßig neue, virulente Risiken. Die Betreuung durch einen Scheidungsanwalt beispielsweise löst häufig einen totalen Krieg um Ego, Kinder, Leumund und Alimente aus. Die Basis des Erfolgs innovativer Strategien der →**Geldan-**

lage ist, dass sie nur von wenigen Anlegern befolgt werden. Lassen sich viele Klienten ähnlich beraten, verlieren sie ihren Vorsprung und/oder an Sympathie bei jenen, denen sie imponieren wollen (→**Kommunikationstraining**, →**Sportwetten**, →**Prominenz**). Heftiges Sicherheitsstreben erhöht die Unsicherheit. Rege Teilnahme an der Krebs-Früherkennung senkt per Saldo vermutlich nicht die Sterblichkeitsquote. Wer Prognosen vertraut, riskiert selbst keine mehr und schiebt die Zukunft auf (→**Vorhersagen**).

Expertensysteme neigen ohnehin dazu, inspirierende Risiken abzulehnen. Gerade solche Risiken aber würzen das Leben. Und bei vielen Risiken, die wir eingehen, wirken unausgesprochene Motive mit (vgl. →**Bodybuilding**, →**Sammeln**, →**Lügen**, →**Klatschen**, →**Unternehmensgründung**, →**Mutterschaft**, →**Esoterik**, →**Vereinstätigkeit**, →**Extremsportarten**, →**Skaten**). Im Gespräch mit Experten, die nach unseren Motiven fragen, und erst recht in öffentlichen Diskussionen reduzieren wir nun meist den Risikogehalt vorsichtshalber auf das reibungslos Auszusprechende, das unverzüglich Plausible, das, was irgendwie *Sinn macht*. Die Entscheidung zwischen geläufigen Alternativen erhält so einen offiziösen Drall. Sie wird beliebig, doch Einwände scheinen ausgeschlossen, weil unverständlich. Wir sehen unser Risiko verharmlost oder verfälscht oder lächerlich gemacht. Wenn wir das Gespür für unser Treiben noch nicht verloren haben, meiden wir den therapeutischen Realitätstest.

Das Risiko zurückgewinnen

In diesem Handbuch werden 120 weitverbreitete Betätigungen, Maßnahmen und Dienstleistungen als typische Wagnisse des Einzelnen aufgefasst. Es wird gefragt, was wir aufs Spiel setzen, wenn wir uns bewerben, einem Verein beitreten, bloggen, in eine bestimmte Erdgegend reisen, wetten, Tennis spielen, unsere Rhetorik schulen lassen … Von der *Sache* her aufgefasst – eine →**E-Mail**

z. B. unter dem Gesichtspunkt, dass sie etwas gedankenschnell Abgesandtes ist –, erweisen sich die gewöhnlichen Risiken als weitgehend unbekannte Materie. Das ist erstaunlich und hat die Arbeit an diesem Buch zu einer Entdeckungsreise gemacht. Unsere Ratgeber-Instanzen blenden das *Entscheidende* der Existenz von heute durch schematische Diagnostik und stereotypes Zweckdenken aus. Dagegen wird hier versucht, unsere Risiken aus dem Sog der therapeutischen Optimierungslogik zu befreien.

Wer den individuellen Risiken neuer Art nachspürt, entdeckt verloren Geglaubtes: die Macht des Unvereinbaren und Unverfügbaren. Es gibt Verhaltensweisen, die beim Versuch, sie zu begründen, ihren Sinn einbüßen (→**Kommunikationstraining**, →**Mutterschaft**, →**Schwangerschaftsabbruch**). Die größten Wagnisse haben Spielcharakter (→**Geldanlage**). Warum auch nicht? Elektronische Netzwerke wie das Internet, aber auch Regelwerke von hoher organisatorischer Komplexität, lassen sich streng genommen nicht persönlich nutzen. Um sie »nutzen« zu können, müssen sich die Nutzer der Eigengesetzlichkeit des Netzwerks beugen. So drängt sich als Fazit der Risikoabwägung in Netzwerken eine Faustregel auf: Folge immer zugleich einem Handlungskonzept von *außen* (→**Internet-Recherche**, →**Sportwetten**, →**Forschen**, →**Rechtsstreit**, →**Heimvideothek**, →**Mobiltelefon**, →**Bloggen**). Auch das Unmittelbare gewinnt seine Würde zurück: Zufallsbegegnungen sind der systematischen Partnersuche überlegen, weil sie eine Gründungsgeschichte einleiten (→**Partnersuche im Internet**).

Dieses Handbuch erteilt auch Ratschläge – sofern sie sich als Alternativen zum Coaching oder aus der Eigendynamik der Wagnisse aufdrängen. Oft fallen sie denkbar schlicht aus, fordern etwa das Eingeständnis ab, dass manche Entscheidung, vor der das Individuum zurückschreckt, praktisch schon gefallen ist (→**Mitarbeiterführung**, →**Pokern**, →**Wintersport**, →**Wechseljahre**, →**Blutdruckkontrolle**, →**Sprechen vor Publikum**, →**Parteimitgliedschaft**, →**Jobhopping**, →**Seitensprung**). Zu unserem Glück schweben wir nicht im luftleeren Raum, sondern sind immer bereits in Geschichten und Auseinandersetzungen verstrickt. Das gilt es anzuerkennen, und schon bahnen sich manche Entscheidungen wie von selbst an.

Manche Risiken ließen sich am besten dadurch bewältigen, dass man sie vergäße (→**Verhaltenstherapie**, →**Lotto**). Viele Risiken suchen wir zu minimieren, doch von manchen wollen wir um keinen Preis ablassen (→**Sammeln**, →**Klatschen**, →**Katzenhaltung**, →**Hundehaltung**, →**Bergsteigen**, →**Ehevertrag**, →**Bodybuilding**, →**Skaten**, →**Alkohol**, →**Rauchen**). Sie vollstrecken eine Art höherer Gewalt. Dies anzuerkennen, ist bereits Lebenskunst.

Im Wettstreit der probaten Handlungsanweisungen fördert sachbezogene Risikoforschung Unerwartetes zutage, etwa die Einsicht in das Potenzial von Außenseiterchancen (→**Bewerbung**). Schwankt der gesamtwirtschaftliche Boden, ist Sicherheit nur über mehr Unsicherheit zu erlangen (→**Versicherungen**, →**Geldanlage**). Schon gibt es erste Anzeichen für eine Selbstvermarktung nach anderen Kriterien als denen des Einkommens und des öffentlichen Prestiges (→**Karriereberatung**, →**Berufliches Scheitern**, →**Social Networks**). Und häufig erweist es sich als Ausweg, zeitfressende Trainingsprogramme in selbstgenügsame Alltagsrituale zu verwandeln und auf die Erfolgsmessung zu verzichten (→**Anti-Aging**, →**Naturheilkunde**). Aus wettbewerbsorientierter Schinderei rettet durchaus der Übertritt zu einer kollektiven Tätigkeit wie etwa dem Massensport (→**Fitnesstraining**, →**Joggen**, →**Extremsportarten**, →**Fahrradfahren**). Auf abgegrasten Risikofeldern indes hilft nur weitere Individualisierung (→**Urlaubsparadies**, →**Rucksacktourismus**).

Die hartnäckige Absicht, sich selbst und das künftige Leben zu verplanen, ist jedenfalls zum Scheitern verurteilt, denn sie leugnet das Risiko. Sie unterstellt, man habe die Antwort gefunden und müsse nur noch durchhalten. Was widersteht dem eigenen Allmachts- und Ohnmachtswahn? So etwas wie empfänglicher Wagemut, oder sagen wir, hellwache Selbstvergessenheit. Gerade sie allerdings liegt nicht in unserem Belieben. Doch wer in einer Tätigkeit aufgeht, zieht Faktoren an, die das Risiko in größere Zusammenhänge einflechten (z. B. →**Glücksstreben**, →**Computerspiele**,

→genetische Früherkennung, →Check-up, →Multitasking, →Wissenschaftsgläubigkeit, →Psychotherapie). Immer tritt dann etwas unversehens hinzu. Im Äußersten hilft die Fähigkeit, von Selbstbestimmung abzulassen, sich anderen anzuvertrauen (→Patientenverfügung, →Sterbehilfe). Hingegen verlangen andere Lebenslagen nach Experiment, Aufbruch und Grenzüberschreitung (→Vaterschaft, →Unternehmensgründung, →Reisen mit Kindern). Beide Haltungen stehen sich näher, als es die Prediger der Selbstverfügbarkeit glauben machen.

Literatur

Anders, Günther: Die Antiquiertheit des Menschen. 5., erweiterte Auflage. München 1956.
Baecker, Dirk: Postheroisches Management. Berlin 1994.
Bartens, Werner: Vorsicht Vorsorge! Wenn Prävention nutzlos oder gefährlich wird. Frankfurt am Main 2008.
Benedetti, Fabrizio: Placebo effects. Understanding the mechanisms in health and disease. New York 2009.
Binder, Jana: Globality. Eine Ethnographie über Backpacker. Münster 2005.
Blech, Jörg: Heillose Medizin. Fragwürdige Therapien und wie Sie sich davor schützen können. Frankfurt am Main 2005.
Blumenberg, Hans: Die Lesbarkeit der Welt. Frankfurt am Main 1986.
Böhm, Saskia: Wer hat Angst vorm schwarzen Mann? In: Jens Freyler (Hrsg.): Autoren ohne Grenzen. Band 2. Hamburg 2009. S. 58–87.
Bolz, Norbert: Weltkommunikation. München 2001.
Bolz, Norbert: Blindflug mit Zuschauer. München 2005.
Bolz, Norbert: Flow Control. Beitrag zum Trendtag 2010 des Trendbüros am 15.09.2010 in Hamburg.
Buono, Zora del: Seelenschau auf See. In: *Spiegel Online,* 29.02.2007.
Ciani, Andrea Camperio/Paolo Cervelli/Giovanni Zanzotto: Sexually Antagonistic Selection in Human Male Homosexuality. Forschungsbericht vom 18.06.2008. Aufzufinden unter: www.plosone.org/article/info:doi/10.1371/journal.pone.0002282
Clancy, Susan: The Trauma Myth. New York 2010. Vgl. »Die Kinder fühlen sich im Stich gelassen«. Gespräch mit Susan Clancy. In: *Süddeutsche Zeitung,* Nr. 135 vom 16.06.2010, S. 16.
Degen, Rolf: Lexikon der Psycho-Irrtümer. Warum der Mensch sich nicht therapieren, erziehen und beeinflussen läßt. Frankfurt am Main 2000.
Dörner, Klaus: Gesundheitssystem: In der Fortschrittsfalle. In: *Deutsches Ärzteblatt,* 99. Jg. 2002, S. A 2462–2466.

Dries, Christian/Hartmut Rosa: Haltet ein, Kollegen! In: *sciencegarden – Magazin für junge Forschung*, 01.06.2007.

Eberhard, Elke Anna/Martina Dören/Mareike Koch/Ingrid Mühlhauser/Norbert Schmacke/Gerd Glaeske: Informationen zur Hormontherapie in den Wechseljahren. Memorandum, vorgelegt auf der Abschlusstagung der Bundeskoordination Frauengesundheit. Berlin, 24.01.2005.

Ehrenberg, Alain: Das erschöpfte Selbst. Frankfurt am Main 2005.

Franck, Georg: Mentaler Kapitalismus. Eine politische Ökonomie des Geistes. München 2005.

Friebe, Holm/Sascha Lobo: Wir nennen es Arbeit. Die digitale Bohème oder Intelligentes Leben jenseits der Festanstellung. München 2006.

Fukuyama, Francis: Das Ende des Menschen. Stuttgart/München 2002.

Gesamtverband der Deutschen Versicherungswirtschaft e.V.: Statistisches Taschenbuch der Versicherungswirtschaft 2009. Berlin 2009.

Gray, Chris Hables: Cyborg Citizen. Politik in posthumanen Gesellschaften. Wien 2002.

Grawe, Klaus/Ruth Donati/Friederike Bernauer: Psychotherapie im Wandel. Von der Konfession zur Profession. Göttingen 1994.

Gross, Martin L.: The Psychological Society. A Critical Analysis of Psychiatry, Psychotherapy, Psychoanalysis, and the Psychological Revolution. New York 1978.

Heidenreich, Ralph und Stefan: Mehr Geld. Berlin 2008.

Hillman, James/Michael Ventura: Hundert Jahre Psychotherapie – und der Welt geht's immer schlechter. Zürich/Düsseldorf 1993.

Illouz, Eva: Die Errettung der modernen Seele. Frankfurt am Main 2009.

Joy, Bill: Why the future doesn't need us. New York 2000.

Jacobi, Frank: Misserfolgsforschung in der Verhaltenstherapie. In: Ralf Dohrenbusch/Frank Kaspers (Hrsg.): Fortschritte der Klinischen Psychologie und Verhaltensmedizin. Lengerich 2001. S. 323–346.

Jünger, Ernst: Annäherungen. Drogen und Rausch. Stuttgart 1970.

Koch, Klaus: Ein Volk von Kranken. In: *Süddeutsche Zeitung*, Nr. 31 vom 08.02.2000, S. V2/11.

Kovel, Joel: White Racism. A Psychohistory. New York 1984.

Kurzweil, Ray: Homo sapiens. Leben im 21. Jahrhundert – Was bleibt vom Menschen? Köln 1999.

Löwe, Barbara: KulturSchock Russland. 6., neu bearbeitete und aktualisierte Auflage. Bielefeld 2009.

»Männersache« (Broschüre), initiiert vom Berufsverband der Deutschen Urologen, unterstützt von Pharma-Firmen, der Landeshauptstadt München und mehreren Prominenten. München 2005.

Margraf, Jürgen: Kosten und Nutzen der Psychotherapie. Eine kritische Literaturauswertung. Berlin 2008.

Marhenke, Dietmar: Britischer Humor im interkulturellen Kontext. Dissertation. Braunschweig 2003.

Markl, Hubert: Weiter mit lauter Nullen. Die Zukunft ist unsicher – wie eh und je. In: *Frankfurter Allgemeine Zeitung*, Nr. 303 vom 29. 12. 1999, S. 45.

Mayer, Karl C.: Der verhaltenstherapeutische Ansatz. 2001. Aufzufinden unter: www.neuro24.de/verhaltens_therapie.htm

Metzinger, Thomas: Mit Moraldoping zum besseren Menschen. In: *Spiegel Online Wissenschaft*, 09. 06. 2009.

Michaux, Henri: Eckpfosten – *Poteaux d'angle*. München 1982.

Mosler, Peter: Die vielen Dinge machen arm. Reinbek 1981.

Mühlhauser, Ingrid: »Ärzte schüren falsche Hoffnungen«. Markus Grill interviewt Ingrid Mühlhauser. In: *Spiegel Online*, 21. 04. 2009.

Passig, Kathrin/Sascha Lobo: Dinge geregelt kriegen – ohne einen Funken Selbstdisziplin. Berlin 2008.

Pöppel, Ernst: Zum Entscheiden geboren. Hirnforschung für Manager. München 2008.

Politycki, Matthias: Herr der Hörner. Hamburg 2005.

Rath, Claus-Dieter: Reste der Tafelrunde. Das Abenteuer der Eßkultur. Reinbek 1984.

Ruoff, Hans: Die Kunst des erfolgreichen Abstiegs. Vom guten Leben jenseits der Karriere. Freiburg 2008.

Schedlowski, Manfred u. Mitarbeiter (Universitätsklinikum Essen) / Paul Enck u. Mitarbeiter (Universitätsklinikum Tübingen) / Fabrizio Benedetti u. Mitarbeiter (Universität Turin): Placebo-Effekte bei Übelkeit und gastrointestinalen Störungen, bei Immunreaktionen und bei Schmerzempfindungen und beim Parkinson-Syndrom. Forschungsprojekt, gefördert von der VolkswagenStiftung. 2008–2010. Siehe Zwischenberichte und Interviews zum laufenden Projekt.

Scheer, Evelyn/Irina Serdyuk: KulturSchock Ukraine. 2., aktualisierte Auflage. Bielefeld 2007.

Schreiber, Matthias: Das Gold in der Seele. Die Lehren vom Glück. München 2009.

Shang, A. et al.: Are the clinical effects of homoeopathy placebo effects? In: *The Lancet,* Bd. 366 (Jg. 2005), S. 366.

Steckelberg, Anke/Ingrid Mühlhauser: Darmkrebs – Früherkennung. Projektbericht, gefördert durch die Robert Bosch Stiftung. Universität Hamburg, Fachwissenschaft Gesundheit. Hamburg, März 2003.

Stiftung Warentest (Hrsg.): Untersuchungen zur Früherkennung – Krebs. Nutzen und Risiken. Berlin 2005.

Stiftung Warentest: Früherkennung Krebs – Ganzkörperuntersuchungen. 12.05.2004.

Tabbert, Thomas T.: Menschmaschinengötter. Hamburg 2004.

Wallace, David Foster: Schrecklich amüsant – aber in Zukunft ohne mich. Hamburg 2002.

Wenzel, Steffen: Streetball. Opladen 2001.

Zirfas, Jörg: Vom Zauber der Rituale. Der Alltag und seine Regeln. Stuttgart 2004.

Quellenhinweis

Eine erste Version des Textes zum Stichwort »Interkulturelle Kompetenz« publizierte der Autor in: »Du, das – Was Zeitgenossen wissen müssen«. Nr. 739 (Spezialausgabe) des Monatsmagazins *DU.* Zürich, August 2003. S. 54.

Siglinde Geisel, *Nur im Weltall ist es wirklich still.*
Vom Lärm und der Sehnsucht nach Stille

»Die gesündesten Aufputschmittel sind Bücher, in denen jeder Satz pointiert, geistreich und dann auch noch klug ist. Dazu gehört Sieglinde Geisels kulturanthropologische Studie über Lärm.«   *Börsenblatt*

»Ein elegant geschriebenes Buch, an dem man nicht vorübergehen sollte.«   *FAZ*

Von den Posaunen Jerichos bis zum zarten, aber oft genug stressbeladenen »Pling« einer eintreffenden E-Mail, vom Glockengeläut bis zum Fahrstuhl-Pop, die NZZ-Journalistin Sieglinde Geisel erforscht das ambivalente Verhältnis der Menschen zum Lärm und zu ihrem eigenen Gehör.

www.galiani.de

Douwe Draaisma, *Die Heimwehfabrik. Wie das Gedächtnis im Alter funktioniert*

»Wunderschöne Essays ... erhellend!« Der Spiegel

»Ein weiser und brillanter Führer im Labyrinth der Zeit, mit einem Buch, das früher oder später jeden angeht, und das sich dabei auch noch spannend und manchmal bewegend liest. Wissen und Schreiben so kombinieren zu können wie Douwe Draaisma, ist nicht jedem gegeben.« *Cees Nooteboom*

> Mit souveräner Kenntnis großer Zusammenhänge und dem nötigen Blick für kleine Details entkräftet Douwe Draaisma die Allgemeinplätze über das Alter und erzählt die wahre Geschichte des älter werdenden Gehirns.

www.galiani.de